中国名镇志文化工程

Culture Project of Local Records of China's Famous Towns

木洞镇志

LOCAL RECORDS OF MUDONG

重庆市巴南区木洞镇志编纂委员会　编

方志出版社

Publishing House of Local Records

图书在版编目（CIP）数据

木洞镇志 / 重庆市巴南区木洞镇志编纂委员会编
.—北京：方志出版社，2020.8
（中国名镇志丛书）
ISBN 978-7-5144-4270-0

Ⅰ. ①木… Ⅱ. ①重… Ⅲ. ①乡镇—地方志—巴南区
Ⅳ. ① K297.195

中国版本图书馆 CIP 数据核字（2020）第 232144 号

·中国名镇志丛书·

木洞镇志

编　　者：重庆市巴南区木洞镇志编纂委员会
责任编辑：刘　珊

出 版 者：方志出版社
地址　北京市朝阳区潘家园东里 9 号（国家方志馆 4 层）
邮编　100021
网址　http://www.zgfzcb.cn
发　　行：方志出版社图书经销中心
电话　（010）67110500
经　　销：各地新华书店
排　　版：北京纺印图文设计制作有限公司
印　　刷：北京中科印刷有限公司

开　　本：787 × 1092　　1/16
印　　张：17
字　　数：333 千字
版　　次：2020 年 8 月第 1 版　2020 年 8 月第 1 次印刷

ISBN 978-7-5144-4270-0　　**定价**：139.00 元

序一

习近平总书记指出："不忘历史才能开辟未来，善于继承才能善于创新……只有坚持从历史走向未来，从延续民族文化血脉中开拓前进，我们才能做好今天的事业。"中国优秀传统文化是在漫长的历史长河中历经无数次涤荡和沉淀而形成的思想精髓，蕴藏着无穷的宝藏和无尽的力量。发掘和继承优秀传统文化，是延续中华文明"根"与"魂"的必由之路。与时俱进，推动传统文化不断开拓创新，是中华文明常葆勃勃生机的重要保证。

"国有史，邑有志。"编修地方志是中国特有的文化现象，是中华民族的优秀文化传统。数千年来，连绵不断的志书编修为保护中华民族根脉，传承中华文明发挥了不可替代的作用。中国现存古志有 8000 余种，占现存古籍的十分之一。中华人民共和国成立以来，编修完成数万种省、市、县三级综合性行政区域志、部门志、行业志、专志等，编纂数万种地方综合年鉴、行业年鉴和专门年鉴等，整理出版数千种历代方志及相关研究成果，发表相当数量的方志理论与年鉴理论研究成果。这既是对我国国情、地情持续开展的大规模普遍调查，也是对各地自然与社会发展状况进行的综合研究，其成果构成了一座丰富的文化资源宝藏，为各级领导科学决策提供了重要参考，为推动经济社会发展和文化建设发挥了重要作用。

当前，中国特色社会主义进入新时代，全国地方志事业也进入新时代。如今的地方志事业围绕党和国家利益、经济社会发展，以人民为中心开拓创新，志、鉴、馆、史"四驾马车"并驾齐驱，志、鉴、馆、网、库、用、会、刊、研、史"十业并举"，加快实现在全国范围内全面推进地方志从一项工作向一项事业转型升级。在党中央、国务院的亲切关怀和各级地方志工作者的共同努力下，一批紧密结合社会发展需求、具有独特创造性的工作逐步开展，涵盖中国名镇志、中国名村志、中国名山志、中国名水志、中国名街志等"名志"系列文化工程是其中代表。作为首个"名志"系列文化工程的中国名镇志文化工程，启动于 2015 年，至今已是第三个年头。中国名镇志丛书在记述主体上，选择中国历史文化名镇、经济强镇、特色镇等在全国具有影响力和代表性的乡镇，旨在全面展示中国名镇的文化精髓；在内容题材选择上，重在突出不同名镇的“名”和“特”，力求集中体现不同名镇最精彩的部分，增强可读性；在志书编纂程序设置方面，志书申报、篇目设计、专家审读、专家组验收等流程环环相扣，紧密结合，力争把每一部志书都打造成精品佳志。

习近平总书记指出：“历史和现实都表明，一个抛弃了或者背叛了自己历史文化的民族，不仅不可能发展起来，而且很可能上演一场历史悲剧。”2018年是改革开放40周年，40年来中华大地发生了翻天覆地的变化，乡镇发生了极为深刻的改变，从粗茶淡饭到有机食品，从粗布衣裙到精美时装，从土屋平房到高楼大厦，人民生活水平大大提高，城乡差距不断缩小。然而，在感受辉煌成就的同时，我们也应该看到，许多精巧的古建、精湛的工艺、亲切的乡音、独特的乡俗也在快节奏的发展中与我们渐行渐远，曾经的家乡正逐渐变为记忆中的故园。

党的十九大报告提出乡村振兴战略，此后党中央、国务院又推出一系列重大举措。实施乡村振兴战略，必须全面加强乡村文化建设，培养乡村文化自信，培植文化之“根”，铸牢文化之“魂”。没有乡村文化的高度自信，没有乡村文化的繁荣发展，就难以实现乡村振兴的伟大使命。振兴乡村文化，既要塑形，更要铸魂，必须遵循乡村发展的客观规律，在发展中把文化的精髓保留下来，把乡土味道、乡村风貌的“魂”传承下去。在保留优秀乡村文化内核的基础上，用现代表现方式，把反映时代精神、先进理念的内容通过群众喜闻乐见的文化产品表达出来，才能够让乡土文化具有更强大的生命力。用创新性的模式书写乡镇志，传承和抢救乡土历史文化，激发爱国爱乡情怀，为探索中国特色新型城镇化发展经验、发展模式、发展道路提供历史智慧和现实借鉴，正是实施中国名镇志文化工程的目的和意义所在。

“月是故乡明”。中国人素有“家国情怀”，家乡的山水是最为美丽的，家乡的风俗是充满温暖的，一声亲切的乡音，一口熟悉的家乡菜，都能拨动游子的心弦，让其魂牵梦萦。中国名镇志丛书是一套全面梳理中国名镇历史人文，挖掘文化特色，突出“名”和“特”的镇志。它能让人民群众深刻感受到本土本乡自然的优美、历史的醇厚、人物的杰出、艺文的风雅等，有助于培养人民群众对家乡文化的自信，激发起人民群众浓烈的爱乡爱国情怀，助力国家新型城镇化建设和乡村振兴战略的实施。

是为序。

中国社会科学院院长　　谢伏瞻
中国地方志指导小组组长

序二

连绵不断地编修地方志是我国特有的文化传统，为传承中华文明作出了巨大的贡献。在党中央、国务院的高度重视和支持下，这一古老的文化传统焕发勃勃生机，展现新的活力，成为保存、继承、发扬光大中华优秀传统文化的重要依托，培育和践行社会主义核心价值观的重要媒介，社会主义先进文化建设的重要组成部分，发展中国特色社会主义，增强道路自信、制度自信、理论自信的重要载体，在实现“两个一百年”奋斗目标和中华民族伟大复兴中国梦进程中具有不可替代的地位和作用。

事物总是在不断发展中前进。经过改革开放以来30余年的发展，中国特色地方志事业与传统的编修地方志已不可同日而语，形成了志（志书）、鉴（年鉴）、库（地情数据库）、馆（方志馆）、网（地情网站）、刊（期刊）、会（学会）、研（理论研究）、用（开发利用）等多业并举的新格局。截至2015年10月底，全国编纂完成首轮、二轮省、市、县志书8000多种，编修部门志、行业志、专业志、乡镇村志27000多种，编纂地方综合年鉴2300多种，累计整理旧志2500多种，还编纂出版了大量的地情书，字数以百亿计，形成以反映国情、地情为主要内容，全面系统、持续不断、卷帙浩繁的社会科学成果群。另外，还开通了27个省级网站、230个市级网站、816个县级网站；建成国家方志馆1个、省级方志馆16个、市级方志馆86个、县级方志馆近300个。这些成果，成为国家极为重要的文化资源，是国家文化软实力和公共文化服务体系的重要组成部分。

最近几年，地方志工作的触角在不断延伸，部门志、行业志、专业志、特色志、乡镇村志编纂方兴未艾，成为当前地方志事业发展新的增长点和亮点。特别是乡镇志，兴起了编纂热潮，从自发的民间行为逐渐过渡为政府组织的文化行为，有的省份以政府令形式将其纳入地方志编修范畴，像河南省还以省政府办公厅名义要求全省普修乡镇志。乡镇志并不是一个新生事物，据现有资料可考，宋代常棠所撰《澉水志》是现存最早的一部乡镇志。与省、市、县三级志书相比，乡镇志虽属小志，但意义却不小，特别是在当前国家全力推进新型城镇化建设的背景下，乡镇志的作用更显重要。

启动中国名镇志文化工程，是适应当前新型城镇化建设形势发展需要、地方志事业发展形势需要的重要举措，也是充分发挥地方志存史、资政、育人功能的重要手段。作为最基层行政组织的志书，镇志是最接近中国社会发展变迁的国情、地情记录文本，具有重要的历史文献价值。而作为充分反映本区域自然、政治、经济、文化和社会的历史与现状的资料性文献，镇志又能全面展示发展脉络，摸索发展经验，为探索中国乡镇未来发展方向提供借鉴和参考。当然，对于祖祖辈辈生于斯长于斯的中国人来说，故乡就是一个魂牵梦萦的地方，故乡的情怀终生难忘。留得住乡愁，记得住乡思，充分展示名镇文化魅力，激发爱乡、爱国情怀，正是中国名镇志文化工程题中应有之义。

是为序。

中国社会科学院原院长
中国地方志指导小组原组长 王伟光

序三

“国有史，邑有志”，中国自古就有注重编史修志的传统。按照我国目前地方志行政法规，国家各级地方志机构的法定职责是编纂省、市、县三级志书，并不包括县以下的乡镇志和村志。这种规定，一方面可能因为全国有数百万自然村落和数万乡镇，全部实行官修很难实现；另一方面可能因为我国历史上就有“皇权止于县”的说法，县以下的民间社会历来是一个以自治为主的领域。然而，改革开放几十年来，我国社会正在发生巨变，这种巨变在基层社会的乡镇、村落、家庭领域更为深刻。作为“乡之首，城之尾”的镇，逐渐被日益崛起的大都市淹没了光彩，村落在快速的城镇化过程中每天都在大量消失，农村家庭的小型化、空巢化趋势非常突出。在这种情况下，我一直在思考，如何留得住历史文化记忆和乡愁，如何把修志的工作向基层社会延伸？

中国人的“家国情怀”，是从“诚意、正心、修身”开始，到实现“齐家、治国、平天下”。所以从国家一统志，省、市、县三级志，到乡镇志、村志、家谱，也是一个完整的系统。

正是在这种背景下，我们决定启动中国名镇志文化工程。乡镇是无数中国人生命的底色和成长的摇篮。如何在城镇化进程中，留得住乡愁，记得住乡音，忘不了乡思，事关城镇化进程的人文关怀和文化保护，事关文化血脉的传承。同时，科学记录城镇化进程，反映城镇化成就，也为今后探索城镇化发展规律、积累经验提供了基本素材。作为全面系统记述一定行政区域的自然、政治、经济、文化和社会的资料性文献，志书是以上功能最好的载体。

我国目前有 4 万多个乡镇，全部修乡镇志还不具备条件。中国名镇志丛书选择的是传统文化名镇、历史军事重镇、革命历史名镇、民族特色名镇、特色经济名镇、旅游景观名镇等类型的乡镇，应该是最具代表性的，在中国乡镇文化传承和社会发展中具有标杆意义。

编纂中国名镇志丛书是对乡土历史文化的保护。随着城镇化进程加快，有不少乡镇被撤并，有些还是在历史上有重要意义的历史文化名镇、特色镇等。如不及时对其历史进行整理、记录，这些重要的历史资料将散佚殆尽。因此，中国名镇志丛书的编纂是对宝贵历史资料的抢救。

编纂中国名镇志丛书是对乡土意识的传承。什么东西有魅力？故乡的山水，乡音乡情的记忆，乡土的气息和家乡菜的味道，不管走到哪里，总是触动心弦。中国名镇志丛书记录的是家乡的山山水水，家乡的历史文化，家乡的风土人情，留住的是乡愁。这些最能激发远方游子和本地民众的爱乡情怀、爱国情怀。

编纂中国名镇志丛书是一种学术探索。镇志的编纂，实质也是一次深入的社会调查研究。“麻雀虽小五脏俱全”，相比省、市、县，乡镇第一手资料的获得需要付出更大的努力。我们也希望在志书编纂上有所创新，使中国名镇志丛书成为一套图文并茂、雅俗共赏的新型志书。

中国社会科学院原副院长
中国地方志指导小组原常务副组长 李培林

中国名镇志文化工程专家委员会

名誉主任 徐匡迪
主　　任 谢伏瞻
常务副主任 高　翔
委　　员（按姓氏笔画排序）

毛其智　叶裕民　李　铁　李善同
杨保军　柳　拯　倪鹏飞　魏后凯

中国名镇志文化工程学术委员会

主　　任 高　翔
常务副主任 冀祥德
副 主 任 邱新立
委　　员（按姓氏笔画排序）

于伟平　王　晖　王铁鹏　巴兆祥
田　嘉　苏炎灶　李　江　李孝聪
张大伟　张英聘　陈　强　陈泽泓
武　力　和卫国　黄晓勇　潘晨光

仿古一条街（2017 年） 甘红兵 摄

中国名镇志丛书凡例

一、以马克思列宁主义、毛泽东思想、邓小平理论、“三个代表”重要思想、科学发展观、习近平新时代中国特色社会主义思想为指导，坚持辩证唯物主义和历史唯物主义的立场、观点和方法，存真求实，全面、客观、系统记述中国名镇城镇化进程和改革开放成果，传承和抢救乡土历史文化，激发爱国爱乡情怀，留住乡愁，为探索中国特色新型城镇化建设、服务乡村振兴战略提供历史智慧和现实借鉴。

二、为全面反映入志事物发展脉络，各志上限追溯至事物发端，下限一般断至各镇志启动编修年份，个别重大事项可延至搁笔。详今明古，着重反映时代特色和地方特点，重点体现各镇的“名”与“特”。

三、记述地域范围以下限年份的行政辖区为主。为体现名镇在更大区域内的意义，可以从更开阔的区域视野记述与该镇相关的内容。

四、统一采用纲目体，设类目、分目、条目三个层次。横排门类，纵述史实，述而不论。

五、综合运用述、记、志、传、图、表、录等各种体裁，以志体为主。体裁运用适当创新，篇目设置不求面面俱到，一般意义上的乡镇级内容略去不载。

六、除引用文字和附录文献资料外，统一使用规范的现代语体文记述，行文力求朴实、严谨、简洁、流畅、优美，具有较强可读性。

七、人物部类遵循“生不立传”原则，人物传主按生年排序，只选录对本镇发展有重大影响的人物，不面面俱到。

八、各项数据一般采用国家统计部门数据。数据缺乏的，采用主管部门或主办单位正式提供的数据。

九、数字用法、标点符号、计量单位分别执行国家标准《出版物上数字用法》（GB/T 15835—2011）、《标点符号用法》（GB/T 15834—2011）、《国际单位制及其应用》（GB 3100—1993）和《有关量、单位、符号的一般原则》（GB 3101—1993）。历史上使用的计量单位，如斗、石、里、尺、磅、华氏度等，在引文时可照录。考虑到社会使用习惯，全书中亩不统一换算。

十、中华民国成立前的纪年，使用朝代年号纪年，括注公元年份；中华民国成立后的纪年，均使用公元纪年。志中所称“解放前（后）”，以该镇解放日为界；“新中国成立前（后）”，以中华人民共和国成立日 1949 年 10 月 1 日为界；“改革开放前（后）”，以 1978 年 12 月中共十一届三中全会召开为界。本志“×× 年代”，凡未加世纪者，均指 20 世纪。

十一、为节省篇幅，避免重复，本志采用条目互见法。参见条目的表示形式为：参见本志“×× 类目 · ×× 分目 · ×× 条目”。

十二、对旧志、古籍中的繁体字、冷僻字一般用简化字或通用字替换，易引起误解的则保留。

十三、记述各个历史时期的党派、机构、职务、地名等，均以当时的名称为准。对频繁使用的名称，首次用全称并括注简称，其后用简称。

十四、各镇志需要单独说明的事项，均在各自编纂始末中记述。

木洞镇在中国的位置

黑龙江省
哈尔滨
吉林省
长春
辽宁省
沈阳
内蒙古自治区
呼和浩特
新疆维吾尔自治区
乌鲁木齐
北京
天津
北京市
天津市
河北省
石家庄
山西省
太原
济南
山东省
渤海
黄海
东海
甘肃省
宁夏回族自治区
银川
西宁
青海省
兰州
陕西省
西安
郑州
河南省
江苏省
安徽省
合肥
南京
上海
上海市
杭州
浙江省
西藏自治区
拉萨
四川省
成都
重庆市
重庆
木洞镇
巴南区
湖北省
武汉
南昌
江西省
长沙
湖南省
福建省
福州
钓鱼岛
赤尾屿
台北
台湾省
台湾岛
贵阳
贵州省
昆明
云南省
广西壮族自治区
南宁
广东省
广州
香港
澳门
东沙群岛
海口
海南省
海南岛
西沙群岛
永兴岛
中沙群岛
黄岩岛
南海
南沙群岛
曾母暗沙
黄河
长江
图例
北京 首都
天津 省级行政中心
国界 未定
省、自治区、直辖市界
特别行政区界
名镇(乡)所在区域
名镇(乡)
1∶32 000 000
审图号：GS（2020）6436号

木洞镇在重庆市的位置

城口县
城口
巫溪县
巫溪
巫山县
巫山
开州区
开州区
云阳县
云阳
奉节县
奉节
万州区
万州区
梁平区
梁平区
忠县
忠县
垫江县
垫江
石柱土家族自治县
石柱
丰都县
丰都
长寿区
长寿区
涪陵区
涪陵区
武隆区
武隆区
彭水苗族土家族自治县
彭水
黔江区
黔江区
酉阳土家族苗族自治县
酉阳
秀山土家族苗族自治县
秀山
潼南区
潼南区
合川区
合川区
铜梁区
铜梁区
北碚区
渝北区
渝北区
大足区
大足区
荣昌区
荣昌区
永川区
永川区
璧山区
沙坪坝区
江北区
重庆
木洞镇
九龙坡区
南岸区
大渡口区
巴南区
巴南区
江津区
江津区
南川区
南川区
綦江区
綦江区
长寿湖
瞿塘峡
巫峡
长江
嘉陵江
乌江
图例
重庆 省级行政中心
彭水 县级行政中心
省级界
县级界
名镇(乡)所在区域
名镇(乡)
1∶3 120 000
审图号：GS（2020）6436号

审图号：渝S（2019）016号

木洞镇全景（2019 年）

刘纪湄　摄

桃花岛和长石梁（2019 年）　　胡特　摄

木洞河街（2017 年）　　甘红兵　摄

五布河水韵（2016 年）　　马斌　摄

小河边新街（2018 年）　　甘红兵　摄

尖顶坡晨雾（2018 年）

甘红兵　摄

首届木洞山歌艺术节（2012年）　　蒋效伦　摄

目录

水国舟市，山歌之乡

木洞镇位于长江重庆段南岸，巴南区东北部，是一个人文历史厚重的千年古镇，历史上有“水国舟中市”“川东名港”的美誉。

长江与其支流五布河交汇处有一宽阔地带，形状如盆，人们很早就在此兴市建场，名“盆盆场”。相传，明代市民在场上修建禹王庙，欲借大禹神力以镇洪水。建庙所需木材量甚大，但场镇附近没有成才林木，需要到很远的狮子山运输，当地人非常着急。掌墨师冥思苦想不得法，一天夜里偶得一梦，便按照梦中神仙指引，在狮子山一洞中取木建成禹王庙，取木的洞便被人们称为“木洞”，盆盆场则以洞为名改称木洞场。之后所设里、保、区、乡、镇，均以木洞为名。清末，初设木洞镇，后历经多次建置区划调整，2001 年 7 月定名为木洞镇。辖区东与巴南区双河口镇、丰盛镇、麻柳嘴镇毗邻，南与巴南区东温泉镇、二圣镇接壤，西与南岸区迎龙镇、广阳镇相连，北与江北区五宝镇隔江相望。全镇幅员面积 104.3 平方千米，辖 14 个行政村、3 个居民委员会，镇政府驻木洞镇建新路 87 号，地理坐标为北纬 29′ 22"，东经 106′ 27"，距巴南区政府所在地龙洲湾 55 千米，距渝中区朝天门码头约 38 千米。木洞镇周边 60 千米范围内与南岸区、江北区、长寿区、江津区、涪陵区、綦江区、南川区等城区相邻。境内有麻柳工业园区（2019 年更名为重庆国际生物城），周边与重庆经济技术开发区、南岸区茶园新区、长寿工业园区、巴南经济园区界石拓展区、重庆公路物流基地连成一体。

木洞历来是长江上游的水陆冲衢，是川汉、川黔、川湘等地南来北往、东下西上的物资集散地。早在唐代，诗人王维就用“水国舟中市”的诗句记录下了木洞的繁盛景象。元代，木洞成为重庆朝天门至湖北沙市之间的 20 个水驿之一。明代，被誉为“川东名港”。清末至民国年间，木洞港商贸繁荣，一批批大型木船晓航夜泊，场街上人流如潮，堪比城中闹市。抗日战争爆发后，国民政府迁都重庆，木洞港的船家携船加入民生公司，转运抗战物资及抗日队伍。国民政府一些重要军事机构也设于此，木洞港成为大后方的前沿阵地之一。中华人民共和国成立后，建立木洞水运社，长江航运公司、重庆市轮渡公司等航运企业相继到来，与木洞水运社共同经营木渝（木洞至朝天门）航线。20 世纪 80 年代中期，木洞地区谭氏兄弟的“麻柳号”“神舟号”“忠兴号”“宏兴号”轮船参加营运。进入 21 世纪后，由于国道、省道和乡村公路网络的形成，木洞港的陆地码头功能增强；三峡水利工程建设并实现 175 米高程蓄水，木洞港处于蓄水位的末端，万吨巨轮可直达木洞港，“川东名港”的地位进一步得到巩固和提升。

木洞港水港全长 27.8 千米，其间有中坝岛和桃花岛两岛，桃花岛内河苏家浩，全长 18.5 千米。支流五布河从东泉镇菩沙滩进入木洞镇，至木洞镇中坝村渡口流入长江，全长 32.6 千米。水港码头岸线 5 千米，水域面积 13.4 万平方米。水港域内有客运码头 4 个、货运码头 1 个、渡口 10 个。陆港码头区域面积 4.8 万平方米。未通公路之前，陆港码头有东大路、西大路两条主要交通干线通达川渝、黔贵。

中华人民共和国成立前，木洞港的船只有木船和机动船两种。木船有广船、渡船、揽载船、老鸹船、划白船、舵笼子、敞口船、舢板船、四脚蛇船、五板船、行马船、柳叶船、窝棚船等。最具特色的木船是从事长途航运的广船，其腰大，口窄，体高，载重 80 ~ 100 吨，甚至更多。清光绪二十四年（1898），英人立德乐的“利川”号蒸汽轮船为木洞港第一艘机动船。1950 年前，有佛亨公司“佛通”“佛星”“佛源”3 艘轮船。1955 年 4 月，巴县短航管理站成立，在册船员职工 342 人。到 21 世纪初，全港有各类船只 200 艘左右，船工 2000 人以上。

木洞港客运和货运吞吐量较大。客运分义渡和商运。义渡，即政府相关部门筹资修船并雇请船工摆渡过江，乘客不付船资。中华人民共和国成立后，义渡成为木洞地方政府的一项重大民生工程，年义渡乘客 20 万人次左右。历来，木洞港的货运量大。1919—1938 年，木洞桐油年出口量曾高达 1000 吨以上，约占全国出口总量的十分之一；棉纱的年交易量达 5000 余包（每包 10 千克）；食盐 3000 吨以上；糖、酒及其他物资 1 万吨以上。1972—1985 年，全港货物年吞吐量 12.6 万吨，其中进口 10.2 万吨，出口 2.4 万吨。主要运输物资以建材、钢铁、化肥、煤炭为进口大宗，粮食、榨菜、蜜枣等为出口大宗。随着木洞工业园区的落户与建设，近年来，木洞港的客运量每天达上万人，年进出口货物量在 1000 万吨以上。

自 1956 年 1 月建立木洞镇广播站、1984 年 12 月建立木洞镇文化站以来，木洞人就把文化发展作为兴镇、强镇的战略目标。通过数十年的不懈努力，木洞镇现已成为名副其实的文化强镇、文化名镇。文化强镇、文化名镇的经典之作是全力打造木洞山歌品牌，以木洞山歌品牌促进木洞文化的深入发展，有力推进木洞政治、经济、文化、社会和生态文明建设协调发展。自 1984 年建立木洞区（乡、镇）文化站起，制定争创“木洞山歌之乡”规划，并从团队建设、歌手培养、艺术品牌打造等多方面发展。1990 年，木洞区（含木洞镇等 11 个乡镇）被重庆市文化局命名为“山歌之乡”。2006 年，木洞山歌被列入第一批国家级非物质文化遗产名录。2008 年，木洞镇被文化部命名为

“中国民间文化艺术之乡”。为保护好木洞山歌这一国家级非物质文化遗产，除了对木洞山歌老歌手、命名传承人进行精心保护外，木洞镇还通过建立镇、村、学校木洞山歌传习基地的方式，培养出千余名新歌手，解决了木洞山歌后继乏人的保护困境。艺术发展是木洞山歌的生命力所在，自 2006 年以来，木洞镇走出了一条依靠自身力量为主与争取专家介入相结合的打造木洞山歌艺术品牌的创新之路，先后创作出《干劲大得很》《赶场》《迎村官》等荣获全国、省、市大奖的优秀山歌、山歌剧作品上百个（项）。与此同时，木洞镇还加强了木洞山歌的理论研究，撰写出版了《木洞山歌》《木洞禾籁》等理论专著和大量论文，追寻木洞山歌的发展历史，破解木洞山歌若干保护难题，保障了木洞山歌保护工作始终沿着正确的路径行进。为了扩大木洞山歌的影响，提高其地位，2006—2017 年，木洞镇先后接受央视及全国数十家电台、电视台、网络媒体、平面媒体的上百次采访，曾 3 次进入央视直播间；除了组队参加全国各种比赛、展演活动外，还多次到日本、匈牙利等国家和中国香港、台湾地区进行艺术交流。

木洞镇以改革开放为契机，转变经济发展方式，不断加快经济发展步伐，一跃而为巴南区和重庆市的经济大镇。

虽然木洞镇曾是水上运输和商贸发达的长江沿江名镇，但改革开放前，始终脱离不了“农业大镇”的称号。1982 年，木洞镇以改革开放为契机，全面实行家庭联产承包责任制，粮食产量迅速提高。这一时期，在保证粮油不减产的前提下，政府积极引导农民建立商品农业基地，成为巴县茶叶、苎麻、蚕桑、生猪等种植、养殖基地之一，茶叶、苎麻、蚕桑基地分别达到万亩规模。2010 年以来，木洞镇抓住第一批绿色低碳重点小城镇试点创建、命名以及巴南区社会主义新农村建设示范镇试点的契机，遵循特色农业区、转型农业区和生态旅游观光区的农村发展思路，树立发展生态文明、建设乡镇一体化的美好家园理念，将现代农业开发放在发展农业的重要位置，积极推进现代农业的开发建设工作。至 2017 年 12 月，总计流转土地近 2 万亩，先后建立起海眼丰雨谷原生态农庄、木洞镇庙垭村水果生态农业园、山水牧歌生态休闲农业示范基地、栋青圣新创意农业基地、栋青瑞普现代农业观光园等现代农业基地。

中共十一届三中全会后，木洞镇原各乡镇创新思维，实行与城市国营和集体企业、大专院校、科研单位、外贸部门联营、合资、技术合作等模式发展乡镇企业。至 1983 年，全乡规模较大、效益较好的乡级企业有长坪建筑公司、水口沙砖厂、保安页岩砖厂、栋青建材厂、木洞国光织布厂、重庆食品厂等 70 多家。1992—1996 年，新增乡镇企业100余家。1997年，乡镇企业固定资产投入1000万元，利润总额实现600万元，完成国家税收500万元。乡镇企业中，重庆焊管厂、重庆木洞造纸厂、国光重庆木洞织布厂等先后成为重庆市优秀乡镇企业。

2012年11月，重庆麻柳沿江开发区木洞组团（简称“木洞组团”）落户木洞，是重庆市生物医药“4+1”聚集区、重庆轻纺工业产业基地，规划占地60平方千米。至2017年12月，已有近700家企业相继落户。重庆市生物医药“4+1”聚集区占地9平方千米，智睿生物、美国Athenex制药、日本参天、重庆医药等重点项目实现集群落户，涵盖生物制药、原料药及制剂、现代中药、医疗器械各领域，投资额240亿元，产值已达360多亿元。2011年3月，重庆轻纺工业产业基地正式建立。至2017年12月，已有580多家服装企业入驻，已投产的有430家，形成拓为、尚盟两大服装专业平台。其中，拓为重庆中国轻纺服装城占地22公顷，总建筑面积68万多平方米，投资11亿元，建成集服装、纺织品、服装面料辅料、物流仓储、大型批发零售市场及休闲购物步行街等于一体的重庆“时尚硅谷”；尚盟重庆时装产业园一期占地约31公顷，总投资17亿元。至2017年年底，木洞工业园区累计投资已达500亿元以上。

进入21世纪后，特别是近10年来，由于三峡库区木洞移民工程的实施和木洞工业园区的兴建，很多移民工程项目和一批重庆市重点企业相继落户木洞，使木洞镇经济格局发生了巨大变化，经济总量快速增长，第一产业比重进一步降低，第二产业持续发展，第三产业迅速崛起；以集体经济为主体的经济模式转变为集体经济、外资经济、民营经济“三足鼎立”的混合型经济模式，经济质量和经济效益也随之不断提高。2017年，实现地区生产总值19.4亿元，工业总产值108亿元，社会消费品零售总额5.7亿元，场镇居民人均可支配收入33550元，农村居民人均可支配收入15959元。

得天独厚的人文地理环境、丰富多彩的旅游资源，木洞镇早在数千年前就已经是旅游胜地。进入21世纪后，重庆市、巴南区都将木洞镇作为旅游发展的重镇。

木洞镇旅游资源包括风景名胜、传统文化、民俗风情、特产美食、古镇老街、文物古迹、现代都市农业等。风景名胜有木洞十一景、九狮汇、长延坪大寨、桃花岛、中坝岛、青年湖等。传统文化项目有木洞山歌、木洞龙舟、木洞仪式戏剧等103项。民俗风情有别具一格的服饰、饮食、人生礼仪、节日庆典等传统习俗近百项。文物古迹众多，有古墓、古庙、古桥、古道、古寨、古宅、古石刻碑文及遗址数百处。木洞豆花、木洞蜜枣、木洞榨菜、木洞油酥鸭、木洞土酒等美食特产誉满巴渝，名冠神州。特别是木洞蜜枣，早在清中期就成为皇家贡品，抗日战争期间更广受推崇。明代时形成的“五里长街”，成为重庆市重点修复保护的古镇老街之一。街上明清建筑成群，街巷道路充满古色古香的韵味，还有邹容、杨沧白[①]等资产阶级革命早期名人旧居。2004年，将都市农业发展纳入新农村建设体系规划中，长坪山片区和明月山片区的10个村被纳入木洞镇都市农业发展区。木洞都市休闲农业呈现迅猛发展态势，海眼丰雨谷原生态农庄、栋青瑞普现代农业观光园等，每年吸引上百万游客到此休闲观光。2016年，新建的近1000米长廊式的仿古一条街“木洞河街”开街，八方游客纷至沓来。2017年，市、区、镇三级联合，正在加快古镇老街、桃花岛、中坝岛、长坪山等景区景点的旅游基础设施建设，以提升木洞旅游的整体品质和形象。

为发展木洞旅游，木洞镇以贯彻落实“共抓大保护、不搞大开发”方针为契机，使明月山、长坪山作为长江生态屏障得到有效保护，长江、五步河水质长期保持优良，两岛（桃花岛、中坝岛）开发优先保护生态，重庆国际生物城实现绿色发展，木洞古镇修旧如旧，恢复历史风貌，这些都为木洞镇未来的旅游发展增添了十足后劲。

① 杨沧白：本名杨庶堪，沧白为其字，世人普称其“杨沧白”，故本书中以“杨沧白”记述。

桃花岛大桥（2018 年） 甘红兵 摄

基本镇情

木洞镇位于重庆市巴南区北部长江沿岸，全镇幅员面积104.3平方千米，有14个行政村、3个居民委员会。镇境内及毗邻地区分布有新石器时代遗址和东汉崖墓遗址。木洞镇为“两山两水，拥山临江”的地貌格局。中华人民共和国成立后，木洞镇的经济实力不断增强，社会事业得到全面发展，居民生活得到根本改善。

洞出神木牌坊（2019 年） 冯亚宏 摄

建置沿革

镇名由来 长江与其支流五布河交汇处有一形状如盆的宽阔地带，人们很早就在此兴市建场，名“盆盆场”。盆盆场地势低洼，常遭遇洪水灾害。明代，百姓决定在场上修建禹王庙，借大禹神力以镇洪水。相传，盆盆场一带没有树木，修建禹王庙的木材要到很远的丰盛山去砍伐和运输，人们为没有那么多人力而着急，掌墨师[①] 也多天睡不着觉。一天晚上，掌墨师在梦中得到神仙指点，从狮子山一洞中获得建庙所需的木材。人们将该洞称为木洞，盆盆场也改称木洞场，以后便依场而名木洞里、木洞乡、木洞区、木洞镇。

辖区变迁 明代，巴县设 72 里，木洞里为其一。清初，巴县设忠、孝、廉、节、仁、义、礼、智、慈、祥、正、直 12 里，每里下设若干甲，木洞属仁里九甲。清末设木洞镇。民国初年改为木洞场，为乡级政区建置。1929 年称木洞里。1930 年 6 月复设

---

① 掌墨师：工程设计及施工责任一肩挑的民间工匠。

木洞镇。1935 年改称木洞联保。1940 年再次改为木洞镇。1947 年，因其为民主革命先驱杨沧白故乡，故易名沧白镇。1952 年 11 月，划木洞镇、栋青乡部分辖区建水口乡；12 月，划木洞镇部分辖区建长坪乡、豚溪乡、仰山乡。1954 年 4 月，仰山乡并入水口乡。1956 年 1 月，水口乡、长坪乡、豚溪乡合并为木洞乡，11 月恢复水口乡。1958 年 9 月建木洞人民公社。1959 年 5 月恢复木洞镇，并撤木洞人民公社，分设木洞、水口、长坪管理区。1960 年 12 月，木洞、水口、长坪管理区改称木洞、水口、长坪人民公社。1966 年，木洞镇改称上游镇，1967 年复名木洞镇。1982 年，木洞、水口、长坪人民公社分别改名木洞乡、水口乡、长坪乡。1993 年 12 月，木洞乡、长坪乡并入木洞镇，青山乡、栋青乡、仰山乡合并为青山镇。2001 年 7 月，青山镇并入木洞镇。

村庄社区

2006 年 8 月，木洞镇完成村社调整，2001 年 7 月设立的 48 个行政村调整为 14 个行政村。

墙院村 该村东与丰盛镇王家村毗邻，南与海眼村相连，西与保安村临界，北与庙垭村接壤。人民公社时期，设新民、上观、院子、新房 4 个大队。1984 年，大队更名为村，新房大队改名墙院村，院子大队改名水坝村。1996 年，新民村、上观村合并，更名为上观村；水坝村、新房村合并，更名为墙院村。2006 年 1 月，上观村、墙院村合并为墙院村。2017 年，墙院村辖区面积 7.4 平方千米，总人口 2803 人，其中男性 1455 人，女性 1348 人。村内现存长坪大寨的石观楼寨门、围子堡寨门、陆家岩寨门、寨子寨门、碑岩悬寨门 5 道寨门。

海眼村 该村东与墙院村毗邻，南与丰盛镇相连，西与东泉镇玉滩村临界，北与杨家洞村接壤。人民公社时期，设岩碥、石坝、中心、前进 4 个大队。1984 年，大队更名为村。1986 年，岩碥村、石坝村改为海眼村，中心村改为沙谤村，前进村改为高石村。1997 年，沙滂村和高石村合并为高石村。2005 年 10 月，海眼村、高石村、岩碥村合并为海眼村。2017 年，全村面积 7.2 平方千米，耕地面积 4591 亩，总人口 2745 人，其中男性 1392 人，女性 1353 人。

庙垭村 该村东与丰盛镇毗邻，南与墙院村相连，西临桃花岛内浩，北与双河镇接壤。人民公社时期，设庙垭、下观、黄桷、白岩、豚溪口 5 个大队。1984 年，大队更名为村。1991 年，庙垭村与白岩村合并为庙垭村。1994 年，下观村与黄桷村合并为下观村。2003 年，庙垭村与下观村合并为庙垭村。2006 年，豚溪口村并入庙垭村。2017 年，全村面积 12.5 平方千米，耕地面积 2999 亩，总人口 3177 人，其中男性 1685 人，女性 1492 人。

桃花岛村 该村四面环水，东与庙垭村、西与江北区五宝镇、北与双河口镇临江村、西与保安村隔江相望。1950 年年初至 1952 年年底，为巴县第六区豚溪乡第五村。1952 年年底，第五村被划分为团结、中心、回龙 3 个村。1954 年年初，团结、中心、回龙 3 个村再次合并为豚溪乡第五村。1959 年 4 月，划分为团结大队、回龙大队。1978 年 3 月，回龙大队更名为苏家浩大队，团结大队更名为中江大队。1984 年，大队更名为村。1995 年 6 月，苏家浩村与中江村合并，更名为苏家浩村。2008 年 11 月，苏家浩更名为桃花岛村，辖区幅员面积 3.6 平方千米。2009 年，该村实行土地流转，被重庆庆隆公司全部占用，全村 95% 以上群众迁入木洞场镇内，其余移至镇外居住。2017 年，全村人口 2452 人，其中男性 1183 人，女性 1269 人。

杨家洞村 该村东与保安村、墙院村毗邻，南与海眼村相连，西与东温泉镇玉滩村临界，北临五布河。人民公社时期，杨家洞村为田坝、胜利两个大队。1984 年，田坝大队更名为杨家洞村，胜利大队更名为胜利村。2006 年，胜利村并入杨家洞村。2017 年，全村幅员面积 8.5 平方千米，总人口 1793 人，其中男性 911 人，女性 882 人。

保安村 该村东与墙院村、庙垭村毗邻，南与杨家洞村相连，西临五布河，北连木洞镇城区和长江河岸。人民公社时期，保安村为保安、永安两个大队。1984 年，永安大队更名为涧桥村，保安大队更名为保安村。1993 年修木洞大桥，征用涧桥村 7 社土地。1998 年，三峡工程水位提高，移民迁入，征用 8 社土地，其中两个社的农民实行农转非，迁入城镇为街道居民。2006 年，涧桥村并入保安村。2017 年，全村幅员面积 6.7 平方千米，总人口 2095 人，其中男性 1053 人，女性 1042 人。

中坝村 该村四面环水，东与木洞镇街道、北与江北区五宝镇隔江相望，南、西有内河与土地垴村相隔。人民公社时期为中坝大队。1984 年改为中坝村。2007 年，三峡工程水位提高，该村 175 米线下有 758 人移居木洞镇街道，其中农转非 215 人。2017 年，全村幅员面积 2 平方千米，总人口 1413 人，其中男性 646 人，女性 767 人。

土地垴村 该村东与木洞大桥毗邻；南与松子村相连；西与水口寺村和南岸区广阳镇临界；北临长江，与江北区五宝镇隔江相望。人民公社时期，辖区有黎家、渊河、和平、胜利 4 个大队。1984 年，和平大队更名为白果湾村，胜利大队更名为土地垴村。1997 年 10 月，黎家村与渊河村合并，更名为渊河村；白果湾村与土地垴村合并，更名为土地垴村。2004 年 11 月，渊河村与土地垴村合并为土地垴村。2017 年，全村幅员面积 10.8 平方千米，总人口 2348 人，其中男性 1148 人，女性 1200 人。

松子村 该村东临五布河，南与土桥村相连，西与水口寺村临界，北与土地垴村接壤。人民公社时期，辖区设有松子、大石两个大队。1963 年，松子大队、大石大队合并，更名为卢家塘大队。1966 年，卢家塘大队又划分为卢家塘和大石两个大队。1984 年，卢家塘大队更名为卢家塘村，大石大队更名为大石村。2005 年 7 月，两村合并为松子村。2017年，全村幅员面积3.98平方千米，总人口2067人，其中男性1016人，女性1051人。

水口寺村 该村东与土桥村毗邻，南与钱家湾村相连，西靠明月山脉，北与土地垴村接壤。人民公社时期，辖区设有高丰、柏杨、兴合、松林、方冲 5 个大队。1982 年，松林大队和方冲大队合并为松林大队。1984 年，高丰、柏杨、兴合、松林大队更名为高丰、柏杨、兴合、松林村。1997 年，柏杨村、兴合村、松林村合并为兴合村。2005 年 5 月，兴合村与高丰村合并，更名为水口寺村。2017 年，全村幅员面积 8.6 平方千米，总人口 2674 人，其中男性 1365 人，女性 1309 人。

土桥村 该村东临五布河，与杨家洞村隔河相望；南与钱家湾村相连；西与水口寺村临界；北与松子村接壤。人民公社时期，辖区设土桥和郭家坪两个大队。1984 年，土桥和郭家坪两个大队合并为土桥村。2017 年，全村幅员面积 8.1 平方千米，总人口 2455 人，其中男性 1189 人，女性 1266 人。

钱家湾村 该村东与土桥村毗邻；南临五布河，与杨家洞村隔河相望；西与栋青村临界；北靠明月山脉，与南岸区迎龙镇接壤。人民公社时期，辖区设有钱家湾、大田、向阳、龙桥、菜园湾、雁坝 5 个大队。1979 年，大田大队并入钱家湾大队。1984 年，钱家湾大队、向阳大队、龙桥大队、菜园湾大队、雁坝大队分别改为钱家湾村、向阳村、龙桥村、菜园湾村、雁坝村。1997 年，钱家湾村、向阳村、龙桥村合并为钱家湾村，菜园湾村、雁坝村合并为雁坝村。2006 年，钱家湾村和雁坝村合并为钱家湾村。2017 年，全村幅员面积 9.6 平方千米，总人口 3784 人，其中男性 1986 人，女性 1798 人。

栋青村 该村东与钱家湾村毗邻，南与二圣镇王家河村相连，西与南岸区迎龙镇迎龙村临界，北靠明月山脉。人民公社时期，辖区设有铜鼓、栋青、沟落湾、汪家坪、唐房、院墙 6 个大队。1984 年，大队更名为村。1996 年 12 月，铜鼓村并入栋青村，沟落湾村并入汪家坪村，唐房村、院墙村并入院墙村。2005 年 12 月，汪家坪村并入栋青村。2007 年 12 月，院墙村并入栋青村。2017 年，全村幅员面积 8.2 平方千米，总人口 3552 人，其中男性 1830 人，女性 1722 人。

景星村 该村东与栋青村毗邻，南与二圣镇王家河村相连，西与二圣镇巴山村临界，北靠明月山脉。人民公社时期，辖区设有芋头坝、景星、银家、翠竹 4 个大队。1984 年，大队更名为村。1998 年，芋头坝村并入景星村，银家村并入翠竹村。2005 年，翠竹村并入景星村。2017 年，全村幅员面积 8.14 平方千米，总人口 2860 人，其中男性 1552 人，女性 1308 人。

一社区 该社区建立于 2006 年 1 月，东与二社区相邻，南和三社区接壤，北靠长江。2017 年，社区幅员面积 0.6 平方千米，户籍人口 2868 人，其中男性 1514 人，女性 1354 人，常住人口 6870 人。

二社区 该社区建立于 2001 年 8 月，由 11 个居民小组组成。东、南与保安村相邻，西邻三社区，北邻一社区。2017 年，社区幅员面积 1 平方千米，户籍人口 3508 人，其中男性 1806 人，女性 1702 人，常住人口 9123 人。

三社区 该社区建立于 2001 年 7 月，东、南、西、北分别与二社区、保安村、土地垴村、一社区相邻。2017 年，社区幅员面积 0.64 平方千米，户籍人口 2877 人，其中男性 1447 人，女性 1430 人，常住人口 6527 人。

区位

自然地理区位 木洞镇地处四川盆地东南部川东褶皱带，呈现出“两山两水，拥山临江”（“两山”即明月山、长评山；“两水”即长江和五布河）的地形地貌格局。木洞镇处于长江、明月山和长坪山脉的围合区域，濒临长江沿岸。镇域东西以明月山为界，沿五布河有多条冲沟。全镇最高处 540 米，最低处 173 米，其间多坡地，明月山山麓坡度较陡，一般大约 45 度；中坝岛以及墙院村、海眼村的坡度较缓，在 10 度以下；其余地方的坡度 10 ~ 47 度。镇街南侧为尖顶坡。五布河从镇街西南方向蜿蜒流过，将镇街围

木洞镇鸟瞰图（2019 年） 胡特 摄

合成为一个半岛。

交通地理区位 木洞是长江上游的水陆冲衢，唐代被称为“水国舟中市”，元代是重庆朝天门至湖北沙市的 20 个水驿之一，明代被誉为“川东名港”。历史上，川汉、川黔、川湘等地南来北往、东上西下的物资在木洞码头集散；各地客商的桐油、大米、药材等山货，通过陆上东大路、西大路在港口集中，然后走水路源源不断地运出；食盐、布匹、棉纱等日用生活物资通过水路运至木洞港后，再由客商们通过陆上东大路、西大路运往南川、贵州等地。进入 21 世纪后，沪渝南线高速公路、348 国道横贯全境，国道，省道和县、乡、村道路网完善，陆上交通极为方便。便捷的交通，将木洞镇镇街与巴南区政府驻地龙洲湾、朝天门码头、重庆江北机场、重庆火车站北站北广场、重庆火车站东站的距离分别缩短至 56 千米、39 千米、45 千米、37 千米、30 千米，使木洞港的陆地码头功能进一步提升。三峡水利工程的建设，使木洞港成为 175 米蓄水位的末端，万吨巨轮可直达木洞港，木洞仍然具有得天独厚的水上交通优势。

经济地理区位 “水国舟中市”和“川东名港”，确立了木洞在渝黔、川陕地区上千年的显著经济地位。因为有得天独厚的桐油资源，木洞镇在清末和民国时具有突出的外经贸地位。中华人民共和国成立后，木洞镇的经济地理区位虽然减弱，但却成为300多平方千米范围内11个乡镇的经济中心。进入21世纪后，随着重庆麻柳沿江开发区木洞组团的设立，木洞镇拥有了千亿级的工业园区，使木洞镇的经济地理区位优势得以凸显，还与周边60千米范围内的重庆市两江新区、南岸区茶园新区、长寿区重钢工业园区、巴南区界石工业园区、南彭重庆公路物流基地等重庆市重点经济园区同步协调发展。

文化地理区位 发源于重庆市万盛经济开发区，全长84.4千米的五布河在木洞境内汇入长江，木洞镇成为五布河民俗民间文化长廊的起点。五布河民俗民间文化长廊上有木洞山歌、接龙吹打乐、永城吹打乐、金桥吹打乐4个国家级非遗项目和巴文化传说、麻柳荷叶、姜家龙舞、接龙梆鼓舞、接龙傩戏等10余个市级非遗项目，区（县）级非遗项目40多个，另外还有木洞镇、接龙镇等4个中国民间文化艺术之乡。厚重的文化底蕴和众多非遗项目，大多与木洞有着水乳交融的关系：五布河沿途为深丘地带，历史上，这里的山货都是通过山民们肩挑背磨，沿五布河运至木洞港，同时又将食盐、布匹等生活物资运回山里。长期的往返，山民们带走了木洞歌舞、曲艺、饮食文化，同时也把当地特色民俗文化传到了木洞。如各地的禾籁与盘歌、山歌，吹打乐中的将军锣鼓，都是来自木洞；木洞的民间故事、青山调吹打乐曲，则是从接龙、万盛等地传来的。

自然环境

地形地貌 木洞地处四川盆地东南部川东褶皱带，其中垫江弧形褶皱束和宣汉—重庆平行褶皱束的部分山脉布列于此，分别形成明月山和长延坪背斜以及明月山与长延坪之间的开阔深丘向斜。全镇呈现喀斯特低山壑谷、海相与陆相碎屑岩层共存、“两山两水，拥山临江”的地形地貌特点。

气候　山水

气候　木洞属亚热带季风性湿润气候，其特点是四季分明，春早秋迟，夏热冬暖，盛夏多伏旱，秋季绵雨，冬季多云雾，无霜期长，日照少，风力小，湿度大。常年平均气温 18.4℃，年平均无霜期 345 天，年平均降雨 157 天，年平均降水量 1070.3 毫米。极端年最大降雨量 1615.8 毫米（1998 年），极端年最小降雨量 775.5 毫米（2006 年）。降雨集中在每年的 4—9 月，6 月最多。夏、秋两季的降雨量占全年雨量的 77%。常年平均日照时数 1147.4 小时，日照百分率为全年的 25%。春季历时大约 84 天，起于 2 月 16 日，止于 5 月 10 日；夏季时间最长，历时 138 天，起于 5 月 11 日，止于 9 月 25 日；秋季历时 81 天，起于 9 月 26 日，止于 12 月 15 日；冬季时间最短，历时仅 62 天，起于 12 月 16 日，止于 2 月 15 日。

山水　明月山　明月山脉北起重庆市渝北区，迤逦至长江明月峡，经木洞镇土地垴村温家沱处入镇境，延绵约 20 千米至冷水垭后东接天坪山脉。

长坪山　长坪山位于五步河东侧，长延坪上。南起北延，长 20 余千米，宽约 5 千米。

长江木洞段　长江经重庆市南岸区广阳坝进明月峡入镇境，向东流经板凳角到箭滩

长江过境（2020 年）　　胡特　摄

处分流，主流流向东北桃花岛小沱子，支流经紫金山流经桃花岛内浩入小沱子与主流汇合后进入双河口镇境内。长江木洞段全长 10 千米，河面最宽约 2000 米，位于桃花岛上端，最窄约 200 米，即明月峡。木洞镇水码头河岸枯水时节水位 156 米。木洞河段最大水流量为 85000 立方米 / 秒，常年平均流量 11400 立方米 / 秒，含沙量 1.38 千克 / 立方米，输沙量 465 万吨。

五布河　五布河干流源于重庆市万盛经济开发区金子山，在綦江区隆盛镇莲花村入巴南区境，流经接龙镇、姜家镇、东温泉镇，在东温泉镇菩萨滩下姜木桥后入木洞镇境，经杨家洞、涧桥、小河边汇入长江。五布河木洞段长 17.6 千米，河面宽 70 ～ 100 米，常受长江回水漫入。杨家洞至涧桥段常有木船航行或渔民捕鱼。木洞河段最高水位为 250.1 米，常年平均水位为 246.4 米。河口多年平均流量 13.11 立方米 / 秒，总径流量 4.21 亿立方米；多年平均含沙量 0.28 千克 / 立方米，输沙量 2.08 万吨。

五布河得名有三：一为 5 条颜色似淡青色布的溪河汇聚而成河。二为沿途曾出现过 5 名布政使（亦说三国时期张鲁为五布河岸人，其祖神道碑记载，五世孙曾为浙江布政使），故名。三说五布河原名五步河，是大禹儿子按照大禹创造的禹步治水法用脚踩成，故名。后者流传更广泛。

五布河木洞段（2018 年）　　胡特　摄

链接：

大禹治水时路过江州市（历史上，重庆市被称为江州），与涂山女结婚（现重庆市涂山有涂山女神庙），婚后三日即离去，继续治理长江水患。因全身心投入治水工作而三过家门不入。治水结束后，大禹返回涂山，此时儿子已经成人。长江虽然疏通了，但是长延坪与二圣的山脉连成一体，使现在的东温泉、双圣、白鹤、小观、姜家（都是五步河沿岸的地名，也曾为乡镇名）成为一片汪洋，大禹得知后，就安排他的儿子疏通这片汪洋。大禹将自己创造的“禹步”法传授给儿子，“禹步”共五步。他踏了五步，第一步是小观（现属接龙镇），第二步是白鹤（现属姜家镇），第三步是双圣（现属东温泉镇），第四步是东温泉的关口，当踏到第五步时被蟹精夹住他的“七寸”动弹不得。大禹属蛇，儿子自然属蛇，“七寸”是蛇的生命至关点，大禹儿子危在旦夕。

在现在接龙镇的小观场河对面有一观音庙。观音菩萨两旁有童男童女。童女是龙王的小女儿，人、神均称其为小龙女。大禹的儿子治水，第一步踏到小观时，感动了小龙女。当她得知大禹的儿子遭蟹精夹住了“七寸”后心急如焚，求观音菩萨准许她去解救。观音菩萨容许后，她斩断了蟹精的两只大夹，可是为时已晚，大禹的儿子早就断了气。所谓两只大夹，其实就是那片汪洋两边的山脉。山脉被“斩断”后，河水疏通，出现一个滩口，就是现在的菩萨滩。这条河从此便被称为“五步河”。“步”与“布”同音，所以后人称其为五布河。

河水疏通后，大禹儿子的头就顺着河水流向木洞码头的礁巴岩、普慈岩、板凳礁、箭滩，在箭滩的水凼（有水的小坑）里停下，后来化成白龙坨，大禹的儿子也被人们尊称为小白龙。小龙女最后疏通了五步河，受到了人们的景仰，人们便在白龙沱附近的石壁上修了一个龙女龛，让她与小白龙长相厮守。

双河河　双河河干流发源于丰盛镇梅子沟，经双河口镇进入木洞镇，在豚溪口汇入长江，全长 13.75 千米。

自然资源

动物资源 木洞镇境内有数百种动物。

兽类：猞猁（又称山猫）、野猪、獐、水獭、獾（又称狗獾）、山羊等。

鸟类：竹鸡、秧鸡、董鸡、白鹭、苍鹰、鹞鹰、翠鸟、火鸡、喜鹊、乌鸦、斑鸠、大杜鹃（又称布谷鸟）、野鸭、麻雀、画眉鸟等。

鱼蛇虫类：中华鲟、乌鳢（又称乌鱼）、黄鱼（又称黄蜡尖）、鲫鱼、鲤鱼、草鱼、鳝鱼、泥鳅、蚯蚓（又称蛐蟮）、青蛙、蟾蜍、乌蛇、红蛇、蜈蚣、天牛、蜜蜂、苍鹰等。

植物资源 木洞镇地处四川盆地，属亚热带季风性湿润气候区，有利于多种植物终年生长。按照植物茎的形态划分，可分为乔木、灌木、草本、藤本四大类。

乔木：松树、杉树、柏树、枫树、皂荚树、棕树、柞树、青㭎树、银杏树、油桐树、泡桐树、榕树（又称黄桷树）、白蜡树、桂花树（又称金桂树）、杜仲树、臭椿树、酸枣树、香椿树、苦楝树、油茶树、白茶树（又称老荫茶树）、女贞树等

灌木：无花果树、吴茱萸、栀子树、茶、木瓜、山莓（又称树莓）、天竺葵、夹竹桃、黄荆、万年青、叶子花（又称三角梅）、蒺藜（又称刺梨）等。

草本植物：楠竹、斑竹、水竹、慈竹、苦竹、金竹、黑竹、凤尾竹、野麦、野稻、

金桂树（2019 年） 温月 摄

格桑花（2018 年）　　甘红兵　摄

野豌豆、岩豆、魔芋、野茄子、野蒜、藠头、芫荽（又称香菜）、含羞草、巴茅、野葡萄、爬山虎、水莴苣、水蕁菜、水葱、地海椒、野烟、鱼秋草、灯心草、虎耳草、石斛、黄精（又称老虎姜）、山胡椒、大血藤、小血藤、牛膝、青蒿、白蒿、毒芹菜（又称野芹菜）、散血草、龙胆草、紫苏、益母草、艾草、菖蒲、忍冬（又称金银花）、鸡冠花、凤仙花（又称指甲花）、牵牛（又称牵牛花）、旱蕨、热蕨、牛毛毡、地木依等。

人口　民族

人口总量　1953 年，全镇人口 7564 人。1959—1961 年三年经济困难时期，因生活困难导致全镇人口大幅减少。到1964年，人口5665人。随着人们的生活好转，人口增长幅度开始提高。1982年，全镇人口达9162人。1993年，木洞乡、长坪乡划入木洞镇，总人口增至22844人。2001年7月，青山镇并入木洞镇，人口增至45256人。从2002年起，人口呈现逐年下降趋势。到2010年，全镇人口下降至43476人。2010年后，随着工业园区的兴建，外来人口增加。2017年年末，全镇户籍人口44596人，其中男性21602人，女性22994人；农业人口35575人，非农业人口9021人。

民族构成 木洞镇人口以汉族为主，有苗族、藏族、土家族、蒙古族、彝族等少数民族。1990年第四次全国人口普查时，全镇少数民族人口3人。2000年第五次全国人口普查时，全镇少数民族人口58人。2010年第六次全国人口普查时，全镇少数民族人口23人。

主要姓氏 木洞镇居民有282个姓氏，100人以上的姓氏主要有张、李、王、胡、刘、杨、陈、蒋、徐、何、余、黄、周、谭、罗、唐、吴、赵、马、梁、代、丁、雷、喻、钱、晏、魏、冉、邓、田、白、秦、曾、傅、肖、沈、高、姚、朱、耿、蔡、郑、郝、林、戴、廖、严、潘、汤、袁、苏、熊、钟、彭、龚、柏、冯、文、包、董、程、江、裴、宋、谢、许、焦、姜、夏、康、龙、万、石、柯、易、郭、向、陶、孙、方、鄢、叶、贺、任、殷、邹、杜、汪、付、范、韩、涂、韦、邱、倪、孟、瞿、卢、金、樊、曹、舒、毛、简、饶、左、陆、游、甘、祝、覃、黎、尹、贾、赖、侯、娄、闫、柳、莫、岳、段、顾、阎、景、颜、穆、洪、庞、况、蒲、乔、屈、敖、封、传、崔、蒙、孔、鲜、缪、蔺、卜、宁、米、成、曲、华、佘、冷、官、单、岑、季、翁、浦、萧、蹇、戚、揭、蓝、靳、霍。

人口源流

木洞镇距古代巴国都城江州（今重庆市渝中区）不足50千米，是古代巴人聚居地区之一，区域内众多东汉崖墓遗址可为据。随着历史的变迁，木洞的巴人与中原、湖广、夜郎等移民渐近融合，难以分辨出是否是土著巴人。

“湖广填四川”移民 重庆市直辖前，木洞镇属于川东地境，和四川其他地区一样，至秦汉以来，相继经历了8次大移民，特别是元末明初和明末清初的两次“湖广填四川”，使木洞地区的人口进行了大换血。木洞镇濒临长江，又近邻重庆市区，且土地肥沃，移民自然愿意到此“插占为业”、落户生根。木洞移民多来自湖广（湖南、湖北、广东、广西）、陕西、云贵、江西等地区，其中多数来自湖北省黄州府麻城县孝感乡（今湖北省孝感市）。

新移民 抗日战争期间，民国政府迁都重庆，有外籍船工、商人落户木洞。中华人民共和国成立初期，木洞部分区、乡干部属于“南下”干部，个别教师、单位人员也来自川渝之外。改革开放后，木洞外来务工人员分布全国各地，其中部分当地年轻人的配偶为外省；木洞工业园区的建立，更是吸引了很多外省人。这些落户木洞的当代移民，便被人们称为新移民。

镇域经济

长期以来，木洞镇是一个以农业为主、水上运输和商贸较为发达的长江沿江名镇。中共十一届三中全会后，乡镇企业异军突起，商业市场发展加快，第一产业的比例逐渐降低。进入 21 世纪后，特别是近 10 年以来，由于山峡库区木洞移民工程的实施和木洞工业园区的兴建，很多移民工程项目和重庆市一批重点企业相继落户木洞，使木洞经济格局发生了巨大变化，经济总量快速增长，第一产业比重进一步降低，第二产业持续发展，第三产业迅速崛起；以集体经济为主体的经济模式转变为集体经济、外资经济、民营经济“三足鼎立”的混合型经济模式。经济质量和经济效益不断提高。2017 年，地区生产总值达 171102 万元，增幅 16.8%；工业总产值 813617 万元，增幅 190.9%；社会消费品零售总额 52369 万元，增幅 16.6%；商品销售总额 63641 万元，增幅 16.6%；城镇居民人均可支配收入 3.09 万元，增幅 8.8%；农村居民人均可支配收入 145 万元，增幅 10.7%。

农业 自巴人在江州建都以来，木洞地区就成为巴民繁衍生存之所，先民们一边渔猎，一边造田耕作，农业很快发展起来。宋元明清时期，码头经济迅猛发展，促进了木洞先民种植商品作物的积极性，桑树、桐树植满田畴山坡，这便是木洞农业多种经营的源头。清末民国初，大量土地兼并集中到少数人手里，使农田得以进一步扩大，耕作技

水稻收割（2016 年） 马兵 摄

术得以迅速提高，种植、养殖得到同步发展，农业的主体地位得以巩固。中华人民共和国成立后，经过土地改革和农业生产合作化，生产资料占有方式从私有制转变为集体所有制，家庭生产逐渐被集体化生产取代。

1982 年，木洞地区全面实行家庭联产承包责任制，粮食产量迅速提高。之后一段时期，在保证粮油不减产的前提下，政府积极引导农民建立商品农业基地，木洞区成为巴

瑞普现代观光农业园（2017 年） 甘红兵 摄

县的茶叶、苎麻、蚕桑、生猪等种植、养殖大区，茶叶、苎麻、蚕桑基地分别达到万亩规模。木洞镇抓住第一批绿色低碳重点小城镇试点创建、命名以及巴南区社会主义新农村建设示范镇试点的契机，遵循构建特色农业区、转型农业区和生态旅游观光区的农村发展思路，将现代农业开发放在发展农业的重要位置，积极推进现代农业的开发建设工作。至 2017 年 12 月，总计流转土地达 2 万亩，先后建立起海眼丰雨谷原生态农庄、山水牧歌森林学校、栋青村求索园和青年湖农场（瑞普现代观光农业园）等现代农业基地。

养殖业在木洞农业经济中占据十分重要的位置。养殖品种主要有猪、牛、鸡、鸭、鹅、蚕、蜂、鱼等。其中养猪是经久不衰的养殖大项目。1983—1996 年，木洞地区年人均养猪达 1 ~ 1.2 头，养猪成为当时木洞百姓的主要经济收入来源。20 世纪 90 年代中期开始，农民大量进城务工、经商办企业，家庭养猪业下滑，养猪龙头企业为主体的养猪大户兴起，木洞地区养猪业得到发展。2017 年，全镇养殖生猪 2.32 万头，年末存栏 1.29 万头。

淡水养鱼也是木洞镇的重点养殖项目。养殖鱼类有单雄性罗非鱼、鲢鱼、鳙鱼、草鱼、鲤鱼、鲫鱼、乌鱼等 10 多个品种。近年来，渔业养殖由农户分散化向业主规模化转移。现全镇养鱼大户有 100 户，养鱼水面面积 700 公顷左右。2017 年，全镇鱼产量 900 余吨，渔业总产值约 0.2 亿元，占农业总产值的 5.4%。

根据统筹城乡发展的要求，2004 年，木洞镇把发展都市农业纳入新农村建设体系规划中。松子村、土桥村、栋青村、钱家湾村、保安村、水口寺村、庙垭村、海眼村、杨家洞村等村被纳入木洞镇都市休闲观光农业发展区，先后引进海眼丰雨谷原生态农庄等都市休闲观光农业开发企业 20 余家入驻。

工业

手工业作坊 1951 年前，木洞镇有榨油坊数十家、铁匠铺和酿酒坊若干家、服装加工店 8 家。1953 年 1 月，成立缝纫生产合作小组，随之发展为缝纫手工业生产合作社。农业合作化时期，又新开办了面粉房、条石场、小砖瓦窑、小石灰窑、小铁炉等作坊。

乡镇企业 人民公社时期的社队企业为乡镇企业的发端。1984 年 4 月，木洞辖区的乡镇企业形成乡办、村办、队办、联户办和户办“五个轮子一齐转”的发展格局，大小企业达 300 多家。1989 年，根据中共中央“调整、巩固、改革、提高”的方针，木洞乡镇企业提出了“五个结合”的改革要求。“五个结合”，即发展乡镇企业与发展商品农业相结合；深化企业改革与治理整顿相结合；强化企业管理与提高企业素质相结合；科技进步与企业技术改革相结合；抓企业生产与精神文明建设相结合。1992—1996年4年间，共新增企业100多家。1997年，乡镇企业固定资产投入1000万元，利润总额实现600万元，完成国家税收500万元。2000年，民营企业得到长足发展，招商引资项目不断推进，促进社会经济快速增长。2007年，工业销售收入完成19272万元，工业增加值达5300万元。2011年，创办微型企业26家，解决就业人员600人，落实政策扶持资金600万元。

园区工业 2012年年初，重庆市建立重庆麻柳沿江开发区。12月，重庆麻柳沿江开发区木洞组团正式挂牌成立，人们将其称为木洞工业产业园区（简称“园区”）。园区位于木洞镇栋青村，是重庆麻柳沿江开发区的主要组成部分，是重庆市生物医药“4+1”聚集区、重庆轻工产业基地以及移民生态工业园区，于2012年11月正式启动建设。至2017年12月，已有700家企业相继落户。其中，重庆国际生物城、重庆（栋青）医药城于2013年启动建设，占地9平方千米。2015年，成立专业医药招商组，与全国性医药行业协会、市经信委、市食药监局等搭建国家、市、区三级联动招商平台。至2017年年底，医药城已累计引进项目20余个，智睿生物、美国Athenex制药、日本参天、重庆医药等重点项目实现集群落户，涵盖生物制药、原料药及制剂、现代中药、医疗器械各领域；投资额240亿元，产值达360多亿元。

重庆国际生物城（2019年） 刘纪湄 摄

重庆（栋青）医药城（2017 年） 甘红兵 摄

2013 年，重庆朝天门市场服装协会尚盟重庆时装产业园项目签约落户园区，园区形成拓为、尚盟两大服装专业平台。其中，拓为重庆中国轻纺服装城占地 22 公顷，投资 11 亿元，总建筑面积 68 万多平方米，建成集服装、纺织品、服装面辅料、物流仓储、大型批发零售市场及休闲购物步行街等于一体的重庆“时尚硅谷”。尚盟重庆时装产业园一期占地约 31 公顷，总投资 17 亿元。至 2017 年年底，拓为重庆中国轻纺服装城、尚盟重庆时装产业园累计建成标准厂房 110 万平方米。二次招商有 580 家企业

尚盟重庆时装产业园（2017 年） 甘红兵 摄

入驻，其中包括立泰服饰集团、爱萝家纺、盛情家纺等重庆本土知名品牌服装企业，已投产 430 家。与此同时还建成面积 2500 平方米、创客工位 100 余个的全市唯一的服装创客平台，落户创业企业 4 家、创客项目 42 个，供热能力达 34 万吨 / 年的蒸汽、热水三联供项目一期投入使用，为部分投产企业和倒班楼供应生产蒸汽和生活热水。园区服装产业已初步形成聚集企业多、产业链不断完善的集群发展态势，并基本实现良性运转。

为推进园区快速高效发展，服务保障体系随之不断加强。建成一期安置房 11 万余平方米，安置群众近 2500 人；建成企业员工倒班楼 10 万平方米；服装城超市、餐饮、医疗门诊等配套设施陆续投运，学校、酒店、体育休闲等设施基本建设完成；茶园刘家坪至园区班车开通；累计实现融资 79.88 亿元，贷款余额 65.25 亿元。至 2017 年年底，园区累计投资达 500 亿元以上。预计至 2020 年，园区可实现产值 1000 亿元。

商贸 木洞镇地处长江和五布河交汇形成的半岛之上，距重庆朝天门码头 39 千米，沿长江可溯成都，走嘉陵能达广元；东连宜昌、汉口，再下可通南京、上海，实为通江达海之港口，明代已成“五方杂处，百货交通，贾舶行舟，往来停泊，樯桅林立，市井繁荣”的“川东第一大镇”。早期的木洞街道集中在三窍湾、陡石梯、涧上、水沟街以及河街一带。清末和民国年间，木洞临江的正街和石堡街兴起，集市逐渐转移到正街、石堡街、河街一带。木洞的油、盐、糖、酒、屠、木、药材、棉纱、白布、杂货、粮食、旅栈 12 个帮口和油业、盐业、糖业、酒业、绸布业、棉纱业、粮食业、榨菜业、百货业、山货业、屠宰业、民航业、餐茶旅栈业、经纪业 14 个同业公会多集中在此地。佛亨轮船公司、巴县银行木洞办事处、裕大电灯公司、荣集祥印刷店等企业也在此地。协调总揽交涉各地商务等事宜的湖南、湖北、贵州、云南、四川五省公署在此办公。英、美、日三家外商代办机构有两家驻于此。1950 年，木洞镇工商店铺近百家。1956 年，木洞地区商业完成社会主义改造，国营、公私合营、合作经营、个体经营四种经济性质的商业并存。自 20 世纪 80 年代起，个体商业如雨后春笋般兴起，供销社等集体商业企业逐渐转为个体承包经营。2000 年后，凤梧等超市相继落户木洞。

木洞主要商业机构有木洞商会和木洞供销社等。木洞商会成立于 1924 年，有两种会员。一是辖区内已组织同业公会的商业、输出业为公会会员，该种会员有前述的 14 个。二是辖区内无条件组织同业公会的商业、输出业、公司、行号及其他地区设在辖区内的售货场所并依法登记者为单独会员，亦称非公会会员，有 6 个，即佛亨轮船公司、巴县银行木洞办事处、裕大电灯公司、荣集祥印刷店、熙济锅厂和裕昌火柴厂。公会会员和非公会会员均以集体名义参加，一经入会，除公司、行号迁移他辖区、废业或受处分永久停业者外，不得退会。商会理事、监事任期为四年，每两年改选一次，每次改选二分之一。1927 年，木洞镇遭土匪抢劫，多数富商被绑架。商会遵循“维持和增进同业之公共利益”的宗旨，于次年招募 50 名学有武功的青壮年组建起了保商队，驻在涧上大石堡碉楼，保卫全镇治安。1933 年，耗资 7590 块大洋，在木洞正街商会会址上修建了三层楼房，为两栋大楼和一个大礼堂的中式和西式建筑风格相结合的商会会馆。该会馆于 1970 年成为木洞公寓。1950 年，木洞商会撤销。2008 年 11 月，在政府倡导下，新的木洞镇商会建立，有会员 40 余个。至 2017 年 7 月，历经 3 届，杨道忠、蒋世北一直任会长。新的商会的宗旨是“热心服务会员，真诚服务社会，履行社会职责，惠及民生、协调发展，为木洞地区的经济社会发展做出贡献”。

1952 年，木洞镇组建供销合作社，由农民入股投资，每股 3 元。供销社机构组成人员有 16 人，杨奉昆任书记兼主任。1953 年，国家对私营工商业进行社会主义改造，随后木洞镇对私营工商户实行公私合营，如经营棉布业的大康和永义布店、经营糖果业的永懋商店、经营旅馆业的茂华旅馆以及西南火柴厂等的老板作为股东并入供销社。1986 年，木洞供销商业系统改为巴县联社木洞贸易公司，有职工 190 人，下设土产、农资、物资回收、日用杂品 4 个经营部，经营商业网点 16 个，主要经营各种土特产品、农用化肥、农药、薄膜、日杂和废旧物资回收等。

实行改革开放前，木洞地区的生产生活物资基本上由木洞供销社和各乡分社垄断经营，效益良好。实行改革开放后，民营商业、商业个体户蓬勃发展，市场竞争激烈，此时一些地区的供销社处于举步维艰的地步，但木洞供销社通过体制改革，不断调整经营结构和改变经营策略、方式，努力生产化肥、农药等共计约 2 万吨，农膜共计约 1 万吨。2000 年改制后，农资经营（主要

木洞供销社旧址（2018 年）
甘红兵　摄

是化肥）进入多渠道竞争的放开经营阶段。木洞供销社充分发挥自身点多面广的优势，多渠道组织货源，积极参与竞争，除占据木洞地区化肥市场的七分天下外，还将销售扩展到巴南区接龙镇、姜家镇、丰盛镇、二圣镇等乡镇和南川区、涪陵区等区县。2000—2016 年，在农村化肥需求量减少的背景下，每年销售量仍保持在 12000 吨以上。

社会发展

社会事业

中华人民共和国成立后，特别是中共十一届三中全会以来，木洞的文化、教育、卫生医疗等社会事业蓬勃发展，居民生活水平显著提高。

文化 唐宋以来，木洞逐渐成为文人雅士流连、文化名人辈出、文艺佳作众多的文脉宝地。中华人民共和国成立后，文化、经济比翼双飞。20 世纪 90 年代，木洞山歌率先蜚声海内外，2006 年入选第一批国家级非物质文化遗产名录（简称“非遗名录”）。接着，木洞龙舟等 10 余项木洞文化项目入围市、区非遗名录。2008 年，木洞镇被文化部命名为“中国民间文化艺术之乡”。从木洞走出的当代中国文化大家有胡天成、李华飞、沈铁梅等 10 多人，其鸿篇巨著、艺术精品难以计数。

中国民间文化艺术之乡荣誉牌匾（2018 年） 蒋效伦 摄

木洞镇有丰富多彩的民俗民间文化资源，主要民间艺术有 103 项，其中口头文学有故事、传说、神话、歌谣、笑话、谚语、歇后语、方言、说唱文 9 项；歌舞、戏曲、绘画有山歌、号子、儿歌、小调、哭丧哭嫁歌、吹打乐、槲鼓舞、狮舞、龙舞、牛舞、莲箫、车灯、彩船、秧歌、腰

木洞镇文化中心（2020 年）
胡特　摄

木洞山歌广场（2018 年）　　蒋效伦　摄

鼓舞、扇子舞、红调舞、阳戏、庆坛戏、丧戏、延生戏、师坛戏、会戏、神轴画像 24 项；习俗信仰有生育、婚娶、寿诞、丧葬、拜年、祭祖、端午、七月半、中秋、重阳、除夕等礼节和节庆习俗，吆蝗虫、咒土蚕、忌戊、秧苗会、求雨会、风神会、击梆驱兽、宅基风水、安香火、镇宅、扫圈、化签掐失、安胎启水、抽数算命、推送观花、看水碗、送花盆、泼水饭、赌咒、解梦 39 项；工艺游艺有石雕、刺绣、造纸、染布、竹编、草编、藤编、棕编、纸扎、土布编织、土酒酿造、土糖熬制、吹打乐器制作等工艺，六子棋、三子棋、修飞机、修铁路、叠罗汉、扭扁担、下三、踢毽、跳绳、猜谜、划拳等游艺共 31 项。

为了满足木洞人民日益增长的文化需求，自 1976 年 1 月起，相继建立了 600 平方米的木洞电影院、800 平方米的木洞镇文化中心、1 万平方米的木洞山歌广场、600 平方米的河街“洞出神木”广场，各村（居）委会室内文化活动场地达 200 平方米以上。1957 年，木洞中学藏书 2 万余册。2001 年 7 月，木洞镇 17 个村和 3 个社区同时建立起农家书屋。2017 年，各农家书屋分别有藏书 2000 ～ 3000 册。

除了龙舞、狮舞、仪式戏剧等民间艺术队伍外，自 20 世纪 60 年代起，木洞地区相继建立了数十支以政府为主导的文艺服务团队。典型的有 13 支电影放映队和工商联文工团、木洞区宣传队、雪松艺术团、红阳文艺社、木洞区川剧队、萩玥艺术培训中心、启航文学社、沧白书画院等。

教育　木洞早期的教育以私塾为主。清咸丰年间（1831—1861）始办书院、义学，清末改称学堂。民国年间为国民小学。中华人民共和国成立后，木洞镇教育发展迅速，教育结构逐步完善和优化，形成了学前教育、小学教育、中学教育、职业教育、成人教育以及公办、民办相结合的教育结构。1950 年，木洞镇辖区内的各乡分别建有中心小学和部分村小学。1958 年，乡乡建有中学，村村建起小学。经过多次撤并建，木洞镇现有中、小学各 1 所。

木洞镇中心小学校　晚清时，有贤士募捐田租 30 余石，在木洞狮子岩文昌宫修建观澜书院。光绪三十年（1904），观澜书院改称木洞高等小学。1912 年，校址迁往木洞慈光寺。抗战时期，国民政府推行政教合一，木洞高等小学更名为木洞国民小学。1942 年，因纪念革命先驱杨沧白，木洞镇更名为沧白镇，木洞镇小学改名为巴县沧白镇中心国民学校。1949 年，由曾留学日本早稻田大学的木洞人氏李华飞担任校长，设初中补习班，学生人数增加到 1300 余人。1950 年，更名为巴县木洞镇中心校。1994 年，学校被收入《中国学校揽胜》一书，该书被送到联合国交流。学校先后培养出了近代民主革命家杨沧白、中华人民共和国第一任女大使丁雪松、全国妇联副主席黄启璪、北京大学力学与工程科学系教授林荣生、南昌大学计算机科学系教授林俊伯等政治、文化名人。

木洞中学　1950 年，巴县师范学校设立巴县师范学校实验初中班，学生 40 余人，教师 1 人。1951 年 4 月，初中班迁至木洞镇前进路，改名为重庆市巴县木洞私立中学。1952 年 11 月，巴县东泉中学与木洞私立中学合并，改名为重庆市巴县木洞东泉联合中学。1953 年 4 月改名为四川省巴县第四初级中学校。1958 年 9 月改名为四川省巴县第四中学校。1969 年 9 月改名为巴县木洞公社中学。1971 年 9 月改名为四川省巴县第六中学校，其时已成为完中。1984 年 9 月改名为四川省巴县木洞中学。1995 年 3 月改名为四川省重庆市木洞中学。1998 年 3 月定名为重庆市木洞中学。2005 年 4 月，木洞中

1982 年前的木洞中心小学　　徐建宏　摄

木洞中心小学校（2018 年）　　甘红兵　摄

木洞中学（2020 年） 姚佳 摄

学进入市联招学校行列。同年 9 月，青山中学并入木洞中学。学校有 80 余名教师曾获全国、省、市、区优秀教师、先进工作者、模范班主任、学科带头人等称号，学术论文、著作颇丰。学校实验室、学生公寓楼、学生餐厅、多媒体教室、科技楼、图书室等硬件设施齐备。校园文化方面，建有长江诗情广场、名人广场、农耕文化展区、传统文化园区、科技文化园区 5 个文化园区。教学成果方面，培养的数万名学生中，考入北京大学、清华大学等知名高校的有上百人。通过开展教育教学改革，学校初中部教学已成为巴南区初中教学的品牌，教学质量考核、办学水平评估、教学管理效果等各方面均为同类学校前列，同时成为重庆市文明礼仪示范学校、办学水平综合督导评估优秀级学校、千乡万才会员学校、联合国教科文组织创新学习实验基地。

卫生医疗 1950 年前，辖区没有政府性质的医疗卫生组织、管理机构，也没有公立医院，中医开设的药房、药铺便成为民众的就医场所，民间草药先生成为主要的医生资源。1950 年后，先后建立区（乡）卫生院、村（居）卫生室。中共十一届三中全会后，私人诊所得以恢复。至 2017 年，木洞镇各级各类医疗卫生机构共 32 个，其中一级甲等医院 1 个，村级卫生室和个体私营诊所 31 个。

自 1953 年开始，木洞区（乡、镇）认真贯彻执行中央和政务院的有关文件、纲要、指示、决定精神，在辖区内开展爱国卫生运动。1950 年的灭“三虫”（臭虫、虱子、跳蚤）、1956 年的除“四害”（苍蝇、蚊子、老鼠、麻雀）以及 2000 年后的改厕、改灶、改水，是木洞地区开展爱国卫生运动的 3 件大事。1954 年，辖区内的“三虫”基本上被灭除。1956 年 1 月 27 日，木洞区公所制发《向“四害”大进军工作意见》文件，一度

木洞敬老院（2018 年） 蒋效伦 摄

学校停课、村民停止生产劳动，人们全部上山去打麻雀、捉老鼠。除“四害”因为方法幼稚，并没有产生实际效果。人民公社后期，政府提出了改灶的主张，还在各乡培养专门打节能灶的石匠师傅。2011 年，开始推行第四代节能灶。自 1965 年“大四清”开始，辖区内的各乡镇政府一直重视改厕工作，每个村都制定了改厕规划。至 2017 年，全镇大约一半的农户完成改厕。改水是从保证场上的饮水工程建设抓起，2001 年前，各场上居民饮水基本上得到了保障。至 2011 年，各个场上都建起了居民饮用水厂，保障居民常年能饮上清洁水。打深水井，也称红层找水，是保障农村居民饮上清洁水的主要措施，凡打一口深水井政府补贴 1000 元。至 2017 年年底，全镇共打深水井 3000 多口。

居民生活

木洞镇是一个场镇居民人口较多的长江上游港口，所以，中华人民共和国成立前及成立后至中共十一届三中全会前，场镇居民相较农村居民的生活较稳定，生活水平也较高。中共十一届三中全会后，农村实行家庭联产承包责任制，农民与场镇居民收入差距逐渐缩小，生活水平得以迅速提高。随着乡镇企业的兴起和农民进城务工经商办企业政策的实施，农民逐渐富裕起来。

社会供养 农业合作化以后，对生活没有依靠的老弱、孤寡、残疾社员，采取保吃、保穿、保住、保医、保葬的“五保”供给政策，实行分散供养。五保费用从农业生产合作社公益金中支付。对毫无生活来源的给予全保。对有一定生活来源、不能完全维持生活的，根据不同经济情况给予救助，由合作社按时补充。人民公社化后，实行集中供养与分散供养相结合的办法。集中供养是修建敬老院，将毫无依靠的五保老人按自愿原则集中到敬老院予以供养。对不愿到敬老院的五保老人，则让他们分散居住，政府予以供养。2017年，木洞敬老院有3个分院，其中木洞分院有五保老人52人，青山分院有五保老人45人，仰山分院有五保老人64人，五保老人生活及医疗费用由财政全额支付。

1999年10月1日起，木洞镇人民政府按照国务院颁布的《城市居民最低生活保障条例》规定，对全镇城镇居民实行最低生活保障，即城镇居民低保。与此同时，木洞镇按照国家有关政策精神，对农村生活困难户也实行低保。2017年，全镇享受城镇低保的有283户338人，月人均低保标准500元；享受农村低保的有313户449人，月人均低保标准350元。

合作医疗 1966年3月，木洞地区各大队先后成立大队卫生室，农村合作医疗自此启动，社员就医用药实行集体、个人各承担一部分，每年从生产队公益金中提取。1979年年初，各大队卫生室开始实行承包，由承包人向大队交承包金，独立核算，自负盈亏，社员看病、拿药一律自费。1999年年初，木洞镇根据巴南区就“进一步扩大农村合作医疗”提出新的措施：凡镇内村民领取合作医疗证后，带证就诊时缴纳工本费1元，自第一次就诊起，在1年内就诊看病免交挂号费；1年内生病在镇中心医院住院、医药费超过500元（含500元）者，可减免药费10%；60岁以上老年人每年可享受1次免费检查。2005年11月1日，木洞镇新型农村合作医疗工作启动。2006年，木洞镇开展新型农村合作医疗制度试点工作，自愿参加合作医疗者每年缴纳60～110元的合作医疗费，住院时可报销60%～80%的费用。

其他政策性保险 独生子女“两全保险” 1988年起，木洞镇计划生育部门对辖区内的生育对象代办独生子女婴幼少儿保险和母婴安康保险“两全保险”，办理率一直为100%。

超龄人员养老保险 木洞镇按照国家和重庆市相关政策精神，从2007年起，对曾在市内、城镇用人单位工作，未参加基本养老保险，超过法定退休年龄人员实行自愿参保，参保人员每月可领取养老保险金800～1500元。之后每年有所增加。

职工失业保险 1999年，根据《重庆市失业保险规定》，木洞镇对镇政府机关在职事业编制干部实行失业保险制度，其他事业单位也先后参加巴南区职工失业保险。保险基金由单位和个人共同负担。

收入 中华人民共和国成立前，全镇有土地耕种的农户靠余粮换食盐和必需的生产生活用品，吃、穿、用十分简陋；无地农民靠打长工或短工维持家庭生计。打长工一人一年2～3石（每石约165千克）黄谷工价，打短工一般一人一天1升米（约2.5千克）。一般农户养1～2头猪和几只鸡鸭，大部分出售，作为家庭必用开支。石工、木工等手艺人的家庭收入稍多一些。地主家庭收入高或较高。中华人民共和国成立初期，农户上交公粮后，可解决一家人的基本生活。“五匠”（石匠、木匠、篾匠、裁缝等手工业者的统称）做工一天工价1～1.5升米。有的农户靠地里或山上的茶、桐、棕、棬出售收入作为全年开支。初级社实行评记工分，10分为1个劳动日，男劳动力每天8～10分，成年妇女7～8分，刚参加劳动的3～5分。初级社时按“人6土4”（人口占比6成，土地占比4成）的比例分配粮食，有多少分多少，农户自己交公粮。高级社时，粮食按每人180～225千克作基本口粮，其余的粮食以工分摊算，称作“工分粮”。人民公社时期，“五匠”一等工价1.7元，二等1.5元，三等1.3元，80%交生产队评记工分，20%作工具消磨费，工分评定最低不能少于9分。个别生产队有多种经营收入，年终决算无补钱户，个别收钱户可收三五百元，但也有劳动日值0.1元左右的生产队。大多数农户每年能够分150～250千克粮食，其中黄谷约占60%。缺粮成为普遍现象，有银行存款的农户不多。1982年，全镇普遍实行家庭联产承包责任制后，家家户户有了大量余粮，茶叶、蚕桑、生猪等种植养殖收入大量增加，缺吃少穿的现象基本消除，80%以上的农户有了存款。从20世纪80年代中后期开始，进城务工经商办企业成为农民的主要收入来源。初期，在城里打零工每天3元，技工5～10元/天。2003年，零工30元/天，技工80～100元/天。2004年开始逐年增加，零工50～120元/天，技工100～300元/天，高的达500元/天左右。至2017年，全镇极少有无存款的农户，资产上百万、千万甚至上亿元的农民起家的业主很多。改革开放后，政府实行农转城政策，部分农转城人口集中到场上居住，从事各种商业经营活动，收入颇高。一部分留在农村居住，但多数家庭进城或到场上务工经商办企业，有固定的收入来源，往往比普通农村居民收入高。

1952年前，木洞镇场镇居民大多从事经营活动，有自己的店铺。有的还有运输船只和作坊，收入既高又稳定。中华人民共和国成立后，部分场镇居民分得了土地，大多成为商业公司员工，与供销社一起实行百货垄断经营，收入也较稳定。机关干部、教师及粮油食品、医疗卫生等单位的干部职工及家属等场镇居民，均享受政府生活补贴或工资待遇，收入稳定且高。随着改革开放地深入发展，商业公司、食品站、粮站等国营、集体企业因在激烈的市场竞争环境下缺乏竞争力，或撤销或改制，正式老职工享受养老保险金待遇，其金额从最初的几十元提高至2017年的3000元左右。

消费 中华人民共和国成立后至改革开放初，居民的主要消费是确保吃饭、穿衣和有住房。中共十一届三中全会后，农村改革不断深化，居民的收入不断增加，过去确保温饱的消费结构已逐步过渡到提高生活质量。吃穿和用电、气等方面基本生活花费不多，一般不会超过家庭总收入的25%，高收入家庭甚至不足10%。全镇60%以上的家庭有轿车或摩托车、农用车；家家户户有电视机和各种类型的家用电器；除小孩和高龄老人外，人人有手机；有电脑的家庭占40%左右。为提高生活质量，农民也加入到旅游消费行列，很多家庭的旅游消费占家庭总收入的30%左右。改善居住条件是最大一笔消费支出。近年来，农村居民购房建房支出占家庭总收入的60%左右，城镇居民占40%左右。礼金是一笔较大的消费支出，经常会超过一个家庭的基本生活费用，一般家庭一年要花去1万~10万元，甚至更多。

改革开放前，城镇居民比农村居民的支出大。改革开放后，农村居民在住房建设支出方面比城镇居民大。特别是2000年以后，农民普遍建起舒适、宽敞的新式楼房。除了自建房屋外，大量农民在城里购有一套或多套住房。

镇区建设

镇区功能布局

三峡库区移民新区 三峡库区移民新区分为3个片区，即后湾移民片区、沧白路移民小区、保安村移民小区。后湾移民片区始建于1993年，项目总投资5000万元，住宅面积3万平方米，商业门面面积13000平方米，人行道、公路面积1万平方米。沧白

保安村移民小区（2019年） 蒋效伦 摄

风貌保护区（2020 年） 胡特 摄

路移民小区 2006 年动工建设，2008 年建设完成，总投资 1000 万元，住宅面积 2 万平方米，商业门面面积 5000 平方米，公共绿化地面积 3000 平方米。保安村移民小区 2007 年动工建设，2008 年建设完成，总投资 800 万元，住宅面积 1 万平方米，商业门面面积 2000 平方米，公共绿化地面积 800 平方米。

商业中心区 商业中心区分为新星花园小区、港湾小区、丁家花园小区 3 个小区。新星花园小区 2004 年动工建设，2006 年建设完成，总投资 1200 万元，住宅面积 18000 平方米，商业门面面积 2000 平方米，公共绿化地面积 1400 平方米。港湾小区 2006 年动工建设，2008 年建设完成，总投资 2500 万元，住宅面积 2 万平方米，商业门面面积 8000 平方米，公共绿化地面积 6000 平方米。丁家花园小区 2008 年动工建设，是年建设完成，总投资 1200 万元，住宅面积 15000 平方米，商业门面面积 2000 平方米，公共绿化地面积 1200 平方米。

风貌保护区 2015 年 5 月 31 日，重庆市规划局正式发布《重庆市历史文化名城保护规划》，木洞老街被纳入巴渝传统风貌保护区。保护区占地 50.88 公顷，保护对象有石宝街、解放路、水沟街、前进路 4 条主街和大巷子、新建路、新街、五层坎 4 条巷道以及 469 处建筑物。

两岛旅游开发区 长江木洞段的桃花、中坝两岛历来为巴渝胜景之一。桃花岛是长江第三大岛，全岛长 3250 米，最宽处 1150 米，海拔最高点 310.5 米，175 米水位线以上面积 370 公顷（环岛岸线整治后面积为 422 公顷）。中坝岛与桃花岛相对，位于木洞镇中坝村，全岛面积 0.96 平方千米。三峡蓄水达 175 米水位后，桃花岛、中坝岛成为四面环水的孤岛，环境优美，景色独绝，特色浓郁，极具旅游综合开发潜力。自 2013 年 5 月起，镇、区、市三级联动，计划在 2025 年前，把两岛打造为长江上游的国际旅游重地。

都市农业发展区　木洞镇位于重庆市主城区，具有发展都市农业的地理、气候、土地资源等优势。2004 年，木洞镇将都市农业发展纳入新农村建设总体规划，主要采用以生态农业、观光农业为主线，无公害水稻、蔬菜、水果以及优质花卉种植、林下水上养殖为主体项目，基地建设为龙头，"公司 + 基地 + 农户"经营模式的发展方式。至 2018 年 12 月，全镇已流转土地 2 万多亩，建立起长坪无公害水稻种植、丰雨谷原生态农庄、山水牧歌生态农业示范基地、求索园生态农业展示区、瑞普现代农业观光园、移民新村农业风情园等 20 多个集种植和养殖示范、培训、推广、体验、观光、垂钓为一体的都市农业基地。2019 年，都市农业产值达数亿元。

工业园区　木洞工业园区全名"重庆麻柳沿江开发区木洞组团"，位于木洞镇庙垭村，是重庆市生物医药"4+1"聚集区、重庆轻工产业基地和移民生态工业园区，规划占地 60 平方千米。该园区于 2012 年 11 月正式启动建设，至 2017 年 12 月，已有 700 多家企业相继落户。

基础设施

水利　至 2017 年年底，全镇有小（1）型水库 1 座、小（2）型水库 7 座、引水渠 65 千米、山坪塘 589 口、提灌站 4 个。山坪塘总蓄水量 388 万立方米，有效灌溉面积 15515 亩。青年湖水库为小（1）型水库，位于栋青村，1958 年动工修建，1975 年扩建，扩建后坝高 18 米，库容 218 万立方米，有效灌溉面积 3800 余亩。

小（2）型水库有向阳水库、白岩水库、高丰水库、水鸭塘水库、寺沟水库、新民

青年湖水库（2019 年）　　胡特　摄

维修后的山坪塘（2018 年） 黄浩 摄

水库、大田坝水库，总库容 280 万立方米，有效灌溉面积上万亩。

木洞镇的水库、塘堰、提灌站均修建于二十世纪六七十年代，后多数变为大坝内外坡滑、坝顶裂缝、溢洪道受损等病害水库、山湾塘。一些提灌站的提灌设施设备趋于老旧而失去正常的提灌功能。2008—2014 年，政府共投资上千万元（青年湖维护投资 506.05 万元），对这些病害水库、塘堰进行维修加固，并组建农机服务队对年久失修的提灌站进行更新改造，以确保农田有效灌溉和当地人畜用水。

交通　人行便道　1958 年前，木洞地区没有公路，石板大路便成为主要陆上交通要道，主要有东大路和西大路两条古道。从木洞镇正街往东经丰盛到南川的东大路路宽 1.2 米左右，在垭口街处一分为三：往上行通往丰盛、南川，往右行通往东泉、二圣，往左行通往双河口、麻柳嘴。东大路往上迎面有条石块砌成的 83 级石梯，人称“陡石梯”。石梯两旁砌有护栏，两棵黄桷古树枝繁叶茂。再往上行，便是“三窍湾”。“三窍湾”上行是青岗坪，进入下城门洞便是长坪寨，再经过梅子沟，过小桥，依山势盘旋而上，经过街楼，便到达丰盛。往右下行过涧桥是通往五布、东泉、二圣的南行大道。东大路往左经下湾过白龙沱，可至双河口、麻柳嘴，但因两地可通水路，货担往来甚少。正街西五布河口东岸，人称“小河边”。从小河边百年义渡登上水口的石板大路即西大路，路宽 1.2 米左右。西大路经水口寺、仰山寺、蒋家垭口达栋青庙场，然后翻冷水垭，下道宗庙、迎龙场，过长生桥，越凉风垭到黄桷垭后，再过龙门浩即到重庆城中心。

1988—2012 年，采取政府投资和民众集资的投劳相结合方式，全镇修建 1 米左右宽的石板或水泥便道 300 多千米，可通达所有村民的家门口，有的还通达耕地集中的耕作地带。

83 级陡石梯（2018 年）　　　　甘红兵　摄

公路　全镇第一条公路是长生桥经迎龙场至木洞场的迎木（木洞至迎龙）公路，全长 18 千米，1958 年修建。20 世纪 80 年代前后，各乡公路相继连通。2000 年后掀起修建农村公路的热潮。至 2017 年 12 月，木洞镇境内国道、省道、县道、乡道、村道公路里程总计 262 千米，其中国道重庆—上海高速公路木洞段 13.24 千米，于 2010 年 12 月奠基开工，木洞出口于 2013 年 12 月 3 日开通。省道南涪（重庆市南川区至涪陵区）高速公路木洞段 27.4 千米。县道木洞至丰盛公路、迎龙至木洞公路木洞段总计 29.79 千米。乡道木洞至双河公路、栋青至二圣公路、岩碥至新民公路总计 21 千米。村道 39 条，共

南涪高速公路木洞站（2018 年）　　　　蒋效伦　摄

五布河大桥（2019 年）　　　　胡特　摄

180.55 千米。

桥梁隧道　镇境内曾有多座石拱桥、石坪桥，如八洞桥等，但这些桥大多随着公路建设而消失。新建的桥属于公路桥，主要有木洞大桥、五布河大桥、松子大桥等 12 座。

镇境内现有公路隧道 3 条，即关长山隧道（890 米），白岩隧道（287 米），长冲隧道（2000 米）。

公用事业

邮政通信　1925 年，巴县在木洞镇设三等邮局，其他场镇设邮政代办所 30 处。1950—1966 年，木洞邮政、电信合为一家。“文化大革命”期间，邮政、电信分离。1975 年，木洞邮政、电信合并。1997 年，邮政与电信再次分离，邮政更名为“中国邮政巴南区邮政局木洞支局”。至 20 世纪 80 年代，邮政主要职责是收发书信、电报、包裹，订阅并投送报纸、杂志等。1990 年后，木洞邮政业务发展迅速。2011 年 12 月，有邮政网点 2 个，投递路线单程总长度 10 千米，投递点 15 个，乡村通邮率 100%。全年投递国内函件 3.4 万件，国内汇票业务完成 0.1 万笔，国内异地特快专递信件完成 0.4 万件，征订报纸 123.3 万份、杂志 1.7 万册，业务收入 400 余万元。2014 年，快递业务兴起，至 2017 年 12 月有营业点 10 家。

1950 年，木洞设置电话、电报交换中心。1953 年，改设落地式磁石总机。1962 年，改为安装 204B 型一台一端三线载波机、拱桥式一台二十线汇集配线台、TH302 型会话终端机。1979 年，又安装 203A 型载波机。1985 年，人工交换机改装为纵横制交换机，装机容量增至 1000 门，保证全镇的自动电话安装使用。1994 年，改设装机容量达 2000 门的程控交换机。1997 年，开通无线接触电话。2001 年，木洞程控电话装机量迅速增长，装机量达 1 万门。2000 年 6 月，木洞电信支局开办互联网业务。2006 年 9 月，中国移动木洞片区管理站成立。木洞建有 5 个网络信号接收基站，用户 22000 户，有移动营业厅 7 个，为广大人民群众提供通信业务办理，同时开通移动家庭宽带。至 2017 年 12 月，有电信企业 3 家，服务网点 15 个；电话交换机总容量 12000 门，固定电话用户 0.7 万户，移动电话用户 3.2 万户。

水、电、气供应　供水　木洞镇从建镇起到 1975 年无自来水，居民和单位饮用水均自江河或水井挑取。1975 年 3 月，木洞镇在小河边修建抽水站，总投资 8 万元，能供应木洞场镇民众生活日用。1985 年，木洞镇在五布河流经涧桥处新修自来水厂，占地面积 11.6 亩，总投资 61 万元，总容量 3300 立方米，日供水能力 3000 立方米。自来水厂建成后，

木洞自来水厂（2018 年） 蒋效伦 摄

不断完善制水场构筑物，增加制水设备，改漂白粉消毒为直投式管内加液氯消毒。同时，在制水场设化验室，进行常规化验。水质的监测，则由巴南区疾控中心负责。

供电 1936 年 1 月，由木洞镇商会主席陈炳堂发起，商请何经纬、林宅安、廖嘉埔襄助，在场镇正街合资兴建恒升火力发电厂，供应木洞场镇内的照明用电。1964 年，国家高压电输入栋青场，逐渐扩展到木洞镇以及木洞、长坪、栋青、水口各乡，乡镇高压电联网后成立农电站。各乡农电站由木洞区电力供电站管辖。1981 年，各乡开始配备 1 名农村电力管理员。1996 年，木洞镇兴建一座 3 万千伏安变电站，2010 年增容 2 万千伏安。全镇有 3 条 10 千伏杆线线路，总长度 102.9 千米。1976 年，木洞筹建杨家洞水力发电站，1983 年又修建涧桥水力发电站。两个水力发电站与国家电网并网，将所发的电卖给国家电网公司。2006 年，受三峡工程影响，两个电站均在 175 米水位线下，因此被撤销。

供气 木洞镇建镇以来，场镇居民长期以野生柴火、秸秆和煤炭等作为生活所需燃料。2006 年，开始在木洞镇小河边兴建压缩天然气（CNG）木洞经营站，总投资 500

木洞污水处理厂（2019 年） 牟铎 摄

万元，占地面积 8 亩，场镇管道 8000 米，主管道直径 110 毫米，支管道直径 63 毫米和 64 毫米。全镇用气户 2800 户，日供应气 2000 立方米。另外还建有气化站一座。

废污处理　2005 年 3 月，投资 660 万元修建占地面积 9.13 亩的木洞污水处理厂，通过过滤、净化、消毒 3 道程序，将场镇所有污水予以处理。2008 年开始设置垃圾桶（箱）。至 2017 年 12 月，各场镇、村（社）均设有垃圾桶（箱）。镇政府还配置了 3 辆垃圾收集车。

求索园荷花池（2019 年）　胡特　摄

古镇保护

木洞在唐代被称为“水国舟中市”。明代设木洞里和木洞水驿，木洞港成为川东名港，逐渐形成“五里长街”，使木洞镇成为川东四大名镇之一，也是重庆主城区最老的场镇之一。现在，木洞古镇五里长街上古香古色的明清建筑面貌依旧。2000年以来，木洞镇以及巴南区、重庆市都把木洞古镇保护作为一项文化工程来抓，保护工作正在按计划分步进行。2015年5月31日，重庆市规划局正式发布《重庆市历史文化名城保护规划》，木洞镇被纳入巴渝传统风貌保护区。2017年2月23日，重庆市人民政府正式批准木洞镇为重庆市历史文化名镇。

古镇风貌

千年木洞古镇[①] 至今仍然保留着各个历史时期的印记。一是码头文化。水陆码头是连接南川、涪陵的陆上交通要道和长江边的重要水运码头。明清以来，木洞古镇成为川峡名镇之一。二是名人文化。先后涌现出推翻清王朝的革命先驱杨沧白、中华人民共和国第一位女大使丁雪松、全国妇联副主席黄启璪和李华飞、沈铁梅等名人。三是民俗文化。木洞民俗文化底蕴丰厚，是中国民间文化艺术之乡，有木洞山歌、木洞龙舟等特色民俗和非物质文化遗产。四是饮食文化。木洞饮食文化丰富，蜜枣、豆花、榨菜、油酥鸭是远近驰名的四大特色食品。五是文物遗迹。木洞镇域现存文物保护单位 6 处，其中市级文物保护单位 1 处，区级文物保护单位 5 处，文物点 106 处（古建筑 36 处，古墓葬 45 处，古遗址 5 处，近现代重要遗迹及代表性建筑 9 处，石窟石刻 11 处）。

老街概貌　木洞老街，即过去的“五里长街”。“五里长街”形成于明代，清代和民国时期，木洞镇有了进一步的发展，云、贵、川、湘、鄂五省会所和美、英、日在此设立商务代办机构。木洞老街西起五布河口小河边的谢家井，沿长江南岸，向东经石堡街，至万天宫向南直角转继续向西，经正街至米市口，分左、右平行东进，左下百十步石级，经八洞桥、新家嘴，至水沟街，右经五层坎、四方井，由大坪至水沟街，再左、右合一，经猴子洞、涧上、陡石梯至三峭湾。正街右侧，有三条巷道通往后湾，后湾为民居和田畴。正街左侧，有万天宫巷、大码头巷、“四合一”巷通往河坝码头。码头上起巴礁岩，下至普慈岩。木洞老街是重庆主城区内为数极少、保存完好、成片成规模的历史片区，历史文化底蕴浓郁，具有独特的代表性和历史文化研究价值，2015 年被公布为重庆市级传统风貌区。

① 今天所指的木洞古镇，主要是由重庆市政府确定，以木洞老街为主体的传统风貌保护区。

木洞老街总体呈现“多街、多巷、多径、多院”的完整丰富的肌理格局。主街宽 3 ~ 6 米，均沿木洞水码头至丰盛古镇的古驿道而建。街道采用青石板铺砌，建筑沿长江顺势展开，随地形跌落起伏，界面连续、错落有致。建筑木构穿斗、撑拱窗花，汇集传统巴渝聚落大观。现存文物保护单位 6 处、优秀历史建筑及入选预备名录建筑 12 处、传统风貌建筑 210 栋，中华人民共和国成立前的多数商铺、门店得以保留。

街道

石宝街 石宝街从段家巷子到万天宫，长 500 米左右。石宝街因街面有几处铺有鹅卵石而得名。街的左边有小烫槽巷子，民国时期是杀猪卖肉的地方；小洞门巷子，是通往河街的第一个巷子。街的右边有范家院子，是川军抗日名将范绍增曾经住过的地方；罗家巷子，后为副食品厂巷子。过小洞门以后，左边街是丁雪松故居。丁雪松故居斜对面是中共地下党组织中共西南工作委员会的联络处——苍生书店。1940 年 8—9 月，根据中共南方局的决定，在此建立中共西南工作委员会，后被特务发现，1942 年撤销，但苍生书店仍作为中共地下党的秘密联络点。石宝街尽头是大码头巷子和万天宫。万天宫建于明天顺年间（1457—1464），保持着元代晚期和明代早期的建筑风格，是长江三峡库区保存下来的最古老的木构建筑之一，五省会所曾设在此处。范绍增带领川军出川抗战前亦把司令部设于此，后来又在该处开办木洞女子学校。

八洞桥街 八洞桥，以八洞桥为名的一条街。八洞桥是石板桥，有 8 个桥洞，中间

石宝街（2018 年） 甘红兵 摄

两个桥洞大，左右两边 3 个桥洞小，桥墩下有乌木。每年 10 月枯水季开始，八洞桥两端就搭起“捆绑房”。往南川、涪陵及云、贵、湘、鄂的客商都从八洞桥经水沟街古驿道进出木洞，非常热闹，同时也是杂耍、民间艺人、三教九流汇聚之地。由于是古驿道入口处，相应的政府机构和外事机构以及货场皆设于此。

八洞桥街有多处文物点及办事机构遗址。

钱德新货站　钱德新货站往南进入水沟街，往西是河街。货站呈工字形，土木结构，土墙黑瓦，用人字架架梁，房屋宽敞，主要用于储存桐油和转运其他货物。中华人民共和国成立初为木洞派出所，后为粮站仓库，之后改为职工宿舍。院内有三棵大黄桷树。如今，房屋基本保存完好。

巡检司衙门　巡检司衙门最初设在中坝的衙门口，于 20 世纪 30 年代搬迁于此。

美英日商务代办处　代办处设于 20 世纪 30 年代，专门代办 20 多家商号的 100 万千克桐油的对外贸易。代办处房屋如今保存基本完好。

刘记杂碎汤锅　由于米市口有屠宰场，一刘姓人在八洞桥处开杂碎[1]汤锅，食客很多，生意火爆。其房屋现在为居民住房。

水沟街　从包家院子的石板桥直上，通过 60 多级长、3 米多宽的石阶古驿道后可达水沟街。水沟街长约 600 米。

铁炉坊　位于八洞桥至水沟街一线，密布蒋记铁炉等若干家铁匠铺。铁匠铺设施多

木洞至南川的古驿道

胡特　摄

水沟街古驿道

胡特　摄

① 杂碎：猪、牛、羊等动物的内脏食材。

为一盘炉子、一个风箱、一座铁砧，一般一人执铁钳，两人抡铁锤打制加工锄头、耙、犁铧、刀具、梳等农具和生活用具。这里生产的铁制品质量好，近销涪陵、南川、长寿、江北等地，远销四川、贵州、湖南、湖北。中华人民共和国成立后，成为铁业合作社，后来发展为重庆木洞焊管厂。

胡记雕版印刷坊 位于木洞水沟街。胡记雕版印刷坊专印《三字经》《百家姓》《千字文》《劝世文》等。该印刷坊于20世纪40年代末歇业，其房屋现为居民住房。

杨德高染坊 杨德高染坊是杨家祖传产业，印花技术精湛，生意兴隆。1950年歇业，其房屋现为私人住宅。

乞戒所 位于水沟街古驿道旁。乞戒所由政府机构牵头，社会贤达、乡绅富户捐钱捐物，于20世纪30年代建，专门收容流浪儿和乞丐，挽救了很多孤儿和乞丐的生命。20世纪40年代末撤销。现为整体复建房屋。

杂货小吃街 水沟街的一部分，专营杂货、小吃，店铺无数。主要店铺有刘字号油篓子店（经营菜油篓子和桐油篓子，其篓子用竹篾编制而成，糊上桐油纸，轻巧耐用，一般小篓子能装30千克左右桐油，大篓子能装三四百千克桐油）、龚铜匠铺（主要加工铜质烟具和家具的铜质板叩门链。龚铜匠铺在木洞场上独此一家，生意很好）、山货铺（专门经营南川、涪陵、武陵山一带的竹笋、木耳、山菌、皮货等）、夏字鞭炮坊（专门生产鞭炮）、张篾匠铺（专门编制背篓、背篼、笆篓、筲箕、撮箕等篾货）、陈家秤（专门制作16两杆秤）、文豆腐脑（一文姓所经营的豆腐脑，鲜嫩可口，洁白如雪，远近闻名）、贺鸭儿（一贺姓人所经营的卤鸭专卖店）。其他如糍粑、猪油粑、夹心饼子、豌

乞戒所旧址（2012年） 胡特 摄

垭口街（2018年） 甘红兵 摄

豆饼、熨斗糕、桐子叶粑、羊肉笼、牛肉笼等小吃店很多。中华人民共和国成立后至20世纪80年代，杂货小吃街逐渐失去原功能。

垭口街 由杨沧白故居的猴子洞到蔡家碉楼（现为沈家碉楼）街、上盐店、垭口山顶街等街段组成，全长1000米左右，是木洞镇历史最悠久、保存最完好的一段老街。蔡家碉楼在抗战时期为国民政府海军修械所档案库。街口是孙家院子和林家院子。林家是书香门第，文风鼎盛，林家三兄弟均是教育界精英，林俊伯、林荣生一门两兄弟均是北京大学教授。三弟林书隆“文化大革命”中曾受到不公正待遇，但后来为木洞高级职业中学高级教师并著书立说。林荣生曾在木洞中学读书。林家大院往上是83级石梯，俗称“陡石梯”。陡石梯建于清光绪末年。石梯两侧有两棵枝叶繁茂、沧桑成洞的千年黄桷树。石梯左侧是万庐别墅，两旁和上面都是“茂祥商号”的产业。由垭口老街到长坪山脚的“三窍湾”，是南川、涪陵山货“下河”，也是外地物资通过木洞古驿道“上山”出木洞往云南、贵州、南川、涪陵的必经之地。当年，“林氏两祥”商号控制住了这一陆上门户。上陡石梯后经堂阁楼，垭口要隘处有碉楼、垒墙遗迹尚存。出口处有一棵老黄桷树。

正街 万天宫到米市口是木洞正街，“文化大革命”时期改名为解放路。木洞正街长约300米。正街右侧有大巷子通往后湾，有新街通往工人俱乐部，后为木洞电影院、新华书店。新街有张家巷子，巷子尽头是有300多年历史的文庙。抗日战争和解放战争时期，国民政府在此设立警察所，所抓壮丁多集中关押于此。中华人民共和国成立初期为木洞镇人民政府所在地。正街右侧有徐家院子、向家院子、黄家院子（黄启璪、黄启咸

木洞电影院旧址 胡特 摄

木洞新华书店旧址（2012年） 胡特 摄

木洞公寓（2020 年）　　冉开炼　摄

故居）、包家院子、邹家院子（邹容少时居住地）、宋家院子。

正街其中一段为半边街，半边街上有重要的建筑、机构和老店。

木洞公寓　建于 1972 年，是木洞供销社经营的旅社，为改革开放前木洞场镇上规模最大、设施最完善的一家旅社。黑砖预制结构，四层楼，现保存完好。

木洞商会　成立于 1913 年，早于巴县商会 31 年，是过去巴县及重庆很有影响力的商业组织。

袍哥“义”字堂口　袍哥会是起于清初、盛行于民国的民间组织，分“仁、义、礼、智、信”五大堂口。木洞袍哥会的“义”字堂口设在木洞商会旁。中华人民共和国成立后，其房屋为居民住房，现为木洞风貌保护区内的重要保护单位之一。

“划得来”面馆　“划得来”面馆是一位姓张的老板经营的面食店面，位于“四合一”码头巷子旁边。面馆制作的面食主要特点是用花生米、芝麻、黄豆等调制调料，清香可口，老少皆宜，生意非常火爆。一度，当小孩哭得不可收场时，大人就用“老是哭，不给划得来面吃”的方法吓小孩，孩子便会立即止哭。其店面现为居民住房。

“四合一”码头巷子　又称划子码头巷子、大码头巷子，是“四合一”码头与半边街连接的深巷。“四合一”码头早期主要停靠来往于木洞的大型木船、客船，后来成为客运站码头。“四合一”码头巷子现原貌犹存。

邹家馆　建筑结构是前店后院，前店即临街酒馆店面，近乎当时的船员俱乐部；后院是住宿兼厨房，临江一面是一楼一底，底楼部分是酿酒的作坊。中华人民共和国成立后，前店成为木洞供销社百货门市部，后院院子和作坊成为供销社的百货库房。2007 年，三峡库区淹没线内的房屋全部被拆除。现为风貌保护区内的重点复建性项目，复建面积 500 平方米。从 2017 年 10 月开始进入撤除危房、平定地基等施工阶段，计划 2019 年 12 月全面竣工。

福音堂　位于过街楼码头巷子斜对面。清光绪十一年（1885），一位英国牧师到木洞传教，修建基督教堂。之后不久，教堂传给当地牧师罗德书（1980 年去世，享年 95 岁）管理。福音堂最早在木洞开办教会小学，即丁雪松就读的小学。现为整体维护性工程项目，从 2017 年 12 月开始进入维护施工阶段，计划 2018 年 6 月全面竣工。该工程总投资 600 余万元。

米市口码头巷子　该巷子是正街连接河街的一条巷子。米市口是专门交易大米的市场，后来增设屠宰场。木洞正街在此分左右平行东进，往左下百步石阶，经八洞桥、新家嘴、古驿道至水沟街；往右经五层坎、四方井、大坪古驿道至水沟街。五层坎因有一老茶馆而闻名。现为整体复建性项目。

五层坎（2012 年）　胡特　摄

五层坎茶楼（2019 年）　胡特　摄

老街整体保护

木洞老街为重庆市20个市级传统风貌区之一，根据市规划局要求，巴南区政府组织开展《木洞传统风貌区保护实施方案》编制工作，市规划局组织召开专家咨询会和部门评审会并进行审查。规划区总用地面积50.88公顷，规划目标为挖掘和传承木洞老街历史文化，通过对木洞传统风貌区的整体保护，整体提升木洞传统风貌区空间品质，使之成为巴南区文化旅游产业的重要组成部分。保护对象主要为现有街巷空间格局、文物保护单位、优秀历史建筑、传统风貌建筑、非物质文化遗产等。开展保护工程时，遵循"原基底位置、原风貌、原高度、原规模和严禁大拆大建"的原则。按照该原则，规划建筑总量不能超过现存建筑总量，实行高度分区控制，规划建筑形式、体量、色彩和空间布局等，延续核心保护区风貌特征。

保护范围

保护范围划分为核心保护区、建设控制区和环境协调区。

核心保护区　核心保护区占地约6.13万平方米。区内共有建筑218栋，其中保护建筑3栋，历史建筑10栋，风貌建筑182栋，其他建筑23栋，共计建筑面积6.9万平方米。

建设控制区　建设控制区有房屋建筑124栋，其中历史建筑2栋，风貌建筑113栋，其他建筑9栋，共计建筑面积2.9万平方米。

环境协调区　环境协调区占地约17.7万平方米。有房屋建筑469栋，其中历史建筑2栋，风貌建筑53栋，其他建筑414栋，房屋建筑面积14.1万平方米。

房屋建筑风貌保护　老街房屋建筑风貌可分为传统巴渝风貌建筑、抗战陪都风貌建筑、现代风貌建筑3类。传统巴渝风貌和抗战陪都风貌建筑主要集中在核心保护区和建筑控制区，环境协调区中现代风貌建筑较多。老街原房屋建筑质量分为差、较差、好、较好4等。核心保护区、建设控制区房屋建筑普遍较差，环境协调区建筑质量普遍较好。

质量好或较好的建筑以多层、混凝土结构、修建年代较近的楼房建筑为主；质量差或较差类型房屋建筑大部分为土木结构，年代较久，普遍为危房。建筑功能主要分为居住建筑、行政办公建筑、教育建筑、医疗卫生建筑、商业建筑、工业建筑、文物保护建筑和旅馆建筑八大类，其中大部分为居住建筑，行政办公建筑有木洞镇政府、木洞人民法院、木洞派出所、木洞税务所和木洞蚕茧站等，教育建筑有木洞镇中心小学校、木洞幼儿园，医疗卫生建筑有木洞卫生院、医药公司经营部，工业建筑有木洞造纸厂，文物保护建筑有丁雪松故居、黄启璪故居、木洞福音堂，旅馆建筑有木洞公寓、新路旅馆。

主要保护措施有三个方面。

一是划分建筑类别。将现存建筑分为 4 类。属文物保护点的建筑为“保护建筑”；具有一定历史、科学、艺术价值，能够反映木洞历史风貌和地方特色的建筑为“历史建筑”；反应传统巴渝民居风格的 1 ～ 3 层的建筑为“风貌建筑”；层数为 4 ～ 9 层的大体量建筑为“其他建筑”。核心保护区内有保护建筑（文物点）3 栋，即丁雪松故居、黄启璪故居、木洞福音堂，总建筑面积 0.23 万平方米：历史建筑 10 栋，总面积 0.96 万平方米，多为砖木结构，建筑主体完整，且保存有拱门、窗花、柱头等局部细节，建筑年代主要为民国至 20 世纪 70—80 年代，除木洞公寓为 5 层建筑外，其余 9 栋皆为 1 ～ 3 层建筑。建筑控制区内有历史建筑 2 栋，环境协调区内有历史建筑 2 栋。核心保护区内有风貌建筑 182 栋，建筑面积 3.73 万平方米，1 ～ 3 层的传统巴渝风貌土木结构建筑大多破败严重。建筑控制区与环境协调区内的风貌建筑多为 1 ～ 3 层的小体量建筑。核心保护区内有其他建筑 23 栋，为 4 ～ 9 层的大体量现代建筑，面积约 1.98 万平方米。建筑控制区与环境协调区内的其他建筑大多为大体量的砖或混凝土结构建筑。

二是实行高度控制。老街的房屋建筑高度主要分为 3 类：1 ～ 2 层、3 ～ 4 层、5 层以上。核心保护区以 1 ～ 2 层为主，3 ～ 4 层和 5 层以上建筑多集中在建设控制区与环境协调区内。每层的高度根据原貌，分别保持为 2.8 米、3.8 米、4 米。

三是维护传统合院建筑风格。木洞老街的建筑形态丰富，变化多样，形成具有典型的川东民居合院风格。在现存的合院建筑中，平面布局上有 U 形院落、四合院落、L 形院落和联排院落四大类。四大类中各有全木、砖木、土木、砖石结构建筑，其不同材质界面的围合、凹凸、转折形成丰富的建筑结构形式和具有魅力的生活空间，并结合地形的高低错落，构成丰富的天际线。U 形院落、L 形院落、联排院落为三面建屋，一侧围墙，呈现出 U 形院落平面；中间多为较为宽大的院坝，山墙多为砖砌风火山墙；建筑面阔多为 3 ~ 5 间，正屋为接待议事之处，通常为采光设置宽大的檐廊，并附青石栏板，东、西两侧厢房做居住起居之用。L 形院落伴有开敞的庭院空间，因用地受限，建筑结合堡坎、岩壁形成半围合空间；正屋通常是 3 ~ 5 开间，进间多为卧室，空间较大的会隔出阁楼作为仓储使用，西厢房通常是 3 开间，为居住及生活起居；庭院空间随着人口的增多，通常会附建并占为生活起居用。四合院落则是封闭式院落，其格局为四面建有房屋，通常由正房、东西厢房和倒座房组成。倒座房正中开正大门以供进出。联排院落由 2 个以上四合院相连而构成。

合院维护或复建时，全木结构用穿斗式木架构，根据建筑规模和空间尺度，局部实行抬梁式，可灵活嵌入硬山或歇山，屋面坡度 23 ~ 27 度；出檐较远，采用不同挑檐方

四合院建筑（局部，2018 年）　　甘红兵　摄

式，形成廊道；结合气候条件，建筑屋架出檐较远时，采用板凳挑或牛角挑等挑檐方式；穿斗式架构每步架通常为 0.9 ~ 1.3 米，进深多为 6 ~ 8 步架，局部转换为抬梁，形成大空间。砖木结构的建筑要兼顾居住的防御功能，在建筑围合建构中须结合砖（空砌斗砖）砌加木屋架构造的方式。如一层墙面为砖砌，室内木屋架搭在外部承重墙上，二层室外形成悬挑或室外转角走廊的形式。砖石结构建筑须体现传统巴渝建筑的建造艺术水平，并结合山地地形与岩壁植被形成富有特色的景观建筑。联排院落由多个多进深院落组合，以主院为中心，横向扩展形成多个院落的并列。其天井与建筑的结合会根据用地的边界进行调整，不拘泥于布局的规矩。

肌理保护 保护肌理是为了延续老街传统风貌。肌理保护，是要形成老街“一横多纵”的空间肌理结构：通过一条横向的主街，贯穿整个木洞老街（传统风貌区），使之成为码头居民公共生活的主要场所；用多个纵向小径分隔单位院落空间的方法，实现对居民生活状态和游客游览路径的引导。这样不仅能够在不突破控规层面的前提下完成老街的优质高效保护，同时也能提升整体用地质量和商业价值。

从现状来看，核心保护区的肌理保存得较为完好，具有整体性。建设控制区在新街西侧依旧延续了核心保护区的肌理，但东侧肌理较为破碎，肌理脱节。风貌协调区基本上为年代较新的建筑，肌理与核心保护区以及建设控制区不一致，但保存较为完好。核心保护区较为完整地保存了由石宝街及解放路为主街，大巷子、新建路、五层坎等为支巷构成的鱼骨状传统街巷体系，总体构成“一街四巷多径多院”的空间肌理特征。核心保护区内的“一街四巷”是整个区域内的主要骨架，呈现出“一横多纵”有规律的街巷肌理。建设控制区内街巷肌理基本延续核心保护区的纵向格局。风貌协调区除了 4 条主巷延续，其余小径线形自由“伸展”，与建设控制区连接性差。

肌理保护将重点控制街巷的宽度和空间，宽度为 3 米、4 米、4.5 米、6 米、6.8 米。街巷中按规定留足入口空间、节点空间、转角空间。

外延景观保护 外延景观保护即除传统风貌区外，对与老街相邻的地区建筑、空间建设的控制，是老街整体保护的重要部分。实施保护工程时，严格按照《木洞传统风貌区保护实施方案》进行控制性干预，使传统风貌区外也体现出川东传统建筑文化、码头文化特色。一是要处理好镇区及木洞产业区、桃花岛、中坝岛城市建设用地区域与周边自然生态景观的关系以及要控制镇区及木洞产业区、桃花岛、中坝岛等地区的建筑风貌及天际轮廓线。二是要控制城镇发展轴景观风貌，重点控制大桥一路至新建路以及滨江路两侧建筑所形成的景观界面，通过建筑群体的组合、高度、形式与色彩、典型形体等方面的控制，形成开合有序、收放有度的轴线景观。三是要控制自然景观轴风貌，主要控制山地公园与滨江生态绿带的自然景观，展现原生态自然山水景观风貌。四是注重节点景观风貌，镇区应在主要入口、重要节点地区强化节点景观设计，其中门户景观节点可采用绿地和绿化广场的形式展示区域旅游休闲特色，形成入口的自然界面，镇区的商业中心、公共服务中心等重要节点地区可设置地标性建筑或建筑群落，形成特色标识空间。五是景观风貌控制方面，房屋建筑采用木洞古镇传统建筑风格，屋顶为坡屋顶，在建筑色彩上以浅灰、白、青黛等色调为主，再现青砖、白墙、黑瓦的木洞滨江景观风貌；现代城镇风貌区建筑风格上采用现代建筑风格，在建筑色彩上以浅灰、白等雅致的色调为主，适当采用典型的传统建筑符号或色彩加以点缀，以此为陪衬，更加凸显老街古色古香的风格。六是天际轮廓线控制方面，形成以两侧明月山、桃子荡山以及镇区山地公园为背景，沿江界面为前景，城市天际轮廓线为中景的山、水、城和谐交融的城镇界面，因此要严格控制滨江一线建筑高度与体量，木洞传统风貌区外滨江第一排建筑高度总体不应超过 12 米，并与木洞传统风貌区内的建筑高度相协调。

历史和文物建筑保护

木洞的历史建筑是指在木洞老街内，经重庆市和巴南区人民政府确定公布的具有一定保护价值，能够反映老街历史风貌和地方特色的建筑；文物建筑是指经上级文物部门认可、政府确定、具有一定建筑价值的建筑。保护区内现有历史建筑 12 栋、文物建筑 6 栋。历史建筑分布在核心保护区和建设控制区内，其中核心保护区内 10 栋，建设控制区内 2 栋。核心保护区内，除木洞公寓为 5 层建筑外，其余 9 栋为 1 ～ 3 层建筑。杨沧白故居、丁雪松故居、黄启璪故居等 6 栋文物建筑和李华飞故居、木洞公寓、徐家院子、范绍桢故居等 12 栋历史建筑分布在核心保护区内，均为明清、民国时期的建筑。

历史建筑多为砖木结构，建筑主体完整，且保存有拱门、窗花、柱头局部细节。文物建筑多为合院式房屋建筑，总体结构完整，部分细节损毁严重。

保护措施

高标准定位　以市场为导向，活态化利用，结合木洞场镇人文厚重、院落繁多、临江近水的资源特征，以巴渝江岸院落居住为主导，打造顶级江岸巴渝人文院落，实现经典巴渝生活场景的再现和历史文化遗产的传承，构建复合休闲文化多元生活服务功能的经典巴渝居住里坊。

差异化保护　确定为文物保护单位的建筑和历史建筑，根据或参照《中华人民共和国文物保护法》(简称《文物保护法》)，按原状保存，不能损毁、改建、添建或者拆除，维修和保养要以“整旧如旧”的原则进行保护。对于已经损坏，而在历史上有重大价值的历史建筑，要在有科学依据和充分的历史文献考证的条件下进行修复。修复方式分为局部修复和全部修复两种。参照《文物保护法》关于“在文物保护单位的周围划出一定的建设控制地带”的规定，要分别在12栋历史建筑和6栋文物建筑划出1～3级环境控制区。是否允许在环境控制区内进行修建，应征得文物部门等有关部门的同意和报请规划部门批准。一切建设活动不能破坏文物的环境风貌。

分期分批保护　对6栋文物建筑和12栋历史建筑进行分期分批保护。第一期为2017—2018年，其保护建筑主要有木洞商会、巴县银行木洞办事处、邹家馆、“仁字旗”袍哥茶馆、木洞福音堂、美英日商务代办处、巡检司衙门、钱德兴货物转运站。第二期为2019—2020年，其保护工程重点是水沟街的整体复建。其余的为2021—2022年第三期保护工程项目。

一期保护工程　一期保护工程，亦称首开区保护工程，除了新规划的8个重点项目外，还包括杨沧白故居复建的完善工作。

2000年9月7日，重庆市人民政府公布杨沧白故居为市级文物保护单位。2002年5月6日，巴南区人民政府对杨沧白故居立牌保护。2005年3月23日，重庆市文物局投入经费25万元，巴南区投入6万元，木洞镇投入3.1万元，共计34.1万元，交由巴渝文化建筑有限公司进行故居修复，修建占地面积580平方米，于8月18日竣工，经重庆市文物局验收合格。2011年年底，市文物局投入经费12万元，又进行第二次复修。同时，巴南区政府投入近20万元，进行室内陈列、展览，内容以图片、文物、场景复原为基本素材，以杨沧白的生长环境及其一生的光辉革命历程为基本线索，展现重庆革命志士的主要活动与功绩为基本宗旨，比较全面地描绘了辛亥革命元勋杨沧白儒雅的文人斗士形象和光辉、曲折的人生。2017 年年初至 12 月，再次投入 100 多万元，对杨沧白故居屋顶和室内进行整体维修，致使完成了该故居的全面保护。

木洞商会、巴县银行木洞办事处、邹家馆、“仁字旗”袍哥茶馆、木洞福音堂、美英日商务代办处、巡检司衙门、钱德兴货物转运站 8 栋保护建筑的保护工作于 2017 年 11 月正式进入撤除危房、平整地基等施工阶段，将于 2019 年 12 月全面竣工。

修缮后的杨沧白故居室内展厅（2018 年）　　甘红兵　摄

木洞港

木洞港地处长江和五布河交汇形成的半岛之上，属长江上游要冲，距重庆朝天门码头 71 千米；西接重庆，沿长江可溯成都，走嘉陵江能达广元；东连宜昌、汉口，再下可通南京、上海，为通江达海之港口。木洞港水陆功能兼备，历来是川汉、川黔、川湘等地南来北往的货物集散之地，唐代就有“水国舟中市”之称，明代成为“川东名港”。在公路未成为主要交通运输载体之前，木洞港的水上功能强于陆上功能。20 世纪 80 年代以后，公路网络渐渐形成，陆上功能更加凸显。

木洞港（2020 年）　　胡特　摄

历史沿革

唐代，木洞已有“水国舟中市”之称，元代成为长江中上游的 20 个水驿之一，明清及民国年间不断繁荣兴盛。中华人民共和国成立后，轮船运输逐渐取代了木船运输。三峡水利工程建成后，使木洞成为 175 米蓄水位的末端，万吨巨轮可直达木洞港。

历史上的“川东名港”　木洞历来都是长江上游的水陆冲衢，商贾云集，百物萃聚，千帆并舷，是通商航运的重要枢纽。川汉、川黔、川湘等地南来北往、东下西上的物资，都在这里吞吐集散。早在唐代，诗人王维途经巴峡（古指明月峡）路过木洞时，目睹了木洞码头的繁荣，写下了“水国舟中市”的诗句（《晓行巴峡》）。元代，重庆朝天门至湖北沙市设置了 20 个水驿，木洞驿为其中之一。明代遵循元制，重视水驿建设，木洞镇域已具相当规模，被誉为“五方杂处，百货交通，贾舶行舟，往来停泊，樯桅林立，市井繁荣”的“川东名港”。清代末年和民国时期，木洞码头的商贸更加繁荣。每逢枯水季节，河坝遍搭“捆绑房”而成河街，街上餐茶旅栈星罗棋布。一批批大型木船于傍晚停泊夜宿，船夫蜂拥上岸，全街鼎沸，人流如潮。抗日战争爆发后，国民政府迁都重庆，木洞港的船家携船加入民生公司转运抗战物资，船运队伍依然千帆并茂、百舸争流。淞沪、武汉沦陷及太平洋战争爆发后的一段时期，长江水运阻断，随后陆运又复断绝，木洞码头一度出现短期萧条景象。

中华人民共和国成立后的内陆大港 中华人民共和国成立后，木洞区（乡、镇）政府着力建造木洞水运码头，先后新建4个水上码头、7个泊位。20世纪50年代初，成立木洞水运社，常年负责区间货运及渡口客运，并设立油屯，常年供油。与此同时，长江航运公司和重庆市轮渡公司等单位加入，与木洞水运社共同经营木渝航线。20世纪80年代中期，木洞地区谭氏兄弟的“麻柳号”“神舟号”“忠兴号”“宏兴号”轮船也参加了营运。三峡水利工程启动后，木洞成为175米蓄水位的末端，万吨巨轮可直达木洞港。到21世纪初，重庆—长寿高速公路通车，木洞地区公路交通网络形成，陆上、水上运输并驾齐驱。至2017年，木洞已基本成为内陆大港。

港口规模

木洞港水港上起木洞镇土地堖村温家沱与南岸区广阳镇相连的明月沱，下至双河口镇白沙沱，全长约27.8千米，之间有中坝岛和桃花岛两岛。中坝岛在木洞镇上游的长江对岸，岛上有内河和文昌宫，全长约9.3千米；桃花岛在木洞镇的下游，有内河苏家浩，全长18.5千米。支流五布河从东泉镇菩沙滩进入木洞镇，至木洞镇中坝村渡口流入长江，全长32.6千米。水港码头上起木洞镇取沙场，下至八洞桥，岸线长0.42千米，水域面积13.4万平方米。陆港码头全长约5千米，陆域面积4.8万平方米。

码头

水码头 水港域内有客运码头4个、货运码头1个。4个客运码头分别为重庆市轮渡公司客运码头、重庆港口局客运码头、巴县第二水上运输公司客运码头、木洞水运社客运码头。木洞货运码头长 145 米，设泊位 4 个，靠泊能力 1000 吨级，核定年通过能力 30 万吨，堆场面积 3.2 万平方米，其中简易堆场 2.9 万平方米。1975 年前，木洞镇未通达公路，堆场里的所有货物通过东大路、西大路集散。1975—1978 年，先后修建了两条下河公路通达码头，方便货物的运输。与此同时，交通部门还在港区内配置了载重 5 吨的货运汽车 6 辆、载重 1 吨的手扶拖拉机 2 辆。

水港码头有 10 个渡口，即中江寺至万缘桥渡口、中江寺至豚溪口渡口、张岩至江家溪渡口、和尚大士至石纤角渡口、团鱼沱至老鸹滩渡口、大码头至下梁渡口、大码头至沙溪口渡口、菜坝至中坝渡口、石堡街至小河边渡口、涧桥和杨家洞横渡东西两岸渡口。

陆码头 陆码头东起三峭湾，西至五布河入长江口的小河边石宝街尽头，全长 5 千米。陆码头有东大路、西大路两条主要交通干线，可通达川、渝、黔、贵。陆码头有石宝街、八洞桥街、水沟街、垭口街、半边街、正街、河街。河街因枯水时节临时搭建篷房而形成。各街商铺林立，生意兴隆。

航标站 长江从重庆市南岸区广阳坝尾，经明月沱进明月峡入木洞境域，再沿木洞北侧，经温家沱、中坝、木洞码头、普慈岩、板凳角、张家沱、白鹤梁、长石梁、童子坎、缺块石、小沱子、麻口等进入双河口境。境内航道 18.2 千米，河流湍急，险滩甚多，有下梁、羊角背横亘江边，更有长石梁顺卧江心，水情水势复杂，给上下行船造成重重困难。木洞航道属川江航道的一段。对于川江航行的安全，有关部门历来都很重视，采取了诸多导航措施，设置导航标志，协助船家遵循安全航道航行。早期是立桅为标，之后设立信号台、水码、标杆等多种标志。民国初年，重庆海关巡江工司制定《川江行船免碰章程》，详细规定了上下行轮船之间，轮船与木船之间经过漕口的具体避碰办法。1932 年，川江航务处正式接收原由海关巡江工司管理的标杆台，并沿江设置航行水码（航行长尺），成为助航的重要设施，为往来轮船、木船驾引人员所注目。1950 年下半年，重庆巡江处组织力量清理、洗刷航道标志，维修信号台，按原设标位置重新恢复设立了各种助航标志、信号台。从 1953 年起，用三年时间对川江全线航标进行彻底改革，废除了旧式标志，使川江水域航道全部建成“左岸白色白光，右岸红色红光”的简易标志，形成“锁链配布”，使驾驶员能一直看见左右岸（含江中）信号标志，保证了安全导航。航标改革后，一律按照 1954 年 4 月中央人民政府交通部正式颁发的《内河航标规范》的规格要求，结合川江水域航道特点，重新建立具有统一规格、式样和颜色区分的新型航标。新型航标分为“三类十种”，第一类为导航类，即过河标、接岸标、导标，为引导航行标志；第二类为指示类，即三角浮标，棒形浮标，左、右通航浮标，为指示危险标志；第三类为信号类，即水深信号标、鸣笛标、界限标，为信号标志。1958 年，川江水域全部标灯电气化。不久，又实现标灯开关自动化，实现上下行全面夜航。1960 年，部分雾信号台首批安装电子管“丰—1 型”无线电报话机，为川江水域无线电通信之始。至 1985 年，建立无线电报通信台，基本实现航标电气化。

木洞航段的导航措施与川江同步。20 世纪 50 年代，成立长江航道局巴县航道处木洞航道站（简称木洞航标站），站址设在江北区五宝镇金鸡山背，后迁至巴南区木洞镇普慈岩，有职工 2 人。木洞航标站的职责是维护管理长江木洞航道、航标，贯彻实施航道、航标条例与实施细则以及航道执法、航养费稽征稽查。维护范围是南岸广阳坝至江北太洪岗 15 海里航道。木洞航标站配置有 240 千瓦航标艇一艘、钢质囤船一艘，还设有航标船 60 艘。先用人工点灯熄灯，后用空气电池，之后用太阳能充电器取代了空气电池航标灯，实现了自动化。还在普慈岩设置航标楼一座，为羊角背转角航道处的上下船只提供航运信息，以便安全航行。

普慈岩航标楼（右前房）（2019 年） 牟铎 摄

船只　船队

木洞航道经历了以人工为动力的木船时代、木船与机动船并行、木船退出航运舞台的历程，船帮、佛亨公司、木洞水运社分别成为三个时期的船队代表。

船只　船只有木船和机动船之分。木洞港区水运工具和全国一样，木船具有数千年的历史，机动船不过百余年。木洞港区木船有广船、渡船、揽载船、老鸹船、划白船、舵笼子、敞口船、中元棒（又称冲盐棒）、滚筒子、舢板船、四脚蛇船、五板船、行马船、柳叶船、窝棚船等。木洞木船最具特色的是从事长途航运的广船。广船腰大，口窄，体高，载重 80 ~ 100 吨甚至更多。其结构坚固，由船底（托盘）、船舷（舷下边两

机动小船（2019 年）　　牟铎　摄

侧加有3根纵穿前后的大棱）、前鳌、后鳌（底部头、尾上翘部分，多用坚硬的青冈木）以及舱板（舱面上方横梁上的木板）、篷拱和篷等组成船的外壳，船内则以木板（俗称堵）隔成舱间。各舱从头至尾分为尖子舱、走舱、桅台舱、太平舱（又称火舱）、官舱、足窝舱、燕尾舱等10余个舱。还备有桡（桨）、橹、帆、桅、纤藤、篙竿等使船只前进的推动属具（桡一般有24具或36具，橹一般有1对或2对），舵、艄定向属具，淘绳（箍头）、船桩、插杠、羊耳、结绳等靠船属具。清光绪二十四年（1898），英国人立德乐的“利川”小轮是木洞港的第一艘机动船。1950年前，有佛亨公司“佛通”“佛星”“佛源”3艘轮船。20世纪90年代至21世纪初，往来于木洞航线的大小机动船共有200余艘，其中客轮4艘。

木洞木船的桡工除渡船一般为2人及以上人数外，其他船只则有10人以上。其中广船少则二三十人，多则五六十人，数船竞航时桡工更多。按此大致计算，最盛时期，木洞港从事木船运输的船工至少在2000人以上。1955年4月，巴县短航管理站成立，有正式船员职工342人。1985年，木洞港有固定职工300人以上，另有装卸工120人。

船队

船帮 木洞河段的木船业在发展过程中于内部逐渐形成帮会。清光绪二十二年（1896），重庆先后成立了“三河帮”（即上河帮、下河帮、小河帮）及揽载帮共24帮。上河帮有7帮，下河帮有8帮，小河帮有4帮，另有揽载帮5帮。木洞船帮既属于小河帮，也属于揽载帮。船帮属于船主之间的一种松散的联合，主要负责平衡各船对外接揽客货业务。船工们并无组织，也无固定工作，常由船老板临时雇用，形同一盘散沙。

佛亨公司 光绪二十四年（1898），英国人立德乐的“利川”小轮入籍重庆。清宣统元年（1909），国轮“蜀通”抵达重庆。这以后，中外轮船公司纷纷组建并制造轮船航行川江，木洞段航道于1920年有了“嘉沱”“鼎安”等数匹马力的小机动轮船运载客货。1923年，“鼎安”号小火轮在郭家沱猪牙子触礁沉没，木渝航线又回到了过去以人工为动力的木船作为运输工具的时代。1926年，广阳坝富绅赵晓岚因常往返于重庆城区，深感行动不便，便买回一条小的机动轮船，取名“佛亨”。佛亨轮船行驶在木洞与朝天门之间，沿途停靠鱼嘴沱、凹口、广阳坝、大兴场和唐家沱。赵晓岚买船，除为自己出门方便，也是被沿途日益繁盛的客货运输所吸引。1931年，佛亨轮船不慎在木洞狗叫场附近起火，破损严重不能继续航行。翌年，赵晓岚派管事赵银璋去湖北买回一艘轮船，取名“佛通”。该轮船140马力，定额载员180人，领江是赵凌云。佛通轮船大部分产权为广阳坝赵氏家族所有，郭家沱的李茂清也有股权。“佛通”轮船不大，无法承担木渝线上繁重的运输任务，便招股添船，扩大经营范围。赵晓岚于1933年邀约鱼嘴沱的王少瑶投资购买“佛星”号轮船。该船仍为140马力，定额载员180人，领江是郑万发。1934年，成立佛亨公司，由李茂清任董事长，赵晓岚任经理，王少瑶任协理，曹光诂任襄理。1937年，赵晓岚又邀约木洞“德记”商号老板陈德璋加入佛亨公司。陈德璋以500元一股集资，将远在涪陵龙潭的杨绍宣、赵文仿，丰盛的寥金禄等人集约共募得20股，加入佛亨公司。公司再添资1万元，买下由湖北逃难到四川的姚善之的万源轮，将其更名为“佛源”。该船180马力。至此，佛亨公司所属轮船有“佛通”“佛星”“佛源”3艘，航行于木渝线，职工300余人。一般情况下，航行班次为每天两班对开，即一条船早上从重庆朝天门的磨儿石码头起航，行下水，在唐家沱、大兴场、广阳坝、凹口、鱼嘴沿途停靠，到木洞后沿来路驶回磨儿石码头住宿；另一条船从木洞起航上行，沿上述路线行驶，停靠接客后，到磨儿石码头后回宿木洞。另备一条船停靠在重庆码头作为机动。在客货运输繁忙时，就起锚助航；客货运任务较少时，就停靠待命，或交替检修，或承担临时的客货运输。

抗日战争时期，随着国民政府迁至重庆，大批企事业单位也内迁到渝，加之外地到渝避难的民众，重庆人口陡增，需要供应的货物亦骤然增多。此时木渝航线的客货运输异常繁忙，佛亨公司进入全盛时期。抗战胜利后，国民政府迁回南京，木渝航线客货量锐减，加上经营不善，制度不健全，更遭遇航政局的检查员、中统特务陈中豪团伙的刁难、破坏，公司经营受损，难以继续维持。1948年2月，佛亨公司总经理被迫让位陈中豪。陈中豪于1949年借口去上海买船，席卷大批现金，丢下家眷逃往台湾。1950年，佛亨公司濒于倒闭，职工代表刘应才去黄葛垭川东行署，呈请人民政府派人接收。川东行署拨款1万元，补发职工工资，佛亨公司的3艘船（估价40万元，为私人股本）纳入国营川东轮船公司，委派魏再格接任经理职务，轮船继续航行，但不再有佛亨公司的名号。

木洞水运社 1950年2月，在人民政府的主持下，成立木洞镇橈业工会，会员200余人，由雷长益、斐建华分任正、副主席。次年，木洞各码头的运输工人成立木洞镇搬运工会，会员120人，王元木任主席。在合作化运动和两个工会成立的影响下，1953年9月，成立木洞船民协会，参加协会的船主有30余人，大小木船共28艘，400余吨位，由何银山任主席。1955年4月，以上3个组织合并为巴县短航管理站，统一领导，独立核算，由彭国清任站长，共有职工342人，初步实现了集体化。在“一化三改造”运动中，巴县短航管理站的私船首先折价入社，于1957年11月建成巴县木洞运输合作社，邓绍成任主任，何云丰担任党支部书记。这时全社的30艘木船已经过改造，吨位增加到530吨。1958年，运输合作社改为国营巴县运输公司木洞运输站。1961年，受三年困难时期影响，工商业不景气，航运业务下降，吨位由771吨下降到610吨。1962年，按照“调整、巩固、充实、提高”的方针，木洞运输站重新恢复为集体所有制，实行计时工资制，调动了职工的生产积极性，船只数和总吨位也逐年增加。随后，木洞运输站并入巴县鱼嘴运输社，资产、人员都增加了一倍，航运业务也进一步扩大。1965年，购进机动拖轮一艘。不久又购进一艘拖轮（“上游1号”）和一艘客轮，航行长寿至重庆间，有时也上达黄磏、北碚，下达涪陵，年收入达44.5万元。“文化大革命”前期，运输社受到冲击，货运量减少。1968年，营运收入下降至22.6万元。同时，鱼嘴运输社同木洞运输站分离，造成很大损失。从1970年起，一边自造水泥驳壳船，一边添置机动船，生产逐渐回升，营运收入升至52.5万元。当年，巴县木洞运输合作社改名为“巴县木洞水上运输社”，将“上游1号”拖轮改成钢质，在重庆至长寿段从事水上托运业务。1976年，开始发展省外运输业务。1977年，自造“木运5号”机帆船一艘，营运收入达60万元。

巴县木洞镇运输站（2012年）
胡特　摄

1980年，企业向综合性发展，把建造水泥船壳的车间转产为水泥加工厂。1982年又将水泥加工厂改造成船舶救生设备厂，水运社更名为“巴县木洞镇运输站”。1984年，运输站更名为“巴县第二水上运输公司”，下设5股1室2厂，成为产、运、销相结合的综合性企业。1985年，实现船体钢壳化，另建成“木运7号”客货轮一艘，机动船达7艘、1148马力，驳船21艘、3410吨位，固定资产214万元，营运收入达152万元。进入20世纪90年代以后，由于市场竞争激烈，加上技术和设备跟不上形势发展的需求等原因，公司营运业务日益下降，濒临举步维艰的困境，最终于2000年前解体。

运输能力

运输能力分客运能力和货运能力两个方面。

客运能力

分义渡和商运两部分，年客运量在50万人次左右。义渡，即政府相关部门筹资修船，雇请船工摆渡过江，乘客不付船资。木洞义渡设置很早，但具体时间不明。中华人民共和国成立后，义渡成为木洞地方政府的一项重大民生工程，年乘客运送总量在20万人次左右。

小河边义渡　位于木洞镇石堡街西端的小河边，距五布河与长江汇合口约500米，为木洞西大路的起点，是木洞至迎龙、长生、重庆的必经之地。枯水季节，河水消退，在五布河上搭木板桥方便行人通过；洪水期间，设船免费渡人。该义渡长期由一胡姓船工世代驾船。至1992年，木洞小河边大桥建成通车，小河边义渡退出摆渡历史。

中坝义渡　位于木洞镇石堡街北侧五布河与长江汇合处，是中坝岛的下端。中坝岛上住有上千名菜农，数百名学校教师、学生和工厂职工以及其他居民。枯水季节，河水消退，民众就从五布河口的便桥来往于中坝与木洞街上；汛期洪水上涨，民众就乘义渡过江。至2017年，洪水期间仍有义渡便民通行。

伍家渡义渡　位于木洞镇老街垭口南侧五布河，西岸是原水口乡大石村。该村及其周边居住有数千民众，他们乘义渡船过河，来往于木洞街上。2007年，木洞镇政府修建的大石村村级公路与小河边公路相接，该地民众就从小河边大桥来往于木洞大街。从此，伍家渡义渡退出摆渡历史。

豚溪口义渡　位于木洞镇桃花岛下端的中江寺，与该岛内浩南岸的豚溪口隔河相望。为了方便岛上民众渡河到对岸以及双河、羊鹿等地，木洞镇政府在此设豚溪口义渡。2008年，桃花岛民众全部搬迁至木洞街上，义渡撤销。

公路客运未兴起之前，木洞地区每年有 10 多万人次往返重庆、宜昌一线；沿长江一线外来人员到木洞，乘船是唯一的交通方式。同时，长江木洞段两岸民众过江，多乘商运轮渡。清光绪二十四年（1898）之前，客货运输任务均由木洞船帮承担。光绪二十四年，英国人立德乐的“利川”小轮进入重庆。宣统元年（1909），国轮“蜀通”抵渝。之后，中外轮船公司纷纷组建并制造轮船航行川江。木洞段航道于 1920 年有了“嘉沱”“鼎安”等数百马力的小机动轮船运载客货。不久以后，“佛亨”轮船投入营运和佛亨公司的建立，木洞至重庆航段轮船客运航班得以固定，轮船客运占据客运主体地位。中华人民共和国成立后，佛亨公司、重庆市轮渡公司、重庆港口局、巴县第二水上运输公司各有客运码头 1 个。1972—1981 年，年客运量为 13.9 万人次。若加上返程及轮渡人流量，客船年客运量在 30 万人次左右。

货运能力 历来，木洞港的货运量很大。桐油是中国大宗出口的贸易商品，产量首推四川，年出口量占全国出口总量的 1/3。1919—1938 年，木洞桐油年出口量高达 1000 吨以上，占四川全省出口总量的 1/4。此外，棉纱的年交易量达 5000 余包（每包 10 千克），食盐 3000 吨以上，糖、酒及其他物资在 1 万吨以上。1972—1985 年，全港货物年吞吐量 12.6 万吨，其中进口 10.2 万吨，出口 2.4 万吨。主要运输物资以建材、钢铁、化肥、煤炭为进口大宗，粮食、榨菜、蜜枣等为出口大宗。随着木洞场镇建设、农村建设速度加快和木洞工业园区的落户与建设，近些年来，木洞港的客运量每天达上万人次，年进出货物量至少在 1000 万吨以上。

大型轮船过木洞（2018 年）　　黄浩 摄

特色产业

在现代工业、旅游业未兴起之前，运输业、餐饮住宿业、加工业、桐树和水稻种植业是木洞港区的四大支柱产业。

运输业 一直以来，木洞港陆上运输和水上运输同样繁忙，清末、民国时期和中华人民共和国成立初期尤其如此。这一时期，东大路、西大路上的运输货担，往来穿梭，摩肩接踵，日夜络绎不绝。特别是涪陵、南川、贵州等地的人力夫，皆用背篓背货，每人要背 100 千克左右的货物，来时背的是桐油、药材等山货，去时则背棉纱、食盐、布匹等生活物资。夜晚，木洞全部街道鼎沸，商店通宵达旦，营业不停。

中华人民共和国成立前，运输物资主要是桐油、药材、棉纱、食盐、布匹等农副产品和生活物资。中华人民共和国成立初，重点是运粮食，近为与木洞比邻的巴县姜家、接龙的 20 多个乡镇，远至南川大观、兴隆等上千平方千米的地区，皆靠肩挑背驮将人民政府收购的粮食运到木洞码头，装船后运往指派地点，以保障城市、部队、工厂急需的粮食。那时，往来木洞各大路的粮食运输大军每天都有上万人次。20 世纪 80 年代以后，水港功能逐渐淡化，陆港功能显现、提升，车辆运输逐渐代替了人力运输。车辆运输线路是以木洞镇车站为中心起点，主要有木洞至茶园、鱼洞，木洞至长生、南坪，木洞至双河、麻柳、长寿、涪陵，木洞至长坪、丰盛，木洞至五布、姜家、接龙，木洞至栋青、二圣等。1983 年春，筹建木洞客车站，命名为木洞水陆运输公司，直属木洞区公所社队企业办公室管理，主要从事客车运输。客车线路为木洞至菩萨滩、二圣、惠民、南泉、鱼洞、重庆方向，营运近两年时间，后受个体客运冲击而解散。1993 年木洞镇小河边大桥通车后，木洞客运量增加。1997 年 7 月，正式建立木洞镇客车站。30 多辆客车分别挂靠在不同的公司。挂靠在重庆威通公司、重庆工运公司的有 7 辆，其余的挂靠在重庆新世纪公司和重庆永安汽车运输公司。所有客运由巴南区交通运输管理所安排人员负责行政、安全及日常管理。2013 年 7 月，巴南区交通委员会将日常安全管理工作下放给木洞镇政府，其业务经营收益分配由联合经营的业主按股分红。中共十一届三中全会后，随着新农村建设、重庆市试点小城镇建设、三峡库区木洞移民工程建设的逐步展开以及重庆市轻纺工业园区入驻等，货车由 20 世纪 80 年代的 30 余辆呈几何式增长。至 2017 年 12 月，木洞地区分别有私家车数千辆、摩托车上千辆、客货运营大小车辆数百辆；每天成千上万人次的出行往返，数万吨的民用物资和企业原料、产品的运进运出全靠陆上运输。

餐饮住宿业 从石堡街到三峭湾的五里长街，店铺林立。据不完全统计，中华人民共和国成立后，整个木洞场有客栈 30 余家，大小餐饮店 100 多家。同时，每逢枯水季节，河坝遍搭“捆绑房”，形成河街，餐茶旅栈星罗棋布。客栈多兼营餐饮。餐饮店分饭馆、小吃馆、酒馆。饭馆的饭多为“帽儿头”，是用桶形的小碗盛满米饭，压实后反扣在一个大的碗里，形成“帽儿”的样子。一个“帽儿头”约合 250 克米煮成的熟饭，可满足一名船工一顿之需。餐馆里的肉食菜肴一般为回锅肉、烧白、炒肉丝等川菜，其他菜肴如活水豆花等。小吃馆有面馆、米粉馆、糍粑馆、油炸馆等。另有单独的活水豆花馆，是以活水豆花为主菜的小饭馆。20 世纪 80 年代以来，木洞镇的餐饮住宿条件开始不断提升，场镇上出现了渝州宾馆、粮食招待所等楼堂馆所。

加工业 明清至民国的数百年间，木洞一直都是桐油、大米、农具加工的集中地。中华人民共和国成立前几年，木洞仍有桐油加工作坊、大米加工作坊、铁匠铺等加工坊数十家。所加工的桐油、大米均由商号收购后集中装船外销，农具则通过水陆销往各地。

木洞每年出口的 100 万千克桐油，由 20 多家商号收购经营。其中木洞人直接开的商号有林宅安的“诚存”、陈步衡的“哈丰源”、包兴发的“兴发祥”、林宅安的“德裕长”（后改名“义存”）、包瀛洲的“义顺合”、喻思进的“同胜祥”、陈琢璋的“祥胜”、丁全忠的“全胜隆”、吕荣森的“同森裕”、徐焕堂的“德胜永”、丁银轩的“同生利”、廖子昭的“济南”、蔡恩荣的“谦吉”、李象离的“济康”、陈德璋的“复康”、宋寿康的“合诚”、黄中孚的“蒸记”、冉茂轩的“永茂祥”以及胡贤举、杨树凡 2 家，共 20 家商号。重庆到木洞设商号收购桐油的有丁宏森代理的“海记”、许义周代理的聚兴诚银行外国贸易部、田芳奎代理的“信昌”（后改为生利洋行）、陈明仲代理的日商三重公司、刘守仁代理的“义瑞”（后改为施美洋行）、杨礼耕代理的“长丰”共6家。

1946—1949年，法币不断贬值，物价节节上涨。各商号为了避免通货膨胀，便以碛米为交换媒介，货币逐渐被取代。于是，南川、涪陵一带的优质碛米涌入，用来换取棉纱、盐、糖、百货。碛米日成交量达2万千克以上。由于这种碛米是上好的“油碛子”，油浸呈白色，米质坚韧紧密，颗粒饱满结实，是加工上熟米（俗称三道机米）的好碛米，深受重庆米厂的欢迎，因而销路畅，周转快，获利丰，木洞和重庆米商们看准商机，纷纷在木洞镇开行设店。每日从木洞码头运往重庆的大米大约有3万千克（包括熟米）。为了保护粮商利益，粮食业公会倡议建立福利社，经营粮食的运输、保险。会员们公推粮食业公会理事长王德堂为主任，李良相、龚柏森、刘为鲁等分任保管、会计各职。凡会员运米去渝，都承保水险，每运一袋（100千克）收1千克碛米作为保险费，途中如发生海难，福利社即按照投保数量和损失程度赔偿。1948年发生触礁海损事故，福利社派人实地勘查，经确认属实，即照数及时赔偿，赢得了信誉，促进了粮食业的发展。

清光绪十六年（1890），重庆辟为商埠，外商陆续到渝推销洋货。民国初年，木洞镇也相继设立英、美、日商的代办机构，招用国人作经办。英商亚细亚分公司在南垭口设代办机构，代理人丁全忠；美商美孚分公司在福音堂设代办机构，代理人余恒丰；日商三重分公司在黄泥岗设代办机构，代理人陈明仲。他们运销煤油、蜡烛，收购土特产品，如桐油等运销国外。重庆海关派船前来验关出境。木洞还设立云、贵、川、湘、鄂五省公所，协调、处理商务和其他事宜。

桐树和水稻种植业 在桐油为木洞港的重要外贸商品的时代，木洞地区和比邻的姜家、接龙等地区的河沿、溪旁、山坡、平地到处种满了桐树，仅在木洞地区就有数百万棵。过去，粮食特别是水稻，市场走俏，商品价格高。同时，因为有木洞港为销售依托，农民不愁水稻的销售问题，所以木洞人不但重视大田的保护，还大量开垦梯田种植水稻。种植水稻和种植桐树一样，成为木洞地区的特色种植产业。

新港建设

随着三峡水利工程的竣工，长江木洞段成为长江水位提升至 175 米高程后的终点，木洞港成为长江重庆段的重要节点。自 2007 年移民搬迁安置工作开始，木洞新港建设工程便有序展开，至 2017 年 12 月已取得明显成效。

移民 新港建设的首要任务是移民工作。三峡水库建成蓄水后，木洞镇沿江地带将被淹没，涉及 12 个行政村、41 个合作社和 2 个社区。被淹没的村、合作社和社区分别是桃花岛村的一、二、三、四、五社，豚溪口村的一、二社，庙垭村的二、三、四社，保安村的一、二、三、四、五社，杨家洞村的一、二、三、四、五社，土地堉村的一、二、四、七社，松子村的一、四、五社，土桥村的四、五社，雁坝村的一、二、四、五社，中坝村的一、二、三、四、五、六社，菜坝、墙院村的两个社，木洞街道的一、二社区。淹没耕地达 312 公顷，房屋 11717 平方米；涉及安置人员 8023 人。

为了做好移民搬迁安置工作，在木洞镇党委和政府的领导下，成立了木洞镇三峡移民领导小组，下设移民办公室。移民搬迁安置主要有六大项工作。一是建设移民安置住房。建设后湾移民新区、后河移民新村、土地堉移民新村、小河边移民安置点、普慈岩至茅岩子滨江移民住房区。二是建设移民生产企业。修建桃花岛自来水厂、豚溪口村哈木林柑橘园、保安村猪场和豚溪口村猪场。同时，抓住南涪路建设契机，在南涪路长冲隧道出口处的松子村和土地堉村征地 133.3 公顷，建设农副产品深加工和工业园区移民就业基地。三是建设移民道路。新修了桃花岛村、豚溪口村、土地堉村、杨家洞村和雁坝村移民公路 32 千米，庙垭村、松子村人行水泥便道 10 千米。四是建设移民服务设施。新建了移民活动中心和移民活动广场。移民活动中心建筑面积 17000 平方米，除移民住房外，内部还设置了村级社会服务大厅、停车库、移民自娱自乐健身广场。五是建设移民区域的水土保持和水利工程。在桃花岛村、庙垭村、保安村、杨家洞村、土地堉村等

后河移民新村（2018 年） 蒋效伦 摄

村实行退耕还林，修建庙垭村提灌站。六是加快移民区域的城镇建设。修建后湾移民商住楼，完成豫园路等道路改造，正在积极筹建小河边至茅岩子的滨江大道、木洞码头，开凿松子村公路隧道等。

堤防路桥建设

重庆市巴南区长江木洞镇防洪护岸综合整治工程位于重庆市巴南区木洞镇，包括堤防及市政道路、河街建筑三个部分。该工程建设任务为：以岸坡治理为主，提高工程沿线城市的防洪标准，完善城市防洪体系，并兼有美化环境和改善城市交通等综合效益。

堤防建设 堤防包括两个部分，即中坝岛和滨江区。中坝岛范围为防洪堤岸围合区域，占地面积 26.41 公顷，现已进入初期施工阶段。滨江区堤防位于中坝岛南侧，规划范围为北至长江内河，东至中坝大桥连接道，西至土地垴北路，南至土地垴路，全长 4.89 千米，占地面积 25.75 公顷。滨江区堤防以五布河为界，分为上下游，设计级别为 4 级，防洪标准为三峡水库蓄水初期 20 年一遇。两部分堤防护岸均采用直斜复合式、直立式挡墙、全斜坡和自然护岸三种形式。直立式挡墙高度最高 31 米，护岸高度最高 42 米；沿堤线每隔 200 米设下河梯道，在木洞镇设下河公路一处，沿线布设 8 条穿堤排水箱涵，工程总投资 53841 万元。滨江区堤防二标段（五布河—茶涪路段）于 2013 年 5 月获市水利局批准工程开工建设，总工期 24 个月，2015 年 9 月竣工；一标段（温家沱—五步河段）于 2016 年 12 月获市水利局批准工程开工建设，总工期 24 个月，2017 年 12 月完成主体工程建设，2018 年 12 月全面完工，累计完成投资约 42000 万元。

道路桥梁建设 新港市政道路为城市主干道Ⅱ级，双向四车道。道路起点温家沱，跨五布河经木洞镇街至羊角背与茶涪路相接，全长4.96千米，标准路幅宽度22米，为沥青混凝土路面，时速40千米。全线共设桥梁4座，即五布河大桥、桃花岛大桥、中坝大桥、迎木路沿江高速跨线桥。五布河大桥为变截面预应力连续梁，主跨跨度75米。桃花岛大桥全长469米，桥面宽23米。中坝大桥是连续刚构桥，主跨跨度150米，长352米，桥面宽13米，双向二车道。中坝大桥设计主题为“乘浪桥”，桥面外挑设置观景平台，两侧各设计3米宽的人行道，行人可以在桥上漫步观景。道路总投资38419万元。

新港市政道路城市主干道木洞场镇段，又称木洞滨江路，于2014年7月开工建设，2015年12月建成通车，投资3500万元。

中坝大桥（2018年）

甘红兵　摄

木洞滨江路（2020 年） 胡特 摄

小河边水码头 胡特 摄

茶涪路至木洞粮站段、五布河大桥及五布河至温家沱段市政道路由三峡后续工作专项补助资金资助修建，计划于 2018 年年初开工建设，2020 年全面建成通车。

水码头建设 重点是小河边客货船舶码头和中坝岛内陆游艇码头。小河边客货船舶码头已作出规划，届时将建成集各类大中型船只停泊、维修及仓储为一体的较大型码头。中坝岛内陆游艇码头规划城市建设用地面积 39.99 公顷，建筑总面积控制在 38.23 万平方米内，是木洞新港集休闲旅游、商业、生态居住为一体的岛屿式旅游发展基础设施建设。

河街建设 木洞河街，亦称木洞滨江商业街、木洞滨江仿古一条街，结合滨江路护

河街风貌（2018 年） 甘红兵 摄

木洞河街代表性建筑“水国舟市”大门（2017年） 甘红兵 摄

岸工程整体打造，为容纳餐饮、休闲、文化娱乐等为一体的风情观光步行街，其主要功能为恢复木洞码头风貌，传承木洞码头文化。木洞河街修建有174.5～179.5米高程平台，是木洞新港建设的亮点工程，同时成为长江沿岸一道古韵秀景。

木洞河街北临长江，南靠木洞滨江路，西连江北五宝，东接茶涪路，为东西长900米、南北宽约25米的狭长驳岸地带。木洞河街项目为木洞镇首个大型商业体，按照古镇风情观光步行街标准打造。全街分6个区，每区5个单元，共有仿古建筑30栋、200个门面；总建筑面积21887.06平方米，其中商业体建筑面积11381.39平方米，项目建筑容积率0.55，建筑密度19.3%，绿化率80.7%，停车位2000个。河街主要业态分布为餐饮、文化、休闲、娱乐，同时配套滨江景观绿化带。项目于2015年10月开工建设，

2016年12月28日交付使用，总投资7.5亿元。

重要基础设施建设

供电 规划港区电力负荷约为0.9万千瓦，现由区内35千伏木洞变电站供给，之后由区外110千伏木洞变电站供给；建筑2座公用10千伏电力开闭所，电力开闭所的建筑面积按200平方米控制，附设于建筑物内。

通信 规划区固话用户约为0.4万线，固话通信由区外东侧木洞通信局负责，区内所有通信线路均为地下敷设，有线电视和交通监控等弱电线路均纳入通信管网统一规划的共用走廊。

燃气供给 规划区总用气量约为0.5万立方米/日，气化率达100%。区内供气由区外南侧木洞调压站负责，区内采用中压供气，中压供气主干管网形成环状，管线沿城市道路敷设。

给水排水 规划区最高用水量约为0.3万立方米/日，由市政供水管网供应。给水管网全部沿道路敷设，主干管形成环状。区内的日均污水量约为0.2万吨，排水采用雨污分流制。区内污水规划通过污水管网转输至木洞污水处理厂集中处理后达标排放。

木洞山歌

木洞山歌是以木洞镇为中心，包含周边麻柳嘴镇、双河口镇、丰盛镇民众在生产生活中创造的歌谣。木洞山歌萌生于涂山氏女候禹之歌和巴渝舞，历史悠久。罗儿调、禾籁和劳动号子是木洞山歌的主要歌种。1990 年，重庆市文化局将木洞命名为“山歌之乡”，1998 年又将木洞山歌确定为“巴渝十大民间艺术”之一。2006 年，木洞山歌被列入国家级非物质文化遗产名录。2008 年，木洞镇因木洞山歌被文化部命名为“中国民间文化艺术之乡”。

木洞山歌（2015 年） 蒋效伦 摄

历史沿革

起源期 木洞镇地处古江州近郊的江边，很早就有人类居住。木洞镇附近的干溪沟遗址，曾出土 300 余件打制、磨制石器，是人类在此活动的很好证明。《吕氏春秋·季夏纪·音初》中记载：“禹行功，见涂山之女。禹未之遇而巡省南土。涂山氏之女乃令其妾候禹于涂山之阳。女乃作歌，歌曰：‘候人兮猗。’实始作为南音。周公及召公取风焉，以为《周南》《召南》。”《华阳国志·巴志》载：“禹娶于涂山……今江州涂山是也。”说明，早在先秦时期，周公和召公采风的《周南》和《召南》，均出自江州涂山氏女之口。涂山氏女候禹之歌在中国民歌历史上占有首开先河的重要位置。木洞距涂山只有50千米左右，当属涂山氏女候禹之歌文化圈，涂山氏女候禹之歌应该是木洞地区最早的歌谣。

涂山氏女候禹之歌传唱时期，巴人尚未入驻。巴人喜歌舞，并创造了巴渝舞。巴人入驻江州后，巴渝舞融合当地涂山氏女候禹之歌，同时也丰富了巴渝舞。

巴渝舞起初并无名，是一种集体武舞，因颇受汉高祖刘邦赏识，且产生于巴渝，将其引入宫廷后命名为“巴渝舞”，从此便有了流传于宫廷和民间的巴渝舞。这是古代巴人歌舞的第一次分流，即民间的巴渝歌舞和宫廷的巴渝舞。民间的巴渝歌舞以顽强的生命力繁荣滋长，蔓蔓日盛。

演化期 至汉末，巴渝歌舞在民间已演化成以歌为主的竹枝歌。

唐代，巴人喜唱竹枝歌。竹枝歌，又称“竹枝词”“竹枝调”或“竹枝”，是包括木洞在内的巴渝地区青年男女劳作时的对唱歌谣。其得名，一说是歌唱时手拿竹枝而得名，另一说是歌唱时加有“竹枝”衬词而名“竹枝歌”。《中国文化辞典》解释“竹枝词”为“乐府近代曲，原是巴渝（今四川东部、重庆市一带）民歌中的一种。”宋人郭茂倩在《乐府诗集》中写道：“竹枝词本出于巴渝。”《中国文化辞典》和宋人郭茂倩在《乐府诗集》中所指的巴渝，多指以江州（今重庆市渝中区）为中心的巴人居住地巴县。巴县于北周武成二年（560）始称其名，一直延续至1995年才改名为巴南区。所以，竹枝词是巴南地区地域特色鲜明、乡土气息浓厚的清唱民歌。

唐长庆元年（821），刘禹锡任夔州刺史。他经常深入民间，听乡民唱竹枝歌，写有《竹枝词九首》《竹枝词二首》。刘禹锡创作的竹枝词在民间广为流唱，新旧《唐书》里均记载“武陵夷俚悉歌之”。白居易寓居忠州时所写《竹枝词四首》中有：“唱到竹枝声咽处，寒猿暗鸟一时啼。”“江畔谁人唱竹枝？前声断咽后声迟。”唐代诗人于鹄《巴女谣》诗云：“巴女骑牛唱竹枝，藕丝菱叶傍江时。”宋至明时期，巴县地区的民歌延续了汉唐时期的风韵，在唐诗、宋词、元曲、明代小说中仍可见其传承脉络。宋词中保留着大量民歌的元素，明代传承下来的话本、小说收录了许多当时流行的民歌，它们都受到竹枝词的影响。清康熙十一年（1672）十月初十，王士祯夜宿木洞时，写下了《泊木洞驿》《舟出巴峡》两首诗，其中“新月数声笛，巴歌何处船？今宵羁客泪，流落竹枝前”，说明在康熙年间（1662—1722），木洞地区竹枝词十分流行。清乾隆《巴县志》所载“薅秧农歌”和清人王尔鉴的“农夫拍手歌农歌，牧童牛背唱竹枝”诗句及民国时期向楚主编的《巴县志》中“农歌四闻”，皆记述了由竹枝词演化而形成的木洞山歌在木洞及其周边地区传唱的盛况。

创新期 木洞山歌是由竹枝词演化而来，在清代已出现“薅秧农歌”“农夫拍手歌农歌，牧童牛背唱竹枝”“农歌四闻”景象，但那时的木洞山歌歌种有限，曲调并不丰富，演唱方式也较单一。进入20世纪，社会不断进步，出现了大量有文化的民间歌手，他们不断创新，把薅秧山歌的主体歌种“禾籁”逐渐细分为高腔、矮腔、平腔的固定唱法。虽然木洞码头早已成为长江上的著名港口，但其最繁盛时期是在民国，特别是抗日战争时期。那时，木洞的船帮响应政府号召，踊跃加入运送抗战物资的队伍，船工们激情迸发，不断创造出划船、拉纤号子的新词，丰富了木洞山歌中船工号子的内容。除哭丧哭嫁歌具有一定的小调属性外，过去木洞山歌不见“四季歌”“你我庄稼佬”等真正的小调，大多数小调都是抗战时期和土地改革时期传入木洞。中华人民共和国成立后，木洞地区和全国一样经历了土地改革、“大跃进”、改革开放等历史时期，每一时期都随之产生了新的民风民俗，从而也给与民风民俗唇齿相依的木洞山歌注入了新的内容，创造了新的发展契机，出现了大量与时俱进的新歌词、演唱新形式。新歌词的内容包括土改翻身分田地，“大跃进”的激情和干劲，“农业学大寨”自力更生、开山改土等。新的演唱形式有进校园、到广场上唱歌、歌咏赛、擂台赛、荧屏展示、参加艺术节、异地交流等。

弘扬期 1983年6月，巴县按照全国统一部署，开展民间文学、民间音乐、民间舞蹈“三项集成”，木洞山歌成为巴县、重庆市、四川省重点民间音乐“集成”对象。当时的“集成”工作，并非简单的资料收集整理，而是在资料收集整理的同时，通过节目编制、舞台表演、各种赛事、媒体宣传等方式予以大力传播。1984年6月，成立木洞区文化站。同年12月，木洞区11个乡镇均建立了文化站。区（乡、镇）文化站把弘扬发

木洞山歌擂台赛（2016年） 蒋效伦 摄

国家级非物质文化遗产标牌（2008 年） 蒋效伦 摄

展木洞山歌作为特色文化工作来抓，进一步开展普查工作，大致厘清了木洞山歌的生态背景、历史沿革、歌种曲调、歌班歌手等基本情况，并编排了多个节目参加县、市的民间文化赛事活动。1990 年 10 月，木洞区被重庆市文化局命名为“山歌之乡”。1999 年，木洞山歌被重庆市文化局确定为“巴渝十大民间艺术”之一。2006 年 6 月，木洞山歌入选第一批国家级非物质文化遗产名录。至 2017 年 12 月，木洞山歌已普及到巴南区各镇街，木洞镇培养了多批次的具有高水平演唱能力的中青年歌手，打造出了《迎村官》《阳雀叫唤闹春耕》《庆丰收》《幺妹送菜》等 10 多个具有国家级水平的品牌节目，相继参加全国性的赛演活动，多次出现在中央电视台，还到日本、匈牙利等国家和中国台湾等地区进行艺术交流，出版《木洞山歌》等多部理论专著，从而将木洞山歌推向了弘扬发展的新时期。

山歌艺术

类别

木洞山歌的主体类别有禾籁、罗儿调、小调、盘歌、劳动号子、风俗歌、新兴山歌。

禾簕 禾簕，又叫薅秧歌、庄稼歌、打禾簕等，是农民在薅秧时为了消除劳动的枯燥和疲劳，振奋精神，提高劳动效率所唱的山歌。木洞地区的田地较多，农民多数有稻田。下田时要插秧、薅秧，多数男子下田薅秧时要唱禾簕。旧时，木洞地区薅秧季节随处都能听到打禾簕的山歌声，正如民国《巴县志》所记："六月芒种，是月也，薅头秧，旬以后薅二秧，去莠稂，农歌四闻。"这里的"农歌"便是禾簕。

禾簕有高腔禾簕、平腔禾簕、矮腔禾簕、花禾簕之分。其差别在于演唱人员的多寡、形式、音高低，基本曲调大致相同。

高腔禾簕音高，多用假声演唱，近似川剧演唱中的边音。木洞山歌手大多爱唱高腔禾簕，以展示歌喉。高腔禾簕的唱词结构多为 7 字 4 句式，也有 3 字、5 字、6 字、9 字句。起唱方面，分"2 字头"和"4 字头"。"2 字头"唱头 2 个字后翻高腔，"4 字头"唱头 4 个字后翻高腔。演唱形式有 1 人领唱，众人帮腔，也有 2 人轮流领唱上下句，众人帮腔。其代表曲目有《人民江山万万年》《山歌不唱不开怀》《太阳出来照北坡》《天上起云四角叉》《哪有山歌出远门》《花不逢春不乱开》等。平腔禾簕由高腔禾簕演变而来，有的接近于高腔禾簕，有的近似矮腔禾簕，不同的是平腔禾簕无人帮腔，是单人演唱的独唱曲，又叫"干山歌"。大多数歌手独自在山坡、田间或院坝劳动时触景生情，有感而发所唱，也有在赛歌时演唱。由于环境、时间、对象的不同，加之歌手即兴编唱的能力差异，都可能使曲调发生变化，具有随意性。其代表曲目有《哪怕空话胀耳朵》《主人又弯酸》《心想唱歌就唱歌》《铁匠难打铁锈球》《太阳出来辣焦焦》《郎问姣吃啥子菜》等。矮腔禾簕有领有和，为薅秧时必唱。以基本曲调为基础，演变出百余种旋律、风格不一致的"子曲调"或"亚曲调"。这些"子曲调"或"亚曲调"多随字音而变化。有的热烈欢快，有的粗犷奔放，有的轻快活泼，有的诙谐风趣，有的含蓄沉缓。花禾簕是因结束句段多为对花的盘歌，故得名"花禾簕"。花禾簕是薅秧和赛歌时必唱的山歌，最能展示歌手的嗓音和才华。花禾簕将高腔禾簕与矮腔禾簕巧妙结合，使曲式产生新的结构，丰富了曲调的表现力，增大了词曲的容量。歌手们常以一首高腔曲调开头，中间插入一首或两首矮腔禾簕曲调，再转入高腔收尾。在曲式上，构成 A（高腔）—B（矮腔）—A（高腔）3 段体或 A—B1—B2—A 等多段体。也有用矮腔起头插入高腔的。高腔、矮腔所唱的内容往往互不相关，是一种特殊的演唱形式。其代表曲目有《吹吹打打迎新娘》《新打船儿十八舱》《大田薅秧行对行》《秧鸡打架争秋水》《莫咬田中唱歌郎》。

链接：禾籁具体唱法曲谱

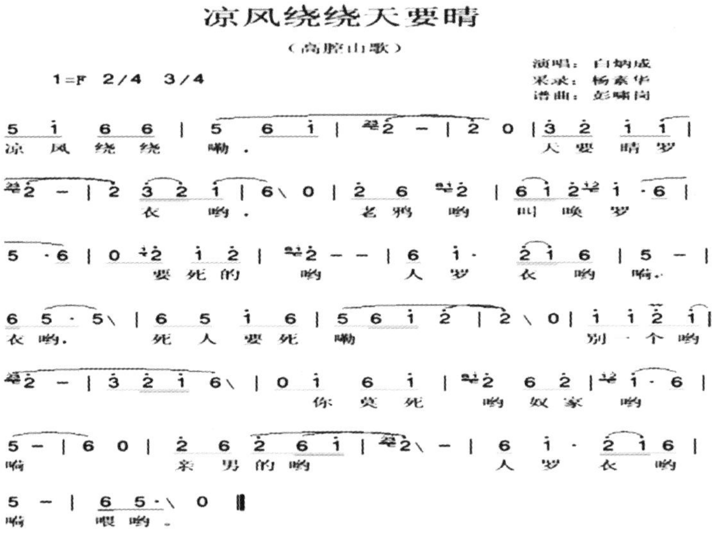

罗儿调　罗儿调以曲调中含“罗儿”衬词而得名，是木洞山歌的启蒙歌，多为少年、儿童在割草放牧时演唱。其曲词体式和曲调特征与汉唐以来巴渝民间流传的竹枝歌颇多相似，系竹枝歌在木洞地区的“嫡传”。罗儿调和禾籁山歌一样，具有一调多词和一词多调的特点。

链接：罗儿调基本唱腔曲谱

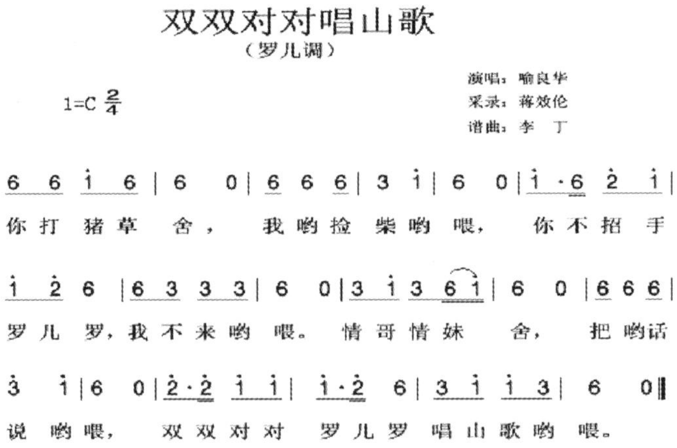

情妹担水扁担长

（罗儿调）

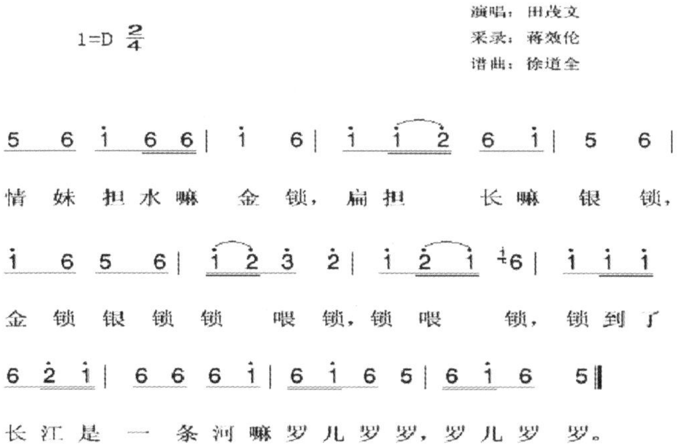

小调　小调以谣曲和时调为主，主要是在农村流传。每当农民在田间劳动、中途休息时，木洞山歌手甚至不擅长唱禾籁山歌的人都要唱几曲，以消除疲劳，娱乐身心。演唱形式多为哼唱和单曲。

盘歌　盘歌是木洞山歌中的对歌。有专用曲调和起兴的歌头子，薅秧、打谷、儿童放牧、打柴或赛歌活动中必唱。多为一人领唱众人和，也有自问自答和两人对唱。其内容广泛，天文地理、古往今来、花草虫鱼、生产生活知识无所不包，是劳动者传授知识、经验的方式。除传统的唱词外，多为即兴编唱，最能表现歌手的聪明才智，为民间各种赛歌活动中必备，常把赛歌活动推向高潮。曲目有《唱个螃蟹害人多》《大家都来唱盘歌》《什么出来一点红》《大枝大叶啥子花》《什么吃草不吃根》等。

链接：盘歌具体唱法曲谱

什么吃草不吃根

（盘歌）

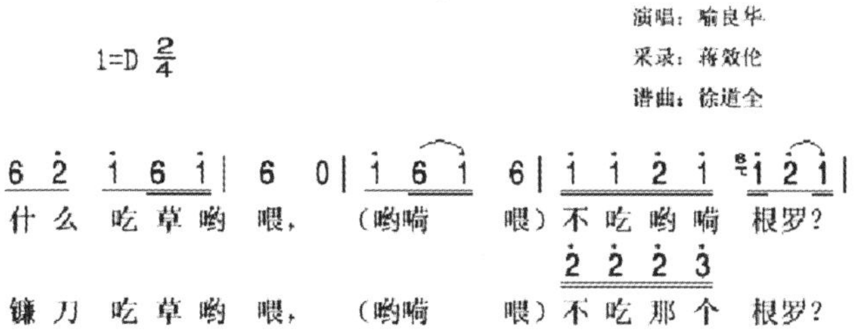

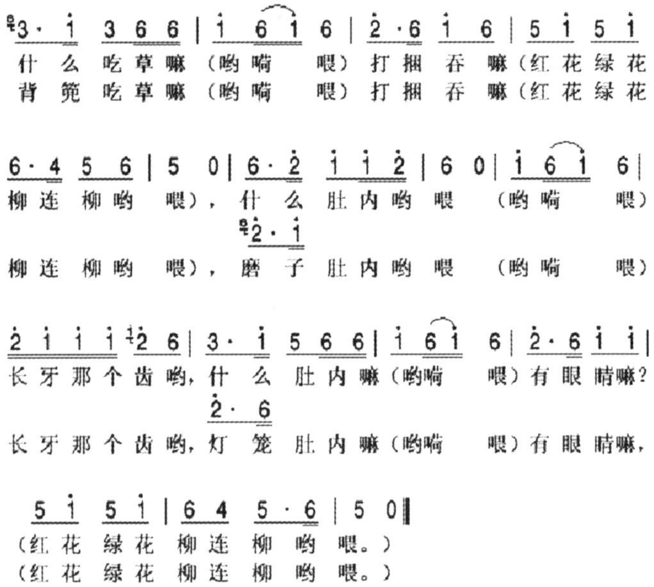

劳动号子　劳动号子是木洞山歌的重要类别，分船工号子和其他劳动号子。木洞镇濒临长江，水情水势复杂，木船航运繁荣。长期从事驾船劳作的木洞民众为统一步调、增强干劲，创造了船工号子。船工号子主要包括下水号子、上水号子、靠船和开船号子以及其他船工号子，每类号子中又有若干细分，构成了庞大、复杂的水上音乐体系。其曲调有单曲和联曲，唱词有呼号唱词、喊白唱词和陈述唱词，其中呼号唱词最多，占木洞船工号子的绝大多数。陈述唱词主要是由号子工领呼号子，特别是数板之类的号子时喊唱。

其他劳动号子包括石工号子、抬工号子、夯土号子、榨油号子、榨菜号子等。演唱形式有领唱（一领众和）、齐唱和合唱形式。

链接：劳动号子具体唱法曲谱

不怕风浪冲过去

（上滩号子）

演唱：蒋正才
采录：蒋效伦
记谱：徐道全

1=G $\frac{2}{4}$

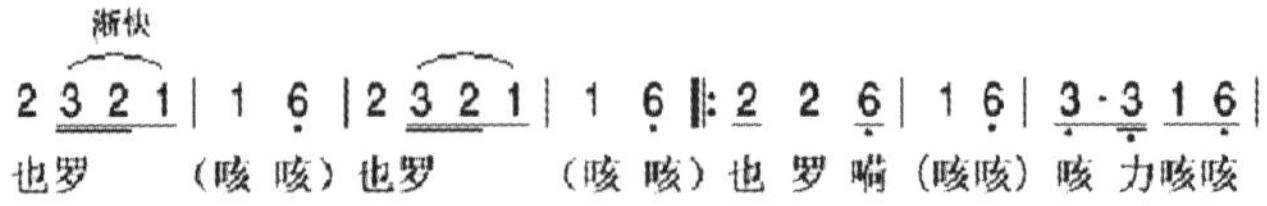

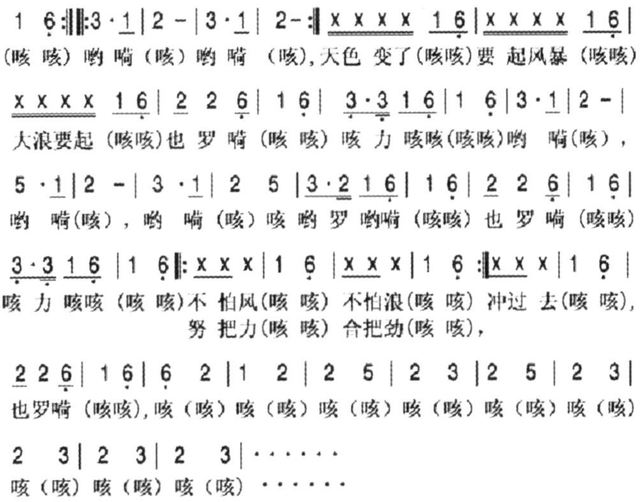

风俗歌 风俗歌在木洞山歌中占有一定数量，包括神歌、哭丧哭嫁歌等。神歌的“神”字，是巴渝方言，指爱开玩笑而不分场合和对象的人，具有讽刺意味。因此，神歌诙谐逗趣，常把生活中的正常现象颠倒过来唱。

如《扯谎歌》：

太阳落土又落坡，听我唱个扯谎歌。高坡钻出泥鳅洞，烂田取得鸦鹊窝。

两块石头在走路，两根板凳在爬坡。两个和尚争堂客，辫子扯成乱鸡窝。

新兴山歌 新兴山歌是时代发展、演变的产物。中华人民共和国成立后，木洞山歌进入剧场，登上群众舞台。为适应舞台表演的需要，木洞山歌手运用传统山歌曲调填词，采取串联手法整理成新兴山歌。新兴山歌主要是为山歌表演而产生，又叫表演歌，包括三种类型：一是单支曲调的山歌，演唱形式以独唱为主，如《歌唱木洞好地方》《家乡大变样》《铁树开花水倒流》《合作花开朵朵鲜》《大家都来唱一唱》等。二是数首或者更多的内容相关的单支山歌，或以曲调直接相联，或以朗诵联结、以唱为主的山歌联唱，如《木洞新气象》。该首山歌联唱是由《喜鹊闹枝头》《出门颂歌》《路上唱山歌》《建设大开展》《桃花岛赞》《抽水灌田》歌曲联唱而成;《城镇新貌》山歌联唱由“庆庆调”“七哥八个调”“划哟调”等传统山歌曲调填上新词，以唱为主，辅以朗诵的山歌联唱。还有《筑路英雄大联唱》《赶场》《木洞情歌大联唱》《木洞禾籁大联唱》等。三是加进道白、对话，融入简单故事情节，塑造人物形象的山歌剧，如《多样的小队活动》《护林育山》《迎村官》《阳雀叫唤闹春耕》《庆丰收》《幺妹送菜》等。

歌词

特点 主体歌词结构复杂、衬词丰富多彩、用重庆方言押韵，是木洞山歌歌词的三大特点。

主体歌词结构复杂 木洞山歌主体歌词分五言体结构（每句由五个字构成，细分为五言四句体和五言多句体，以五言四句体为主）和七言体结构（每句由七个字构成，细分为七言四句体、七言六句体、七言多句体）。

五言四句体，如《岂怪命不好》："官府税不少，百姓不得了。过日如过年，岂怪命不好。"五言多句体是指句数超过四句的歌词。如《对门懒大嫂》："对门懒大嫂，硬是懒得好。一年不洗衣，三年不洗澡。头上生臭虫，身上长虼蚤。不论哪里坐，二郎腿一跷。说三又道四，是非惹不少……"

七言体结构的歌词，是现存木洞山歌歌词最多的结构形式，占现存歌词数量的半数以上。特别是七言四句体，结构匀称、对仗工整，如《家中铺起金窝窝》："稻谷花开香满坡，苞谷结起胖坨坨。手中鱼儿起网网，家中铺起金窝窝。"又如《不要媒人也成亲》："妹有心来郎有心，妹变鹞子郎变鹰。半天云中闪一翅，不要媒人也成亲。"

衬词丰富多彩 衬词大都与正词没有直接关联，很多是无意可解的词句，但一经和正词配曲歌唱，成为一首完整的歌曲时，衬词就表现出了鲜明的情感，成为整个歌曲不可分割的有机组成部分。木洞山歌中，衬词运用最广泛的是禾籁和盘歌。根据衬词在歌词中的位置，分为首衬、尾衬和间衬三种形态。

首衬在全歌的开头，亦称歌头子，起到起音的作用。如《山歌飞出心窝窝》："（哟喂哟吙喂）二娃幺妹你仔细听，唱个盘歌问你们……"

尾衬，位于全歌的结尾，亦称歌尾子。如《你歌哪有我歌多》："你歌哪有我歌多，我歌好比牛毛多，唱了三年六个月，才唱一只牛耳朵（啰儿吔啰，啰儿吔啰）。"

间衬，即每首歌的中间衬词。如《傻大姐》："傻大姐（来嘛灯那一个灯），傻又傻（呀嘛灯那一个灯），爬岩爬坎（是灯那一个灯喂），找花（哟）戴（呀安呀安灯逸安呀安灯逸）。"

根据字数划分，木洞山歌的衬词有一字衬、二字衬、三字衬、多字衬。

一字衬如：哟、哦、嘛、罗、也、呃、那、噢等。

二字衬如：勒嗬、嘿嗬、提篼、七哥、金车、银车、阴火、阳火等。

三字衬如：提篼提、那里格、那的个、那也也、幺哦幺、哥呀哥等。

多字衬如：干妹妹儿、衣呀呀衣哟、青杠叶儿开、盯到不转眼、莫对他们说、嗨呀衣嘿左嘞、转来转去嘛没得着、阴火阳火阴阳嘛二火、哟嗬哟嗬哟嗬嘿鄙灯儿那哟嗬哟嗬喂等。

按事物划分，木洞山歌的衬词有花草类（如“栀子花儿开”“石榴花儿红”“青杠叶儿开”等）、自然声类（如“咚咚弄咚咚”“夺来来夺来来夺其作”等）、生活类（如“哟嗬哟嗬划两脚”“阴火阳火阴阳嘛二火”）等。

用重庆方言押韵　其用韵方式主要有隔句押韵和句句押韵两种。

隔句押韵，即首句入韵，不换韵。这类押韵方式一般出现在首句起兴的歌词中。如《安定团结好局面》的歌词“葵花朵朵向阳开，祖国建设添光彩。安定团结好局面，富民强国开心怀”，首句“葵花朵朵向阳开”既与后面一句构成并列关系比喻，同时也是起兴句，“开”字定韵，后面的“彩”“怀”跟着押韵。

句句押韵，即每句都用相同的脚韵，一韵到底不换韵。这种用韵形式在木洞山歌的歌词中常见。如《再多没得我歌多》的歌词“谁说你的歌儿多，再多没得我歌多。我歌箩篼抬上坡，唱的没得漏的多。”

分类　木洞山歌歌词分为劳动歌、情歌、风俗歌三大类。

劳动歌　历史上，木洞山民主要从事种植、养殖等生产活动，这些活动受大自然的影响，刮风下雨、日晒雨淋等都成了他们歌吟的对象。从春天播种到冬季收藏，都用山歌予以记载、描述。如写插秧：“高山顶上一丘田，葫芦打水栽三年。边边栽起人字格，中间栽的古老钱。”写薅秧：“大田薅秧沟对沟，捡个螺蛳往上丢，螺蛳晒得大张口，小娇晒得汗爬流。”写夏天酷热：“太阳当顶晒死人，只愿老天起朵云。起朵乌云来遮盖，救活凡间几多人。”

劳动歌中，很大一部分是对某一劳动的吟唱。如拉纤的纤夫、抬轿子的轿夫、背货运输的背二哥、佣人、雇工等。这些工种都是需要付出血汗甚至生命，他们或为了解除劳作时的痛苦，或为了抒发劳作的快乐，或为了表达自己的企盼，便用木洞山歌的方式宣泄出来。劳动歌中最突出的是川江号子。如《拉船歌》：“手扒石子脚蹬沙，脚蹬沙哟！为儿为女把船拉，把船拉哟！四股索索要拉紧，要拉紧哟！眼泪汪汪向前爬，向前爬哟，脚踩石啥，手抓沙哟！为了生活啥，把船拉哟！越过了一湾啥，又一湾哟！闯过了一滩啥，又一滩哟！爬过了一道道啥，石坎坎哟！走过了一条条啥，水湾湾哟！为的是啥？把饭餐哟！把衣穿哟！把命活哟！”

长工、雇工是旧社会底层民众从事的主要职业，他们是被盘剥的对象，生活困苦不堪，反映其生活的山歌有很多。如《这家主人不对头》:“田头有水正在流，这家主人不对头。一天三顿腊锅菜，煎碗腊肉光骨头。”

情歌　情歌是木洞山歌的重要组成部分，涉及内容广泛。如《细布凉鞋穿几多》《人才美貌生得标》《探郎歌》等。

木洞山歌中的多数情歌，多用赋、比、兴手法创作。赋为铺陈，多用于叙事；比，即比喻；兴，就是起兴和发端，一般位于歌词的开头，起兴之物与所韵之物往往相关联。

情歌歌词相对比较含蓄，有的是针对个人的情歌，有的是针对群体的情歌。歌词中的男性多称夫君或郎君，女性多称奴家或小娇。近代则普遍称哥、二娃哥，妹、幺妹子等。

风俗歌　在木洞，无论是生产生活、岁时节令、人生礼仪、信仰，都有完整的礼仪习俗。在这些礼仪习俗中，演唱与之相应的风俗歌谣成为一种常见的社会现象，也成为民风民俗的组成部分。如婚嫁礼仪，定亲时要唱拒媒歌、陪奁歌、开脸歌、上梳歌、坐堂歌等；迎亲时要唱梳妆歌、上轿歌、起轿歌、报路歌、回车马歌、讨封歌等；成亲时要唱喊礼歌、揭盖头歌、交杯酒歌、贺喜歌、谢客歌、说席歌、祝酒歌等；入洞房前要唱铺床歌、安家具歌等；入洞房后要唱闹房歌、莲箫歌、送客歌、道别歌等。举行丧葬礼时要唱噩耗歌、入棺歌、哭灵歌、吊唁歌、送葬歌、绕佛歌以及专为吊唁女性死者的十月怀胎歌等。寿诞礼时要唱祝寿歌、生期酒歌、满旬酒歌和百岁歌等。

音乐特征

木洞山歌音乐特征突出，主要表现在音阶、调式、节拍、节奏、旋律方面。

音阶　木洞山歌的音阶形态中既有二音音列、三音音列、四音音列发展初级阶段的山歌，也有五声音阶、六声音阶、七声音阶等发展成熟阶段的山歌。二音音列山歌无歌词，只有“哟嗬”两个字和“1”“3”两个音。三音音列为由两个乐句构成的歌曲，多为“6”“1”“3”三个音，但功能音齐全。此曲为多段词反复演唱，放慢速度有压抑、哀怨之感，加快速度亦能反映热烈欢快情感，无多余的衬词、衬腔，非常古朴。四音音列是在前述三音音列“6”“1”“3”基础上稍作发展，在“1”“3”间嵌入“2”音，形成了“6”“1”“2”“3”四音音列。另一种样式是在三音音列“6”“1”“3”的基础上，中间嵌入一个“2”，再向上发展一个“6”，形成“6”“1”“2”“3”“6”四音音列的歌曲。四音音列山歌在木洞山歌中比较常见。木洞山歌多由宫、商、角、徵、羽五音构成五声曲调，在五声音阶的基础上加入清角或者变宫等偏音，就形成了六声或七声音阶。

调式 木洞山歌徵调式的歌曲相对较多，羽调式次之，商调式、角调式、宫调式的歌曲比较少。

节拍 木洞山歌中，最常用的单拍子是 2/4，约占总数的一半以上，其次是 3/4 拍，3/8 拍少有。复拍子有 4/4、6/8、6/4、9/8 等，4/4 拍较多，如《太阳当顶又当槽》《拣个鹅蛋称半斤》等山歌，其他的复拍子很少。木洞山歌除了运用单一的节拍之外，还在一首歌曲中大量变换拍子，有时因自由延长而变，有时因速度而变，形成了风格独特、旋律优美的曲调。如《鸡鹅不吃盆盆儿水》《怀胎调》《绣荷包》等山歌。

节奏 木洞山歌的节奏复杂多样，有舒展缓慢的节奏，有步步紧迫的密集型节奏，有规整匀称的节奏，有长短交替的节奏，各种不同节奏往往表达不同的内容、对象和情感。同时，因为自由演唱和衬字衬词的加入，使木洞山歌的节奏更加丰富多彩。

旋律 具有抛物线状旋律线条和上扬的自由延长音是木洞山歌显著的特点。抛物线状旋律线条具有高抛低落的特点。木洞山歌的抒咏性表现为节奏比较宽长，往往暂时离开歌词的正词，一般用抒发情感的衬词代替。衬词演唱，有利于歌者发挥其兴致，把自己内心的感受尽情地抒发咏唱出来，这对于表现特定的思想内容、地方色彩具有一定意义。向上到达的上扬音，其前面出现的音大多在低、中音区反衬出后面上扬音的高亢，达到抒情的目的。这类上扬音的效果最明显，特别是在木洞山歌高腔中最常见。在下行旋律中的上扬音，往往出现在整个曲调下行的过程中，延长中、高音区的某个音而构成上扬音。含有此类上扬音的木洞山歌，往往整首歌的旋律性较强，音乐舒缓，优美柔和。

演唱平台

劳作生活

劳作平台是以劳动场合为演唱平台，生活平台主要是以礼仪活动场合为演唱平台。

劳作平台 薅秧农事是唱山歌的主要平台。每逢薅秧季节，田多的人家都要请薅秧

薅秧山歌（2011 年）　　　　　　　　蒋效伦　摄

班薅秧，少则 7 ~ 8 人，多则 10 ~ 20 人。每班都有禾籁头领唱赛歌，并形成了一套与薅秧劳动相适应的对歌程序。薅秧劳动一般为七歇①，即早上为一歇，上午、下午各三歇。早上一歇时太阳尚未出山，不赛歌。赛歌从上午第一歇开始，先赛矮腔禾籁，由禾籁头领唱，同一薅秧班的人帮腔，比曲调多寡和好不好听；第二歇赛高腔禾籁，间唱花禾籁，比领唱者的嗓音、乐感和行腔亮字；第三歇继续赛高腔禾籁，间唱花禾籁。下午第一歇主要赛历史歌和赞花歌，不限曲调，比歌手掌握的山歌的多少；第二歇赛盘歌，是赛歌的高潮；第三歇继续赛盘歌，若已分出胜负，则唱神歌和罗儿调，若没有分出胜负，则相约下次薅秧时再赛。

除薅秧外，割草、放牛、播种等农事劳作时也唱山歌。薅草山歌如同薅秧山歌，集体边劳动边唱。播种山歌虽然是集体性质，但多为歇气时演唱。割草、放牛时多为独唱，若遇到他人一起割草、放牛，往往会形成对唱。

船事劳作是除薅秧农事之外的主要演唱平台。如开船、收船、行船、拉纤等船事都要用吼或喊的形式唱号子歌。与薅秧山歌相较，薅秧山歌的规模和声势大、歌的种类多、曲调更丰富，但受季节限制；船事山歌声势较小，但不受时间限制，是展示木洞山歌的最佳平台之一。

除此之外，劳作平台还有石工开山破石、抬工抬石、轿夫抬轿、堂倌跑堂等。这些平台将木洞山歌扩展到所有劳动场合的各个方面，丰富了木洞山歌。

生活平台　生活平台的重点是礼仪活动场合，如婚娶、丧葬、寿庆等人生礼仪场

---

① 歇，劳动过程中的短暂休息，也称歇气、歇烧；歇与歇之间的劳动时间称为一歇。

木洞河街剧场开幕演出（2018 年）　蒋效伦　摄

木洞山歌赛歌会（2018 年）　蒋效伦　摄

2007 年 4 月，木洞山歌参加“山水都市一日游”启动仪式演出（2007 年）
蒋效伦　摄

合，房屋落成、开业致喜等典庆场合，神会、庙会等场合。

歌会舞台　家庭承包经营责任制实行前，除了在生产生活、民俗活动中唱山歌外，还经常举办歌会。常见的歌会有童子歌会、摸鱼歌会、榨菜歌会、闹春歌会、薅秧歌会、牧牛歌会等，场面宏大，热闹非凡。实行家庭承包经营责任制后，传统的歌会逐渐消失，取而代之的是节日歌会（春节歌会、国庆歌会等）、山歌擂台赛等新型歌会。新型歌会在表演形式上有新的内容，歌词吸收了过去歌会内容的精华，增添了与时俱进的内容。

舞台演出是中华人民共和国成立后才出现的木洞山歌的展示平台。从 20 世纪

80 年代起，传统农耕技艺和方式渐近消逝，薅秧、薅草、拉纤等山歌演唱平台也随之渐行渐远，外出交流、文艺演出等舞台演出成为主流。

代表作品

1958—2018 年，木洞山歌产生了很多优秀作品，如《山歌好唱口难开》《大田薅秧水又浑》《大田薅秧行对行》《走在深山雨要来》《木洞榨菜好吃得很》《螃蟹歌》《歌唱木洞好地方》《干劲大得很》《木洞禾籁大联唱》《木洞新气象》《赶场》《山歌飞出心窝窝》《特色文化是瑰宝》《迎亲》《一根饿蚂蟥》等。最具代表性的有《干劲大得很》《凉风绕绕天要晴》《阳雀叫唤闹春耕》《迎亲》《迎村官》等。

《干劲大得很》 1958 年“大跃进”时，著名山歌手白炳成创作了《大办钢铁》等 11 首山歌唱段，并用自己编的音韵演唱出来。后巴县文化馆李子硕、周成鑫将这 11 段唱词的核心唱段“劲头大得很”改为《干劲大得很》，在原曲基础上进行了艺术性改编。白炳成等歌手在巴县大礼堂、重庆市人民大礼堂演唱 4 次，还到建设机床厂、507 发电厂、望江厂、军区剧场、人民剧场等地演出数十场。1959 年 1 月，白炳成、谭礼珍、潘义富、周成碧、王仲达、喻纯富、吕义熙、姚明会演唱的《干劲大得很》参加四川省群众文化活动积极分子代表大会暨群众文艺创作展览会演大会，获得一等奖。以后，白炳成及相关歌手一直将此歌作为参加各种场合演唱的必唱节目。

《凉风绕绕天要晴》 2005 年春节，重庆洪崖洞业主邀请空政歌舞团作曲家吴漩等 8 人，到木洞镇文化站采录木洞山歌手潘中明演唱的《凉风绕绕天要晴》，将其打造成为歌舞剧《巴渝情缘》中的 7 首插曲音乐。之后，因歌词粗糙，传统婚俗痕迹较浓，重庆市歌剧院将潘中明请到江北区观音桥，在录音棚里再次录制了其高亢洪亮、豪放爽朗的声音。2006 年 2 月，作为方言话剧《移民金大花》的背景音乐之一，参加文化部在北京举办的乡村文艺演出，同时还在全国部分省市巡演数十场。

《阳雀叫唤闹春耕》 2011 年 5 月，重庆市歌剧院指挥家周生宏牵头，探索木洞山歌原生态唱法和美声唱法相结合的新路径，从而打造出木洞山歌《阳雀叫唤闹春耕》。2011 年 6 月 30 日,《阳雀叫唤闹春耕》参加中华红歌会大赛，获得全国资深评委和广大观众评委的高度赞赏，在全国各省、自治区、直辖市 108 支代表队中脱颖而出，获“中华杯”金奖。

《迎亲》 木洞山歌剧《迎亲》是以木洞地区旧的婚娶风俗为构思依据，以娶亲时通过“刁难”新郎为新娘树立威信，防止日后受婆家虐待为创作背景，通过用唱山歌考验新郎的形式表达出来。剧情一开始用比较欢快的“花又圆”调唱出新郎成婚时的喜悦心情:“锣儿敲得咚咚响，欢欢喜喜娶新娘。金丝彩绸披肩上，新郎心头喜洋洋。”中间配以吹打乐，烘托出一种欢快气氛。接下来，用木洞山歌盘歌调考验新郎，待新郎通过新娘父母、亲友及其代表三关考试后，新娘方能上花轿。最后，以节奏明快的抬工号子落幕。该剧于 2006 年温泉旅游季期间，在解放碑等地演出并获得好评。

《迎村官》 2008 年 4 月，巴南区作家协会会员陈显明、音乐家协会会员曹秋圃等人到木洞采风，在听了木洞山歌艺术团演唱的《凉风绕绕天要晴》《太阳出来红满天》《大田薅秧行对行》等木洞山歌后，陈显明、曹秋圃等人据此创编木洞山歌剧《迎村官》。该剧于 2008 年 11 月参加“纪念改革开放三十周年——首届中国农民文艺会演”并获得最高奖“金穗杯”奖。上海《文汇报》在 2008 年 11 月 5 日报道中说:“山歌剧《迎村官》

《迎亲》演出（2011 年） 蒋效伦 摄

《迎村官》获“金穗杯”奖（2008 年） 蒋效伦 摄

通过巧妙的剧情和山歌剧的形式……集中展示了重庆深厚的文化积淀和重庆成为直辖市特别是统筹城乡以来的巨大变化和辉煌成就。”

歌手

木洞山歌有很多优秀歌手，有的人已经作古，有的人成为国家级、市级、区级木洞山歌传承人，有的人担任各镇文化站站长，从事木洞山歌的保护工作。这些优秀歌手为木洞山歌的传承、弘扬、发展做出了突出贡献。

非遗传承人

潘中民 1937年3月生，木洞镇景星村人。他6岁当放牛娃，边放牛边学唱山歌。长大后，与周边村民从事集体农耕劳作，带头即兴编唱插秧歌、薅秧歌、打石歌、抬石歌等山歌。2003年，演唱的山歌被选为方言话剧《移民金大花》背景音乐之一。2006年，该剧在北京演出后，分获创作、演出一等奖。2006—2011年，演唱的高腔禾籁《凉风绕绕天要晴》，参加各种大小演出50余场，除为木洞山歌争得6项集体荣誉外，还获得个人奖励4项。潘中民能够演唱所有木洞山歌的种类，因为特有的声带，且无喉包，

潘中民被评为国家级非物质文化遗产项目木洞山歌代表性传承人（左为证书，右为奖杯）（2012年）
胡特 摄

所以唱歌时多用边音，其歌声高亢洪亮，音调高扬，拖腔悠长，节奏舒展自由，韵味独特。2009 年 9 月，潘中民被评为国家级非物质文化遗产代表性传承人。

喻良华 1947 年 5 月生，木洞镇人。自幼受长辈及邻居熏陶，喜欢唱木洞山歌。20 世纪 60 年代正式跟白炳成学唱山歌，参加《干劲大得很》《赶场》等节目演出。1976 年任学校音乐教师后，通过课堂教学生唱山歌。2006 年退休后，长期在社区教唱木洞山歌，创编了《迎亲》《木洞山歌多又多》《一根饿蚂蟥》《歌王争霸赛》《河水豆花嫩又白》《田头的水蚂蟥多》等曲目。2009 年 9 月，喻良华被评为国家级非物质文化遗产代表性传承人。

徐道全 1973 年 1 月生，木洞镇人。因其祖辈久居山区，自幼受家族熏陶，学习并热爱唱木洞山歌。大学期间学习音乐，毕业后担任木洞镇小学音乐教师。经常协助木洞镇文化站参与木洞山歌的搜集和保护工作，学会了木洞山歌的各种唱调、唱腔；重视木洞山歌理论研究，把研究成果广泛应用于课堂教学，多次应邀参加市、区的教学研讨和观摩教学。1997 年，配合木洞镇文化站、区教委音乐教科所编写《巴南区小学音乐乡土教材教法研究》《巴南区小学音乐校本教材》。2003 年，配合木洞镇文化站组织普查、搜集木洞山歌曲词，参与编写《木洞山歌》。2005 年，受聘为木洞镇山歌艺术团副团长。2009 年 2 月，徐道全被评为重庆市非物质文化遗产代表性传承人。

喻纯良 1939 年 6 月生，木洞镇桃花岛村人。喻纯良是木洞山歌全能歌手之一，2009 年 2 月，被评为重庆市非物质文化遗产代表性传承人。

周世芬 1963 年 7 月生，木洞镇松子村人。小学时，周世芬就能唱很多禾籁、盘歌和船工号子。1980 年，参加《干劲大得很》演出。之后一直是木洞山歌重要歌手之一。2010 年 12 月，周世芬被评为重庆市非物质文化遗产代表性传承人。

高启兰 1973 年生，木洞镇人。高启兰自幼学唱木洞山歌，因音色美，是盘歌对唱高手。2009 年 2 月，高启兰被评为重庆市非物质文化遗产代表性传承人。

李福美 1963 年 7 月生，木洞镇人。李福美自幼学唱木洞山歌，后得到喻良华指导，演唱水平进一步提高。2009 年 2 月，李福美被评为重庆市非物质文化遗产代表性传承人。

代正美 1963 年 7 月生，木洞镇人。代正美自幼学唱木洞山歌，歌声高昂亮透。2004—2011 年，配合木洞镇文化体育服务中心开展木洞山歌传承及教学活动，还参加市、区及全国性的若干次演出活动。2009 年 2 月，代正美被评为重庆市非物质文化遗产代表性传承人。

王登兰 1962年8月生，木洞镇土桥村人。在校期间，王登兰就会唱木洞山歌，歌声高亢嘹亮。2004—2011年，配合木洞镇文化体育服务中心开展木洞山歌传承及教学活动，还参加若干次全国性演出活动。2011年11月，王登兰被评为巴南区非物质文化遗产传承人。

民间歌手

白炳成（1928—2011） 木洞镇人。中国民间文艺家协会四川分会会员、重庆分会会员。

白炳成少年时期跟周树清、熊明发、高树清等学唱山歌，青年时便成为木洞地区有名的禾籁头[①]。他不但掌握了大量的传统歌谣，而且即兴编唱能力强，能够演唱高腔禾籁、矮腔禾籁、花禾籁、盘歌、小调及石工号子的近百种曲调。他演唱的高腔禾籁，高亢嘹亮，旋律优美，流畅自如；演唱的矮腔禾籁、花禾籁，曲调丰富，长于变化，表现力强；演唱的石工大锤号子，气势磅礴，有较强的感染力；演唱的盘歌，题材广泛，可见其生活经验之丰富。在各种赛歌场合，常以调多、嗓子好并能随编随唱而战胜对手。他以山歌为武器，无情地讽刺、揭露旧时地主、财主的压迫和剥削行为，因此受到乡亲的爱戴。他自编歌颂党和社会主义的山歌，歌唱新的幸福生活。土地改革、抗美援朝、互助合作运动时期，他都有新作。自1958年起，白炳成与县音乐工作者合作，先后创作了山歌联唱《干劲大得很》《赶场》等，在省、市群众文艺会演中获奖励。《干劲大得很》由重庆出版社出版，《赶场》则被重庆电视台选入《沃土培育的鲜花》文艺专题片中。1979年，白炳成被评为重庆市文艺先进工作者。1981年，中国音乐家协会副主席贺绿汀途经重庆，对白炳成从事的山歌活动给予高度评价。

江开才 1930年生，原木洞区双河乡今双河口镇临江村人。因为从小到大、一年四季习惯戴着一顶草帽干活而得“江草帽”的外号。江开才从小喜欢唱山歌，记忆力强，嗓音好，极具唱木洞山歌的天赋。他见到什么就能唱什么，且情趣、思想皆具。中华人民共和国成立前，江开才在河边拉船，会唱各种船工号子。船工们说：“江草帽吼起号子扳桡都要有劲些。”常常是前船未唱完后船又来请。1984年，他为《巴县民歌集成》一书提供船工号子和歌谣200余首。1987年，受邀到河北耿村参加赛歌活动，得到联合国教科文组织有关负责人的高度赞扬。1991年，江开才被重庆市文化局授予“重庆市优秀

---

① 禾籁头：民间禾籁歌班的领头人。

民间歌手”称号。

杨仲良 1931年生，木洞地区双河口镇人。杨仲良从小学唱木洞山歌，13岁时能唱很多木洞山歌。14岁进入重庆江北中华职业学校，半年后因家贫辍学，回家参加农业劳动，这使他有了继续学习木洞山歌的机会。16岁时在闹春歌会中崭露头角，17岁时在薅秧歌赛中当禾籁头。1988年春节，他与白炳成等人组成的木洞区山歌代表队，在县举办的多次山歌擂台赛上主擂，始终保持不败纪录。杨仲良擅长唱高腔禾籁、矮腔禾籁、盘歌、罗儿调及船工号子。

1983年以来，杨仲良为巴县的民间歌曲集成和民间文学三项集成先后提供了40首曲调、500余首歌谣及1000余个各种类型的故事，成为省、市有影响力的山歌手和千则民间故事讲述家。

蒋正才、蒋治德 蒋正才，1928年生，故于2004年；蒋治德，1932年生。受祖辈的影响，蒋氏兄弟从小就学唱山歌。蒋正才早年为船工，熟悉船工上滩号子、平水号子、下滩号子、抢滩号子、数板号子等，省、市级的有关专家曾多次专访他，并留下了许多宝贵的音像资料。蒋治德早年参军，在部队文工团是积极分子，熟悉一些其他地方的民歌。转业后，他将木洞山歌同其他地方的民歌进行融合、创新。他擅长唱盘歌、矮腔禾籁、小调。

非遗保护

随着全球化、城市化和现代化进程加速，木洞山歌正面临日渐萎缩的严峻考验，在生态环境、种类、演唱者传承、表演形式方面发生了相应变化，部分歌种正处于濒危境地。对此，从20世纪80年代开始，木洞地区各乡镇在上级政府及文化部门的指导下，着手开展木洞山歌的保护工作。2004年6月，正式启动木洞山歌非遗保护工程。

抢救性记录 1984年6月，在巴县民间文学三项集成办公室的指导下，木洞区各

木洞镇文化体育服务中心人员深入农村普查木洞山歌（2012 年） 蒋效伦 摄

乡镇文化站开始对木洞山歌的普查工作。至 2008 年 8 月，普查工作共开展 3 次，走访上千位民间歌手，收集、整理 3000 余首歌，记录木洞山歌的大量史实、传说以及歌手等基本情况，形成 200 余万字的木洞山歌资料册、集，并利用文字、图片、录音、录像等能够长期保存的媒介和数字化信息技术进行记录、分类、编目、整理，建立了较为全面、系统的木洞山歌档案。木洞山歌的普查工作，为 1991 年重庆市文化局命名木洞区为“山歌之乡”、1999 年木洞山歌被确定为“巴渝十大优秀民间艺术”、2006 年成功申报国家级非物质文化遗产奠定了坚实基础，也为木洞山歌的进一步保护提供了科学依据。

传承人保护与培养

木洞山歌是农耕时代的产物，随着农村生产方式的改变、生产力发展、民风民俗的演变、老歌手的相继离世或退隐，木洞山歌断层现象严重，传承人培养成为木洞山歌保护工作的重要环节。

代表性传承人保护 继 1991 年 13 位木洞山歌手被命名为“重庆市民间歌手”（全市共 40 人）后，2006 年又有 13 位木洞山歌手分别被命名为国家级、市级、区级木洞山歌传承人。其中国家级传承人 2 人，市级传承人 6 人，区级传承人 5 人。木洞镇对代表性传承人重点采取 4 个方面的保护措施。一是提高技艺水平和传承能力。为提高传承人的技艺水平和传承能力，木洞镇文化体育服务中心针对传承人文化程度的不同，分别举办针对不同对象的培训班和学习交流活动，还推荐传承人参加重庆市或全国性的非遗传承人培训学习。至 2017 年 12 月，举办传承人业务培训 80 余次，参加市级以上学习 20 多人次。二是大力开展演唱活动，为全镇或地区新老传承人提供参与平台。除镇文化体育服务中心举办的各种展演活动外，木洞镇政府于每年元旦、春节、国庆等节日以及非物质文化遗产纪念日举办木洞山歌演唱会。三是对传承人进行慰问。每年中秋、国庆、春节对传承人进行走访、慰问，目的是让他们坚定信心，努力做好木洞山歌的传承保护工作。四是发放传承补助经费。基本补贴标准为：国家级传承人 10000 ~ 23000 元（2016 年前 10000 元，2016 年 12000 元，2017 年 23000 元）；市级传承人 5000 ~ 6000 元（2017 年前 5000 元，2017 年 6000 元）；区级传承人 2000 元。

加强传承人的管理是保护传承人的另一项工作。根据传承人年龄、身体状况，采取不同措施进行管理和培养，以便更好地发挥他们的传承效能。一是实行传承人坐班制。传承人每月 3 ~ 5 天到木洞镇文化体育服务中心集中研究木洞山歌的保护传承工作，制定传承规划，进行交流学习。二是落实传承指标。其指标分国家级、市级、区级传承人 3 级。每年以文件形式分别制定五大项传承任务，以 100 分制考核，对每个小项实施计分量化，年底给予累算评优，并为支付传承人补助提供依据。

实行传承人培养重点对象转移 自 20 世纪 80 年代后期以来，木洞山歌面临新传承人培养三大难题。一是传承人来源的传统主渠道严重受阻。所谓民间文化传承人来源的主渠道，是指某一民间文化项目传承人的主要来源渠道。木洞山歌形成数百年来，其传承人全都是本乡本土的农民，传承人来源的主渠道是木洞地区的农民。但自 20 世纪 80 年代后期始，中青年农民大多进城务工，留在农村的山歌手多年迈或作古，而孩子很少有学习木洞山歌的机会。因而，农民不再是木洞山歌新传承人来源的主渠道。二是在多元文化竞争中，木洞山歌失去了娱乐文化的主体地位。在传统农耕时代，木洞山歌的文化主体地位不可撼动。自 20 世纪 70 年代以来，电影、电视新科技的普及以及其他现代娱乐形式的涌入，木洞山歌的主体地位逐渐淡化，靠从事山歌演唱活动谋生的歌手的收入大不如前，导致原来想学木洞山歌的人不得不改变主意而另谋他路。三是九年制义务教育延长了新传承人初培养时间。按照传统，小学至初中是学习木洞山歌的黄金时期，但初中毕业后，孩子们或选择继续升学，或选择工作，对木洞山歌没有眷念感。鉴于此，木洞镇采取传承人培养重点对象转移的方式，从 2006 年开始，将木洞山歌新传承人培养重点对象转移到学校学生中。

木洞山歌学生传承人培养重点采取三段式培养方法。第一阶段是小学一至三年级，只教学生一些简单的木洞山歌知识。第二阶段是小学四至六年级，教学生禾籁、盘歌的基本唱法，使其能够唱 20 首左右禾籁、盘歌。第三阶段是整个初中时期，除了让学生

传承人在学校讲授木洞山歌（2018 年） 蒋效伦 摄

社区居民学唱木洞山歌（2012 年） 蒋效伦 摄

提高禾籁、盘歌的演唱水平外，还要求其掌握各类劳动号子、小调等的基本唱法，并以组建团队方式开展节目编排、演出，同时选择一部分具有天赋的学生进行歌词创作。

多渠道培养新传承人 一是打破区域界限，培养新传承人。2012 年以来，巴南区文化委按照巴南区委、区人民政府非遗保护的部署，在全区各镇街传承木洞山歌。二是突破行业限制。巴南区规定，全区学习传承木洞山歌，以学校为主，但不囿于学校，其他行业系统也要学唱木洞山歌。三是干部职工带头学，规定区委书记、区长至各镇街主要领导均要带头学唱木洞山歌，成为全区学习传承木洞山歌的推动力。

原生态艺术保护 原生态艺术保护和新传承人培养是木洞山歌保护的两大主题。木洞山歌原生态艺术保护包括传统歌种、曲调、唱法等本体样式的保护。

为了破解原生态保护难题，木洞镇重点采取三项措施。一是从保护原生态关键元素入手。木洞山歌的原生态元素包括传统歌种（高腔、矮腔、平腔、花禾籁、罗儿调、小调、号子和盘歌）、基本曲调、歌词（主体歌词结构、衬词、韵脚）、唱腔。二是坚持原生态发展的观点。木洞镇保护木洞山歌的原生态元素抓住了三个关键环节，即新传承人培养教学时，必须教授项目的原生态本体技艺技法；创造项目成果（作品）时，充分利用原生态元素；注重木洞山歌资料收集、整理、管理。2005 年以来，木洞镇先后选择 200 多首传统木洞山歌制成光盘予以长期保存，并发放给新老传承人进行传承；编制《木洞山歌》等理论专著或《木洞山歌集》，进行原生态资料保存。

理论研究 理论研究是木洞山歌非遗保护的亮点工作之一。木洞镇在市、区非遗保护中心的支持下，先后组织市、区级专家参加的理论研讨会 15 次，为木洞山歌发展把

木洞山歌数字化资料（2018 年）　　蒋效伦　摄

脉定向；组织专门人员编写出版《木洞禾籁》、《木洞山歌》（音乐教材，上、下册）等书籍。

成果和荣誉　木洞镇小学将广为流传的《螃蟹歌》《割草歌》《砍柴歌》《木洞榨菜好吃得很》等山歌编成小故事，边讲边演，让学生们欣赏、学唱；创作的山歌剧《多样的小队活动》，在市、县调演中荣获二等奖。

在传统演唱形式的基础上，木洞山歌手创作了《歌唱木洞好地方》《家乡大变样》《铁树开花水倒流》《干劲大得很》《红花绿叶调》《山歌飞出心窝窝》《进城路上》等单支山歌和《丰收大联唱》《筑路英雄大联唱》《木洞情歌大联唱》《木洞禾籁大联唱》《劳

木洞山歌教材（2018 年）　　蒋效伦　摄

动号子大联唱》《木洞新气象》《赶场》等联唱山歌。这些单支和联唱山歌，使木洞山歌从田间院坝走上文艺舞台，其中多数歌词和曲谱在报刊上发表或出版成册，在广播电台和电视上播放，部分被收录进具有较高学术水平和价值的著述。《中国群众文化辞典》（湖南文艺出版社，1992 年）载录了“木洞山歌”词条。《中国歌谣集成·重庆市卷》和《中国歌谣集成·重庆市巴县卷》载录了 60 多首木洞山歌。

木洞山歌在省、市、县的赛事活动中获得 10 余次大小奖项，其中白炳成《干劲大得很》获市级奖。1987 年，全国 12 家省级电视台联合摄制的民间音乐国际文化交流片《西部之声》，共选录 4 首重庆民歌，其中 1 首便是木洞山歌《太阳出来喜洋洋》（罗儿调）。20 世纪 90 年代摄制的电视剧《聂荣臻》，木洞山歌手潘中民演唱的石工号子，为该片的片头音乐。20 世纪 90 年代初，由白炳成等人演唱的《两亲家进城》，参加重庆市个体劳动者协会举办的文艺调演，荣获创作、表演二等奖。木洞小学演出的山歌剧《多样的小队活动》，参加重庆市少年儿童文艺调演，荣获创作、表演二等奖。1992 年 5 月，木洞山歌队参加在成都举办的“望丛国际歌会”，禾籁和劳动号子博得阵阵掌声。2001 年春节，木洞山歌参加重庆市民间艺术节，在海洋公园连续演出 3 天，每场都获得观众的热烈掌声，受到多家媒体的关注。自 2009 年以来，木洞山歌曾三进中央电视台。

木洞山歌在中国台湾和国外也产生了较大影响。20 世纪 90 年代初，台湾艺术大学教授许常慧一行 5 人考察木洞山歌，听了川江号子后，对其大加赞赏。在看了木洞山歌对抗赛的录像后，其中有一首与台湾高山族民歌接近，便带回去进行比较研究。1990 年河北藁城耿村国际民间故事研讨会期间，由木洞山歌手江开才演唱的川江号子和高腔禾籁，引起了国际民间艺术家的关注。联合国教科文组织顾问、国际民间艺术专家、日本广岛大学国际学部和大学院国际学研究科教授加藤千代听后，盛赞木洞山歌的独特魅力。

旅游

木洞“两山两水，拥山临江”，江中两岛的特殊地理环境和悠久的开发历史，造就了众多别具一格的自然、人文景观。随着三峡工程竣工及库区蓄水、重庆近郊旅游开发，木洞镇正处于重庆市近郊黄金旅游的优势地带。2010年，木洞镇邀请重庆市农业学校和市、区旅游观光部门制定《木洞镇2011—2020年旅游发展规划》，经过多年的建设发展，木洞旅游现已具有生态农业观光游、古镇游、宝岛游三大项目。

旅游资源

木洞镇旅游资源丰富，其风景名胜、古镇老街、文物古迹等独具魅力。

自然景观

木洞十二景、九狮汇、两河两岛风光、长延坪美景等，是享誉巴渝的自然景观。

木洞十二景 狮子洞 位于木洞镇西的狮子岩，左傍王家岩，洞深不见底；右邻文昌宫，狮头北望长江罐口，狮尾鞭指小河岸边，虎踞雄伟，威震山林。洞边青冈林立，杂草丛生。相传建造禹王庙时，急需木材，东寻西找，颇费周章，后到狮子洞探幽，发现藏有木材，认为是佛缘所致，创一方之奇迹。后来，庙成木尽，岩洞依在，乡人前往观赏，传为地方掌故，“木洞”因此而得名。

官斗山 距木洞东南八里许，呈一方圆之地，有异峰突起，形如北斗星。传说掌管人间文运的魁星，手握如椽大笔，飞行于彩云祥雾间，随意挥洒，落墨如金，故而官斗

官斗山住宅遗迹（2018 年） 蒋效伦 摄

箭滩（2019年） 胡特 摄

山成。官斗山古树参天，景色迷人，故有大户人家在山上建住宅居住，今仍存。

长石梁和箭滩　长石梁位于长江木洞段，由两个相对的石梁构成。长石梁下方如箭，当地人称奇，赞其“青滩、泄滩不算滩，当不上木洞一箭滩”。木洞箭滩飞流疾下，一泻千里，大江至此，普沱山崖阻其右势，尖子山麓遏其左流，及至船出滩口，船工们往往冷汗涔涔。

芭蕉屋基　位于木洞镇郊7千米处，因有三五茅舍、数亩芭蕉而得名。芭蕉屋基上走庙垭口直通双河场，与团鱼沱相望，是山里人进城的捷道。明清时期，木洞无汽轮驶渝，鸡鸭商贩肩负进城，往往中途住宿，芭蕉屋基应势而兴，设鸡毛店，留宿过往旅客。

普慈岩　木洞镇东半里许有一突出的崖嘴，临江而立，陡峭险峻。崖上设导航灯塔，指引往来船只平安过滩。普慈岩有一庙、一轩、一洞三景。庙与轩早已毁坏，今只存一棵百年老榕树荫蔽半里，临江俯瞰江水横流。普慈洞洞窟幽深，凉爽宜人，传说曾有一乞丐长期在此居住，诡异神秘，常吸引好奇者前往探询。昔日，每当暑夏，名商巨贾、文人学士纷至沓来，或参神拜庙，消暑纳凉，或凭栏眺江，临池流觞。如今为一处山林胜景，秀色可餐。

仰山寺　属原巴县太和乡天星寺下院，位于仰山之上，群山低次，万松环抱，金银桥跨其左，土桥扼其右。自桥扶摇直上有磴过百。仰山寺红墙碧瓦，山门前白马倚立，彩绘一新。寺内有花苑，梅、菊、兰、桂、牡丹等名贵花种尽在苑中。

大石堡　距木洞镇东南1000米，雄踞于箭坡之上，是镇锁木洞的咽喉之地。大石堡上建有一座琼楼画阁，流苏斗拱，四角翘立。相传大石堡下藏有金鸭，法国天主教一传教士到其地探询，发现为俯卧蹼石，有三四个，如累卵或牛犊状。民国初年，木洞商会在堡上建亭，游人和当地百姓常于亭间极目远望，近可观芭蕉犀基与苏家浩水滨，远可及涪陵区区貌。

白龙沱　箭滩下游一龙潭。传说潭中藏有一条蛟龙，常望箭滩而拜月，戏夺骊珠而穿走腾跳，吞噬了无数行船（事实是上下行船时，常因逐放急流而翻船）。二郎神听闻后上奏天庭，率黄巾力士将其擒获，镇服于江口，从此白龙不敢造次。之后，过往行船再没有被吞噬。经查，枯水最严重时，潭底确有龙状的石梁。

上观　道教寺观，距离木洞镇5000米，坐落在密森中。观内梅花最盛，树老而形奇，每到梅花盛开时，繁花似锦，芳香数里，为游人向往之地。

官渡口　木洞濒临长江南北两岸咽喉之地，波涛冲霄，水流如注，木洞巡检司曾驻节于此，上下过往商旅，济岸盐载，每艘货船必到此验关取证。相传，一船公年逾花甲，须发皓白，但精神矍铄，昼夜载客，勤渡不倦。该船翁为昔日太平天国石达开率太平军入川取道利川、石柱、涪陵，攻战巴县丰盛、二圣、迎龙、长生，继而转战到的娃娃兵，后隐逸民间，于此呼渡。于是人们又称其为“中江呼渡”。船翁留下的“滔滔江水因何恨，浪卷千年气不平。历史写就一面镜，龙蛇等同不分明。将星陨落风云散，血喋沙场白骨冷”，至今仍被人们颂唱。

“九狮汇”奇观　“九狮汇”并无狮，源于过去从事堪舆的术士（俗称“风水先生”）对木洞独特的山水格局和地形地貌仔细勘察之后，附以龙脉之说所形成的堪舆理念。他们将木洞四周的山峦状貌及其所处位置，说成是有九头神狮会聚木洞，而使木洞成为世间难得的一块风水宝地。

东“三狮”　一是苏家浩之“坝垴”，即桃花岛上最高的山，形似昂扬的狮首，与木洞镇街遥相对望，系坐卧于江心的护卫神狮，为木洞之砥柱。二是长坪山上墙院村马鬃岭。该处松林茂密，似青鬃骏马，更如披毛神狮，鸟瞰木洞，雄踞其东。三是保安村官斗山。山体浑圆，山势突兀，状似狮头。东边有三头狮子，一字排列，中间的狮子略为后突，颇有天宇三台星排列之貌，前人因此而言天星化作狮子落入凡间护卫木洞，为木洞平添些神奇。

南“三狮”　镇街南侧，矗立三山，一为山王顶，二为尖顶坡，三为鹰嘴岩。山王顶因形似老虎头而得名，前人将其神化为狮，意蕴更胜一筹。尖顶坡，自木洞涧上垭口处逶迤上行，直至山顶，有石突出，石下为悬崖，形同狮头，酷似尾东头西的神狮坐卧于镇街南侧，成为磐固“屏障”。鹰嘴岩南侧稍远处有一石如苍鹰之喙，前人因此认为鹰嘴岩是南“三狮”的狮头。

西北“二狮” 一是土地垴，镇西侧五布河西岸有一石山屹立，岩悬西向，雄踞如狮。传说该地为土地神栖身之所，故名。人们在其旁修土地庙，使此传说更为有据。二是狮子岩，与土地垴毗邻。岩有圆石，石顶泥土，树竹簇丛，状似狮首，北望滔滔长江，其身略蜷，尾部鞭指五布河。旁有文昌宫，供奉文昌帝君。宫门侧观，与官斗山遥遥相望。北“一狮”位于江北区五宝镇马岭坪，顺江而伸向木洞镇北长江罐口乱水之滨，气宇轩昂，颇似一头硕大的神狮。虽不面向木洞，木洞却能感受到它的凛凛神韵和盈盈气息。木洞乡民历来认为，正因为有此狮的守护，木洞才得以长久安宁。

河湖岛屿风光 木洞镇境内的主要河流是长江，木洞段全长 10 千米，河面最宽处在桃花岛上端约 2000 米，最窄处在明月峡，约 200 米。长江经广阳坝进明月峡，入木洞镇境，向东流经板凳角到箭滩处，主流向东北桃花岛小沱子，支流从紫金山流经桃花岛内浩到小沱子与主流汇合后进入双河口镇境内。长江木洞段的白龙沱和桃花岛、中坝岛二岛历来为巴渝胜景。

桃花岛 本名苏家浩，是长江第三大岛。因岛上多水蜜桃树，每年春天，桃花漫山遍野，因而人们亦称之为桃花岛。桃花岛位于重庆朝天门港下游约 40 千米的长江中，

桃花岛（2019 年） 胡特 摄

其西向江北区五宝乡，间有约2000米宽的长江航道；东向木洞镇庙垭村，间隔1000余米宽的内河。枯水季节，有5座石梁横卧内河与陆地相连。三峡工程竣工并蓄水后，石梁被淹没，桃花岛成为库心中的一座孤岛。全岛面积334公顷，南北走向，西高东低，长3250米，最宽处1150米，海拔最高点的尖山子310.5米，土质为沙壤土、黄壤土、页岩土，宜于多种作物生长。

中坝岛　位于中坝村，在桃花岛以北，全岛面积0.96平方千米。中坝岛以种植蔬菜为主，是重庆有名的蔬菜基地之一。中坝岛依山傍水，山清水秀，是长江上游不可多得的江心岛。岛上水、电、通信、闭路电视等基础设施齐备，还保留有明代建筑万寿宫、中国海军军官学校库房遗址和原中坝农业职业中学校址。随着三峡工程竣工，水位上升，该岛作为库尾的一处孤岛，更加秀色迷人。

五布河　木洞镇第二条河流，木洞段长17.6千米，沿南向北蜿蜒穿越木洞镇境。两岸青山起伏，河沿翠竹成带，四季常青，风景迷人。

青年湖　位于院墙村水库，1958年动工修建，1966年建成，坝高13米。1975—1979年扩建，扩建后坝高18米。

山寨　过去，木洞山寨多，至今得以保存或部分保存的有普安寨和长坪大寨。

普安寨　位于钱家湾村潘家湾。2013年，住房城乡建设部、文化部批准其为传统村落保护对象。普安寨始建于清咸丰五年（1855）。当时，以胡际清为代表的胡氏家

中坝岛远景（2019年）　　胡特　摄

普安寨寨门（2018 年）　蒋效伦　摄　长坪上的自然村落（2019 年）

族有“四大帮”之称，分别是胡际清、胡南辉、胡学州、胡昭泽。胡氏家族极为富有，金银财宝、粮食富足。于是，胡氏雇请匠师曹大元、胡街工（外号）修建普安寨，以防周边佃客[①]遭当地土匪抢劫。普安寨占地面积约6600平方米，分上殿和下殿，有天井 3 处、四合院 3 处，整体建筑为土木结构，穿斗斜山式，上殿风叶花格窗，殿中木柱，中庭四合院正面石柱 4 根，院内整体基石，石材良好，少见风化。其围墙高 4 米，最宽处 3.5 米，最窄处 2 米。寨墙上设有部分房屋瓦架，配有座灯远照，有炮楼和炮台，前后城门坚固，门拱顶有“大清咸丰五年乙卯顺，地主胡际清，匠师曹大元”石刻文字。

长坪大寨　长坪起于木洞镇政府驻地南 4 千米，五布河西岸北延 20 余千米处，宽约 5 千米，海拔 540 米。台地平坦，林木茂盛，田连阡陌，自然村落密集，住有很多大户人家。其四周，或是悬崖石壁，或是土石陡坎，间有隘口通往周边地区。清咸丰年间（1851—1861），住在石朝门的杨家、陆家岩的陆家、官斗山大湾的蒋家、墙院的马家、岩碥的李家和田坝的张家等联合起来，出粮出钱，共同在上山的必经路口修筑了海眼寺寨门、显应岩寨门、大田坎寨门、佛耳岩寨门、城门洞寨门、尚龙岗座寨门、石观楼寨门、永定门寨门、围子堡寨门、陆家岩寨门、蒙子岩寨门、马鬃岭寨门共 12 座寨门以

① 佃客：地主土地的租佃户。

牟铎 摄

保定门（2018年） 蒋效伦 摄

太和门（2018年） 蒋效伦 摄

防匪患。12座寨门分别修在四周通往坪上的必经之路上。这些寨门与天然岩坎构成周长32千米的护墙，护墙将长延坪围合成一座大寨。大寨寨门坚固，具有防卫功能。从木洞山峭湾经保安村到长延坪的石板大路，是当时到长延坪的必经要道之一。在保安村与长坪的交界处修有一道寨门，名保定门，四周悬崖峭壁，地势险要。现在，保定门城门洞保存完好，“保定门”三个大字清晰可见。保定门寨门用四条巨石做成门框、门墙。城门上四周是平台，平台上用石头砌成台阶，设有枪眼和瞭望台。除保定门外，其他如石观楼、马鬃岭、海眼寺、蒙子岩、大田坝等寨门洞尚保存完好。

明末清初，长坪分上、下两半坪，即原新民、上观、水坝、墙院村为上半坪，高石、沙塝、海眼、岩碥村为下半坪。“湖广填四川”时，从湖北麻城孝感迁移到此地的蒋姓居住在上半坪，余姓居住在下半坪，故有“蒋半坪”“余半坪”之称。长坪大寨西南角有一座寺庙，名蟹眼寺。蟹眼寺香火旺盛，到此进香者络绎不绝。人们在五布场修了一条石板大道通往寺庙，后于咸丰年间建造大寨时，在此处修了一座寨门，名海眼寺寨门。

文物遗址 木洞镇域现存重庆市文物保护单位1处（杨苍白故居），巴南区文物保护单位2处（海军修械所档案库旧址、万寿宫）、文物点106处（古建筑36处，古墓葬45处，古遗址5处，近现代重要史迹及代表性建筑9处，石窟及石刻11处），历史文化街区1处，即木洞老街。

2007—2011 年第三次全国文物普查木洞镇重点文物统计表

表 1

名称	年代	类别	地址
佛尔岩城门	清	古建筑	海眼村一社
何家祠堂	清	古建筑	庙垭村豚溪口社
保定门	清	古建筑	墙院村关斗山 36 号
木洞福音堂	清	古建筑	木洞镇解放路 107 号
太平寺前殿	清	古建筑	水口寺村三社
卢家堂院子	清	古建筑	松子村卢家堂社
苏家院子	清	古建筑	前进路 124 ~ 126 号
保定寨	清	古遗址	景星村七社
铜鼓坪寨	清	古遗址	栋青村四社
佛耳岩寨	清	古遗址	钱家湾村大竹林社
人和寨	清嘉庆年间（1796—1820）	古遗址	庙垭村豚溪口社
望江洞岩居	嘉庆五年（1800）	古建筑	庙垭村豚溪口社
宝塔寺客堂	嘉庆十年（1805）	古建筑	水口寺村雷家湾 136 号
长坪寨太和门	清咸丰九年（1859）	古建筑	墙院村 16 号
碑湾碉楼	民国	近现代建筑	保安村三社
商会碉楼	民国	近现代建筑	保安村一社
黄桷垭碉楼	民国	近现代建筑	庙垭村五社

石刻造像 木洞地区地处长江之滨，水涨水落与人们的生产生活关系密切，人们对水的漫溢消落十分关注，通常趁洪水消去或枯水时节，将当年水位用文字或图像标示出来，镌刻在石梁、石壁或其他石质上，成为研究水文的珍贵资料。至 2011 年 12 月，在木洞镇辖区发现的水文石刻有：

清同治九年（1870）苏家浩村八社尖山子水文石刻，长 1.8 米，宽 1.2 米，水位高

尖山子水文石刻（2018 年） 蒋效伦 摄

程 189.03 米。其碑文内容为："庚午年，大水记，一八七〇年，同治九年六月二十日。"

同治九年钱家湾村（汪家坪）八社桐子林水文石刻，其碑文内容为："周训昌，今修永垂千古，大清同治九年庚午闰十月六日、十七日，木洞洪水到此，小河让至母猪岩上，让大口塘二十一日退。年岁好，永记为平，永万□□，公元一八七〇年。"

清光绪三十一年（1905）苏家浩村水文石刻，水位高程 183.98 米。其碑文内容为："大水记，乙巳年七月十一日立。"

清乾隆五十一年（1786）苏家浩村水文石刻，水位高程 181.154 米。其碑文内容为："乾隆五十一丙午年六月二十一，山水长上，好年成。"

乾隆五十四年（1789）土地塆村观音岩水文石刻，水位高程 186.34 米。其碑文内容为："戊申年六月十八，涨水碑记，己酉年月立。"此处碑文所刻"戊申"为乾隆五十三年（1788），"己酉"为乾隆五十四年。"戊申"之所以定为乾隆五十三年（1788）戊申，是由巴南沿岸洪水记载得出，当年的洪水起于六月，上述题刻的月份与此相同。洪水发生的第二年，即乾隆五十四年己酉立碑在情理之中。

木洞镇具有较高历史文化价值的摩崖石刻造像还有紫金山、普慈崖、显应寺、狮子岩、佛尔岩等处。紫金山石刻造像位于保安村盐溪口南 70 米处，始建于清嘉庆二十一年（1816），规模为三龛摩崖石刻造像，呈横向排列，左右长 40 米，上下高 6 米，距地表 6 米，形制圆形。二号龛高 1.5 米，宽 0.8 米，厚 0.3 米。周围环境，前为长江，后为耕地，左侧 70 米处有一棵古老的黄桷树。

紫金山石刻造像（2019 年）　　牟铎　摄

宗教建筑

明清年间，木洞镇修建的宗教建筑有蟹眼寺（海眼寺）、万寿宫、仰山寺、慈光寺、栋青寺、东林庵、中江寺、显应寺、福音堂、宝塔寺、文昌宫、万天宫、禹王庙、紫金山、狮子岩、普慈寺、天主堂等。

蟹眼寺　初名海眼寺，位于长坪大寨的西南角，修建于清乾隆十七年（1752）。蟹眼寺一直香火旺盛。建造长坪大寨时，在该处修了一座寨门，名海眼寺寨门，现保存良好。

禹王庙　位于五里长街西端，供奉治水英雄大禹，建于明末清初，四周有十多米的高墙围合。门前是市民街，大门正对五布河与长江交汇处的河口。迈进殿门，顶部便是木制戏楼，殿门正对大殿，供奉大禹，香火旺盛。民国时期，戏楼、耳楼改为小学教室及食堂，正殿为教师宿舍。到20世纪80年代，禹王庙被拆除，改建为两栋教师宿舍楼。至今仍存有临街墙垣。

慈光寺　禹王庙往上走百步石阶便是慈光寺，建于清乾隆年间（1736—1795）。大殿坐落在1米高的台基上，坐北朝南，宏伟庄严，供奉金佛、观音。寺旁边为碉楼，中华人民共和国成立后为木洞区文教组办公室。慈光寺在民国和20世纪50年代均为木洞镇小学所用，其中大殿为礼堂，耳房为教师宿舍。1984年拆除庙房，改建为学校操场。

万天宫　明代建筑，坐落于石宝街与正街连接处的大码头巷子与大巷子之间的十字路口。万天宫供奉的主要神明是川主。川主的含义有二：一是河川之主，因治理江河造福民众而被奉为镇锁江河的河神；二是四川之主，因造福于四川民众而被尊奉为四川保护神。因此，万天宫供奉的主神原型是李冰，后来为二郎神，都与治水导河有关。万天宫规模宏大，占地面积1800多平方米，坐西向东，砖木结构，四合院布局。外有砖结

万天宫旧貌　　徐建宏　摄

构围墙，廊檐有雕刻图案。正殿有戏台，上殿为单檐悬山顶，抬梁式梁架。中华人民共和国成立后，万天宫虽被税务所、木洞粮站打米厂占用，但基本格局保存完好。之后，五省会所、女子学校、贫儿教养院、范绍增出川抗日司令部皆在此。清同治九年（1870），长江发生特大洪水，水位刚好在万天宫门最后一级台阶，为木洞最高洪水位，是长江洪水位的最高纪录。

普慈寺　木洞镇正街在米市口下八洞桥（河街尽头）有一突出崖壁，临江而立，陡峭险峻。崖嘴下石滩直入江中，江对面是羊角背险滩，崖嘴右边是箭滩和长石梁。两滩是长江航道72险滩之最，大江至此飞流直下，浊浪排空。传说观音菩萨到此点化普慈菩萨后，这里便风平浪静。后来，人们在此修一庙、一轩供奉普慈菩萨。普慈寺后来用作航标站。“文化大革命”时期，寺中菩萨被毁，中华人民共和国成立后设立的航标站依然如旧。

显应寺　坐落在木洞镇街南尖顶坡的山崖下，明代建筑。相传，一蒋姓石匠中年得子，孩子5岁时染上伤寒，医治无效，命在旦夕。一天夜里，一位讨饭的老太婆经过他家时，石匠夫妻二人给了老太婆一块咸菜，老太婆便拿出两个药丸给孩子吃，孩子吃后

1994年修复后的显应寺　　蒋效伦　摄

很快病愈。夫妻二人十分感激，问其住处，老太婆说住在山上。第二天，夫妻二人上山四处寻找，忽见一块咸菜挂在一棵小树上，石匠以为是观音菩萨显灵，在挂咸菜处的山崖上雕了一尊观音菩萨像，年年进香。之后此事口口相传，以至进香许愿者络绎不绝，香火旺盛，今亦如此。20 世纪 50 年代，用显应寺拆除的材料建了木洞电影院。改革开放后，百姓自发捐资出力，并得到重庆慈云寺的支持，修复显应寺，寺内有几十尊佛、菩萨像。还在老黄桷树旁修建显应亭，对联为："到此无俗骨无欲无恶无量寿，入门有正气有佛有仙有大成"。1994 年，在重庆慈云寺的支持下，修复显应崖庙，并将其更名为显应寺。修复后的显应寺，大雄宝殿面积 100 平方米，宿舍 4 间 120 平方米，厨房 30 平方米，还有一个院坝。大雄宝殿正位上，为释迦牟尼、阿弥陀、燃灯、观音、普贤、发财、日光、摩佛、财神、药王像；左、右两侧为药师、弥勒、地藏王、金沙利、月光、南海观音、送子娘娘、眼光共 20 余尊像。与大雄宝殿正位并列的还有关圣、大势至、观音、济公、山门土地等数十尊菩萨像。为方便百姓烧香拜佛，还新修了一条从显应寺山门到木洞街与木青公路相连的公路。2007 年，巴南区民族宗教侨务办公室正式发给显应寺宗教活动登记证。

木洞福音堂　位于木洞镇正街新民校内。20 世纪初，西方宗教文化传入国内，木洞镇作为内陆长江水驿，除了五省会所以外，还设有美英日商务代办处，开埠迎商，西方文化也随之传入。之后，木洞修建了基督教堂——福音堂，进行传教活动。20 世纪 50 年代后期停止活动，改革开放以后活动恢复。前任牧师罗德书，1980 年（95 岁）逝世。现任牧师王治菊，毕业于四川神学院，现有教徒 100 多人。

修复前的木洞福音堂（2018 年）　蒋效伦　摄

修复后的木洞福音堂（2019 年）　蒋效伦　摄

木洞天主堂（2018 年）　　蒋效伦　摄

木洞福音堂是木洞风貌保护区内的重点修复保护工程项目，修复保护工程将于 2018 年完成。

木洞天主堂　清光绪九年（1883），一法国牧师在木洞修建天主教堂传教，选址于涧上街下盐店，毗邻何家、罗家、包家三姓盐业巨贾豪宅。天主堂占地面积 2000 多平方米，建有圣堂、神父生活用房、会议室、花园。教堂为土木结构，大门上方是带有欧式建筑风格的三个尖形建筑，中间的尖形建筑上竖有十字架，下方用青花瓦片嵌“木洞天主堂”五个大字。天主堂信奉圣母玛利亚，主教为神父，在此传教的有尚主教、黄神父、骆神父。20 世纪 50 年代，教徒停止活动，教堂改作木洞中学教师宿舍和办公室，直到 1995 年作为危房拆除。1995 年，经有关部门批准，将原木洞乡礼堂作为天主教堂。现有教徒 200 多人。

中江寺　坐落于桃花岛最北端，背靠尖山子，面向长江。建于清康熙九年（1670）。清乾隆元年（1736）进行维修。寺为悬山式屋顶，抬梁式梁架，土木结构。建筑占地面积 750 平方米，呈四合院形制，进深 30 米，宽 25 米，屋高 7 米。中间为正殿，青瓦铺面，前后檐柱，内柱 14 根，用材较多，六棱覆盆式柱础。左右两间小屋，前为院坝，坝下为石梯。后殿普通踏道 10 级，中殿 16 级，上殿 5 级。寺庙雄伟壮观，装饰华丽，屋顶四角翘如展翅。里面供奉的是释迦牟尼和其他菩萨。1954 年分给农户居住，1972 年拆毁下殿、中殿、左右厢房，只存建筑面积 191 平方米，为农户何秀凯私人住宅。2004 年 7 月遭遇暴风雨，房屋整体毁坏。2007 年桃花岛开发时夷为平地，存镇江石塔一座。虽然寺庙现已不存，但“中江呼渡”的人文景观依然吸引着人们不断前往观赏。

紫金寺 位于木洞镇东2.5千米处的紫金山崖壁上。因山上有紫色页岩层，阳光照射时，远远看去呈紫金色；又山上松林茂密，阳光普照时会出现紫金色的雾霭流岚，故人们将该处山崖称为紫金山。石壁上有“紫金山”三个大字。清康熙年间（1662—1722），依山而建紫金寺。“文化大革命”中被毁。后寺庙恢复，香火不断。

白龙寺 位于普慈寺与紫金寺之间的白龙沱山嘴（山脚突出的尖端）上，面对长江，俯瞰白龙沱，平望长石梁。传说潭中有一条白色蛟龙，常兴风作浪，致使无数过往船只葬身龙潭。二郎神闻之，擒获蛟龙并锁于江中。后人们修白龙寺以纪念此事。白龙寺有“白龙锁蛟”的自然景观。

三观堂 由中坝一位名叫刘金山的大地主所建。据说他夫人连生三胎均为女孩，后修三观堂以祈祷生男孩。之后三胎均为男孩，三观堂以此出名。该堂历来香火旺盛。

观音阁 位于中坝岛最东端，有一棵百年树龄的大黄桷树护卫。观音阁临江耸立，势若俯坠，凭窗而眺，江面无限，平畴旷野。虽然观音阁现已断壁残瓦，但笃信者甚多。

桥梁

涧桥 位于木洞镇政府驻地向南2千米的五木河上，其河西是伍家渡，河东是三窍湾。涧桥为明代石拱桥，桥长约80米，宽1.5米，高3米，有12个拱洞。两岸山势雄踞，森林茂密。伍家渡斜坡从河边逶迤至顶端，与其对峙的东岸半山腰有数龛菩萨石刻造像，旁为东岳庙。河床是落差约4米的石滩。石滩上端水势平缓，有船行至杨家洞；石滩下端乱石嶙峋，夏季洪水暴涨时，其势磅礴，常有人畜溺亡。当地人认为是孽龙为害，故造了一把百斤重的铁制长剑放在桥的拱洞洞顶，以降孽龙，保民平安，民众因此称之为“剑桥”。清末，杨沧白回到家乡，写下《重过木洞驿涧桥》诗：“慈竹湾头涧水清，一篙春涨放船平。儿时回忆都如梦，唯有桥滩似旧声。”因此，该桥又被写作“涧桥”。20世纪80年代初，乡贤李华飞回乡时，写下《箭桥·东岳庙》诗：“……箭桥啊箭桥，架起了宽宽的公路一条。我启蒙的学校，松柏林里闹群鹤，有戏台的东岳庙，夏天，偷偷去桥下洗澡……”故该桥又有“箭桥”之名。20世纪60年代，有人取走嵌于石拱桥洞顶的宝剑，至今下落不明。1977年12月，木洞乡拆桥建坝，在该处修建箭桥发电站。20世纪末，在原涧桥附近修建了一座公路桥，亦名涧桥。

1977 年，拆桥建水坝时利用洞桥原拱修建的溢洪道　　胡特 摄

洞桥公路（2018 年）　　蒋效伦 摄

普济桥 位于保安村连家湾南500米处，清代修建。普济桥占地面积150平方米，建筑面积115平方米，单孔石拱桥。桥长24米，孔径7.8米，拱高4.5米。拱券石正面题刻“普济桥”。因该地过往行人较多，为来往方便，行人纷纷捐钱集资建桥，普济民众，造福乡梓，故名“普济桥”。桥顶石刻“大清道光二十五年”。现桥基本完好。

三元桥 位于保安村箭滩沱下方100米处，清代修建。三元桥占地面积45平方米，建筑面积25平方米，单孔圆拱桥。桥长50米，孔径3.5米，拱高2米，以纵悬式砌法建成。拱券石正面题刻“三元桥”。因该桥为毗邻的三庄捐钱所建，又因位于三个圆形山峦凹处，故名“三元桥”。桥顶石刻“大清道光二十七年丁未岁二月初六首事同建”。该桥现为危桥。

升恒桥 又名板板桥，位于木洞镇政府驻地东庙垭村、木洞到双胜公路左30米处，清代修建。升恒桥占地面积48平方米，建筑面积27平方米，单孔石拱桥。桥长9.5米，孔径2.92米，拱高1.45米。拱券石题刻“升恒桥”，桥顶石刻“大清道光二十七年丁未岁仲夏月中浣首事同口”。该桥现为危桥。

永利桥 位于保安村盐溪口处，清代修建。永利桥占地面积295平方米，建筑面积255平方米，单孔石拱桥。桥长47米，孔径7.4米，拱高4.2米，拱券石正面刻“永利桥”，“永利”二字意为永远得到该桥的好处。桥顶石刻“大清道光二十六年丙午仲冬月二十一首事同建”。该桥为木洞镇至沿江麻柳嘴一带的必经之路，曾多次遭洪水淹没。1987年，永利桥被列入全国文物普查范围。

古镇老街 明代，木洞形成“五里长街”的规模。清代和民国时期，木洞镇得到进一步发展，云、贵、川、湘、鄂五省会所和美、英、日在此设立商务代办机构。那时，镇东三峭湾东接石板大道与南川、涪陵甚至黔北相连，镇西石堡街连石板大道与重庆相通，木洞成为水陆交通要冲和川东、黔北物资集散中心。当时的木洞城镇建设，基本与繁荣的商业经济相适应。现在所看到的“五里长街”，西起五布河口小河边的谢家井，沿长江南岸，向东经石堡街至万天宫，再向南直角转继续向西，经正街至米市口，分左右平行东进，左下百余步石级，经八洞桥、新家嘴至水沟街，右经五层坎、四方井、大坪至水沟街，再左右合一，经猴子洞、涧上、陡石梯至三峭湾。正街右侧，有三条巷道通往后湾，后湾为民居和田畴。正街左侧，有万天宫巷子、大码头巷子、“四合一”巷子通往河坝码头。码头上起巴礁岩，下至普慈岩。

木洞古镇老街的数百栋房屋和街道古色古香，房屋呈现出明清、民国、20 世纪 50—90 年代的梯次建筑风格。木洞老街里还有多处庙宇、名人故居，是木洞镇独具特色的旅游名片。

生态农业 木洞镇位于重庆市主城区，土地肥沃，气候优良，有利于发展生态农业。2010 年以来，木洞镇把生态农业发展作为建立都市农业示范区的重点项目，以产业结构调整为契机，大力发展蔬菜、花卉、林木、水果种植业和水上林下养殖业。

生态农业观光游

木洞镇乡村地域广阔，旅游资源丰富，亦属城市近郊，具有发展生态农业观光游的独特优势。生态农业观光游的建设发展，将进一步带动木洞农村各方面基础设施建设，成为拓展农业多功能性、促进资源高效运用、满足新兴消费需求的朝阳产业。从宏观角度看，生态农业观光游的开发重点是发展以都市农业为主项的休闲观光农业，以美丽乡村建设为重点的自然生态保护，以民俗风情体验为主体的传统文化活动开展。从微观角度看，木洞生态农业观光游建设的要点是加强或完善农村交通基础设施建设、农耕体验区建设、绿化建设、高中低档农家乐建设、民俗文化保护、环境治理以及传统美食或绿色食品开发等。

基本模式

木洞乡村旅游的发展模式主要有“公司 + 农户”、“政府 + 公司 + 农村旅游协会 + 旅行社”、“农户 + 农户”、股份制 4 类模式。

“公司 + 农户”模式 该模式通过引进有经济实力和市场经营能力的企业，进行公共基础设施建设，改善环境，指导乡村居民开发住宿、餐饮接待设施，组织村民开展民族风情、文化旅游活动，形成具有浓郁特色和吸引力的乡村旅游产品，吸引和招徕国内外旅游者。该模式因为充分考虑了农户利益，所以在社区全方位参与中

带动了乡村经济的发展。同时，还可演化成“公司＋社区＋农户”开发模式，公司先与当地社区（村）进行合作，通过村委会（居委会）组织农户参与乡村旅游，公司一般不与农户直接合作，但农户接待服务、参与旅游开发则要经过公司的专业培训，并制定相关规定，以规范农户的行为，保证接待服务水平，保障公司、农户和游客的利益。

“政府＋公司＋农村旅游协会＋旅行社”模式 该模式通过合理分享利益又各司其职，政府负责制定乡村旅游规划和基础设施建设，优化发展环境；乡村旅游公司负责经营管理和商业运作；农村旅游协会负责组织村民参与民俗文化表演、导游、工艺品的制作、提供住宿餐饮等，并负责维护和修缮各自的传统民居，协调公司与农民的利益；旅行社负责开拓市场，组织客源，避免乡村旅游开发过度商业化，保护本土文化，增强当地居民的自豪感，从而实现乡村旅游可持续发展。

“农户＋农户”模式 该模式基于农户对企业介入乡村旅游开发有一定的顾虑，大多农户不愿把资金或土地交给公司来经营，他们更信任当地的示范户。在示范户的带动下，农户纷纷加入旅游接待的行列。该模式虽然受管理水平和资金投入的影响，带动效应有限，但开发投入较少，乡村文化保留最真实，游客花费少且能体验到最真实的当地习俗和文化。

股份制模式 该模式采取国家、集体和农户个体合作方式，把旅游资源、特殊技术、劳动量转化成股本，收益按股分红与按劳分红相结合，进行股份合作制经营，有利于农民通过土地、技术、劳动等形式参与乡村旅游的开发。通过股份制乡村旅游开发，把社区居民的责（任）、权（利）、利（益）有机结合起来，引导居民自觉参与保护他们赖以生存的生态资源，从而保证乡村旅游的良性发展。

木洞乡村游的经营模式主要为4类。

个体农庄 通过对自己经营的农牧果场进行改造和旅游项目建设，将手工艺、表演、服务、生产等形式融入服务业中，使之成为完整意义上的旅游景区（点），完成旅游接待和服务工作。

主题农园 形成教育农园、市民农园、租赁农园等多种形态，承载农旅结合的农事参与、自然教育和DIY创意空间等功能。

企业庄园 承载企业董事会议、商务谈判、员工奖励度假和旅游景观房产等功能。

产业庄园 集生产、研发、销售、交流、教育和旅游为一体的现代化农庄，既体现产业化生产特点，又满足服务性企业的需要。

除了以上4类主要经营模式外，还有如民俗村、农家乐、特色村寨及其群落和科普教育基地等其他经营模式。

总体布局 根据木洞镇地形地貌特征、农业产业分布状况，结合木洞镇总体规划，根据邻近性、整体性、系统性、有机性的空间组织原则，将木洞镇休闲观光农业发展布局定位为“围绕长坪山、明月山两大片区的空间结构形态，打造都市农业休闲观光园和现代果蔬采摘园”。

景区景点

长坪景区 位于木洞镇政府驻地南4千米处，起于五布河西面，北延20多千米，至豚溪口止。其景点颇多，主要有12道古寨门、蟹眼寺遗迹、上下坪田园风光等。

上下坪田园风光 长坪面积16.70平方千米，台地平坦，林木茂盛，田连阡陌，盛产稻米，是远近闻名的富庶之乡。长坪是木洞镇优质水稻种植区，种有优质水稻上万亩，春可闲情逸致于百鸟朝凤和烂漫山花中，夏可品鉴韵味无穷的传统农耕技艺和天籁般的木洞薅秧山歌，秋可饱览无边无际的金黄稻谷和体会农家丰收的喜悦心情。

十二寨门 长坪本身就是一座大寨，周围曾有海眼寺寨门、显应岩寨门、大田坎寨门、佛耳岩寨门、城门洞寨门、尚龙岗座寨门、石观楼寨门、永定门寨门、围子堡寨门、陆家岩寨门、蒙子岩寨门、马鬃岭寨门共12道寨门。这12道寨门虽然因各种原因部分损毁，但自2016年以来，木洞镇开始对其中的海眼寺寨门、显应岩寨门、佛耳岩寨门等8道寨门予以修复，2018年内将完成全部寨门修复，并对游客开放。

海眼丰雨谷原生态农庄 该项目由重庆平克农业发展有限公司投资建设，2009年入驻海眼村，流转土地1323.8亩，项目总投资1.295亿元。2009年启动建设，2011年建成。海眼丰雨谷原生态农庄是集农事体验、农业观光、产业示范、农业推广和学习培训为一体的原生态休闲农业庄园。项目总体布局为体验采摘农场、生态示范农场、生产观光农场“三场”，最突出的旅游项目是800亩草莓反季节种植和采摘的丰雨谷草莓基地。基地内建有宾馆、休闲娱乐区、垂钓区，交通设施完善，一年四季游客络绎不绝，经济效益良好。

农家乐 长坪景区有多个农家乐，典型的有山里人农庄、杨杨农家乐、张五农家乐，集餐饮、住宿、娱乐为一体。饮食方面，粮食、蔬菜全为无公害自种，鸡、鸭、

海眼丰雨谷原生态农庄（2018 年）

鱼、鹅、猪、羊等食材也是无公害自养。

青年湖景区 位于杨家洞村，有青年湖、山水牧歌生态休闲农业示范基地、求索园、青年湖农场等特色景点。

青年湖 位于栋青村，属于小（1）型水库。青年湖四季碧波荡漾，湖中小岛白鹭成群，湖面四周水草青青，是木洞地区集餐饮、娱乐、旅游、休闲及观光农业为一体的旅游景点。

甘红兵　摄

山水牧歌生态休闲农业示范基地枇杷园（2018 年）　蒋效伦　摄

山水牧歌森林学校（2018 年）　蒋效伦　摄

山水牧歌生态休闲农业示范基地　山水牧歌项目位于杨家洞村，由重庆陌上春秋农业开发有限公司投资建设，是集绿色农业、科技展示、休闲体验和学习培训于一体的生态休闲农业基地。项目占地面积 1500 亩，静态投资约 1.6 亿元，2016 年建设，重点打造优质苗木体验区、创意农业体验区、绿色蔬菜体验区、优质果树体验区、生态湿地体验区等六大功能区。项目投产后，产品收入包括优质果蔬、花卉苗木、乡村旅游等。至 2011 年年底，已带动农户 179 户，吸纳农村劳动力 100 人。

求索园（2018 年） 甘红兵 摄

青年湖农场枇杷园（2018 年）
甘红兵 摄

移民新村农业风情园（2018 年）
蒋效伦 摄

求索园　位于栋青村 3 社，占地面积 500 余亩，总投资 8000 万元，一期建设面积 286 亩。项目执行前，投资方于 2009 年 11 月在栋青村租地 286 亩，成立重庆圣新创意农业开发有限公司，前期投资 650 万元，对河沟及周边进行整修。在此基础上，围绕青年湖展开，设计不同风格的生态园林，以主要水系和道路为主线，景观贯穿其中。总体布局分为农业成果展示区、水体景观区、苗圃栽植区、水上种植养殖区、游乐园区。项目建成后，年利税达 500 万元，可长期解决当地农民就业 80 人，短期就业 300 人。

青年湖农场（瑞普现代农业观光园）　位于栋青村，已流转土地约 1000 亩，总投资 3000 万元。总体布局为“一心四区”，即综合接待中心，生态鱼类垂钓区、香桃种植垂钓区、柑橘种植体验区、枇杷种植体验区，是集农林科技展示、休闲体验和学习培训于一体的现代生态农业园区。

移民新村农业风情园　位于庙垭村，规划占地面积 530 公顷，实际占地面积约 450 公顷，主要种植可四季观赏的花卉及中药材，以多个垂钓区为点缀。

金银花、甘草药材种植区　以金银花种植为主体，行间套种甘草。金银花开放时香飘四野，花开时节可吸引大量游客参与采收体验；套种甘草能够增加药农收入，游客亦可以进行采收体验。

花田垂钓园　利用约 450 公顷水面的水库和山坪塘，使用有机饲料养殖生态鱼，并在鱼塘周边坡地上种植各种花卉，以提升垂钓者的垂钓兴致。现种植的花卉有千日红、秋英（又称波斯菊）、薰衣草、虞美人、萱草、一串紫、长春花等。

古镇游

2015年5月31日，重庆市规划局正式发布《重庆市历史文化名城保护规划》，木洞镇“五里长街”被纳入重庆市巴渝传统风貌保护区。2017年2月23日，重庆市人民政府正式批准木洞镇为重庆市历史文化名镇。重庆市关于木洞古镇风貌区保护目标为：“为挖掘和传承木洞老街历史文化，通过对木洞传统风貌区的整体保护，整体提升木洞传统风貌区空间品质，使之成为重庆市、巴南区文化旅游产业的重要组成部分。”木洞古镇游及其开发具有四大优势：一是具有政府行为，不存在开发资金缺乏的问题；二是在重庆市的古镇中，除了磁器口镇外，距重庆主城区最近，是全市短程旅游的最佳选择地之一；三是文化底蕴深厚，是重庆市其他古镇难以企及的；四是各类旅游资源集中，有利于提升旅游产品质量。

木洞古镇游随着木洞古镇保护工程而逐步展开。木洞古镇保护分为三大主体工程，即木洞滨江大道建设工程、河街（仿古一条街）配套建设工程、五里长街（传统风貌保护区）恢复保护工程。双向四车道的木洞滨江大道于2014年建成通车；长900米的仿古一条街木洞河街于2016年12月开街；五里长街的恢复保护工程有序开展。

老街游览区

木洞老街是目前重庆主城内为数极少、保存完好、成规模的历史片区，历史文化底蕴深厚，2015年被公布为重庆市5个传统风貌区之一。五里之规模、古色古香的建筑、古老的街巷、众多的会所和名人故居，值得人们前往游览。

蔡家碉楼 又名沈家碉楼，建于1938年，位于木洞镇前进路56号，为木洞桐油商人蔡恩荣（商号“歉吉”）的私人建筑。占地面积1100平方米，建筑面积900平方米，坐南向北，由木构穿斗老屋、碉楼及花园三部分构成。抗日战争时期，国民政府租用此处，用作存放海军修械所文书、档案的仓库。海军修械所档案库于1946年搬走后，蔡

家将碉楼转卖给沈炳轩，故该碉楼又称为沈家碉楼。碉楼现为三层一底庑殿顶土木结构，平面为正方形，边长 10.1 米，通高 13.5 米，中心砖柱上架十字梁，每层有木质楼梯连接，三面开窗，每窗两扇。室内松木楼板，底楼临街门框用长条石砌成，大门为木质铁板门，门厚 9 厘米，宽 0.79 米，铁板厚 5 毫米，高 2.62 米。底楼高 3.5 米，二楼高 3 米，墙体厚 0.9 米，四面楼层各设两个长方形弹孔。后院老宅为穿斗式木构房屋，面阔五间，小青瓦屋面。花园内有方形供水池。蔡家碉楼是巴南区新发现的一处保存较为完整的抗日战争时期文物。

杨沧白故居 2000 年 9 月 7 日，重庆市人民政府公布杨沧白故居为市级文物保护单位。至 2017 年，先后进行多次维修，建成“秀句兼丰功，辉映同盟史”——杨沧白生平事迹展馆。该馆展览共分六个单元。第一单元为“蜀士建汉业，予亦乐执鞭”，讲述杨沧白的成长环境以及最初的革命活动；第二单元为“蜀军政府建殊勋”，介绍杨沧白等人在重庆发动革命、成立蜀军政府的史实；第三单元为“九死犹能为国谋”，展示杨沧白在辛亥革命后，追随孙中山继续革命的事迹；第四单元为“风前几垂柳，海上一孤松”，讲述杨沧白在孙中山逝世后，淡闻政治，隐居于北京、上海，潜心研究诗文的经历，同时还介绍杨沧白在抗战时期严词拒绝汪伪诱迫，辗转返回重庆，并终了故里的曲折人生；第五单元为“巴山渝水颂先贤”，展示杨沧白逝世后，社会各界在不同历史时期以不同方式对其的纪念和缅怀活动；第六单元讲述杨沧白的生平事迹。整个展览分布在杨沧白故居的四间小居室，共使用图片 150 张、文物原件及复制件 31 件。展览设计人员在故居的另外三间小居室进行场景复原，展示杨沧白的家庭起居和日常生活状况。巴南区文物保护管理所征集、调用文物展品 46 件用于实物展。展馆还设报刊、网络、

蔡家碉楼（2018 年） 甘红兵 摄

修缮后的杨沧白故居外观（2020 年） 姚佳 摄

修复后的丁雪松旧居（2020年）　姚佳　摄

黄启璪故居黄家大院（2018年）　甘红兵　摄

李华飞故居（2014年）　向立林　摄

电视新闻媒体关于杨沧白及展馆的大量专题报道和介绍。

丁雪松故居　位于木洞镇石堡街331号。面阔14.8米，进深17.1米，占地面积约191平方米，为清末修建的民居。丁雪松幼年曾在此居住生活。该建筑坐东北朝西南，平面呈不规则形状。悬山式小青瓦屋顶，穿斗式木构架，木板或竹编隔断，褐色黏土夯实地面，青砂石砌筑房基。

黄启璪故居　位于木洞镇解放路118号。面阔19.9米，进深32.7米，占地面积650平方米。该故居是一处清末修建的民居，坐东南向西北，四合院布局，由门楼、正厅和左右厢房组成。悬山式小青瓦屋顶，穿斗式木构架，外围有青砖灌斗墙体围合，内部由木板或竹编隔断，褐色黏土夯实地面，部分保留有隔潮地板，青砂石砌筑房基；房屋正门呈“八”字形，天井四周用条石镶嵌，正厅房顶脊饰有“寿”字形瓦雕；正厅及厢房立面保留有部分隔扇、雕花。

李华飞故居　位于木洞镇东700米新家嘴，为清代建筑。独立小院，坐南朝北，占地面积200平方米，正面宽18米，进深8米。正面房屋排列4间，右边向外并列伸出2间，外围院墙高2米，前有院门，屋前为正大门，一楼一底2层；墙体白石灰砖混结构，有木楼和阳台，斜山式屋梁房架；有石梯台阶2处，地面为三合土。

木洞商会和巴县银行木洞办事处 木洞商会位于木洞正街。通过实物、图片和影视等方式，展现清末民国初木洞商界油、盐、糖、酒、屠宰、木、药材、棉纱、白布、杂货、粮食、旅栈共12个帮口，油业、盐业、糖业、酒业、绸布业、棉纱业、粮食业、榨菜业、百货业、山货业、屠宰业、民航业、餐茶旅栈业、经纪业共14个同业公会以及中华人民共和国成立后演变为木洞公寓的历史过程。同时也可一睹20世纪30年代木洞最早的拥有两栋大楼、一个大礼堂的中西式建筑风格相结合的商会会馆风采。

巴县银行木洞办事处与木洞商会紧邻，创立于1940年，是木洞早期代表性金融机构之一。

邹家馆 木洞镇最古老的酒馆，明末清初开设。酒馆以船家、纤夫喜欢的“船帮菜”辅之，生意火爆。每天晚上，一批批大型木船停泊木洞夜宿，船家、纤夫蜂拥上岸，经常通宵达旦，应接不暇。

袍哥“仁”字旗堂口 建于1921年，位于万天宫旁的茶馆内，是木洞袍哥聚会、议事、调解、接待的主要场所。

美英日商务代办处 位于八洞桥钱德兴货物转运站旁，建于清光绪十六年（1890）。目前正在修复中，将于2018年12月竣工。

巡检司衙门 位于美英日商务代办处旁，

木洞商会会馆（左）和巴县银行（右）复原图（2018年） 黄浩 摄

邹容旧居复原图（2018年） 黄浩 摄

袍哥“仁”字旗堂口（2012年） 丁荣新 摄

是木洞港口清末及民国年间对外贸易“验关取证”的窗口。

钱德兴货物转运站　位于新家嘴驿道旁，由商人钱德兴建立的物资转运站，是木洞东边古驿道（东大路）的起点。解放初期为木洞派出所，后成为粮站仓库，之后是粮站职工宿舍。

其他大院　木洞有很多大院，如邹容祖居地邹家大院、抗日川军名将范绍增公馆以及黄家大院、苏家大院、宋家大院等，都是清代建筑。

河街游览区　中式仿古建筑、长 900 米的河街，被游客称为好看、好吃、好玩的“三好街”。艺术仿古，但又各具特色。河街共分为三个区，民俗文化风情为其中一区，有木洞河街剧场、非遗传承基地、三轮书法工作室等。

巡检司衙门效果图（2018 年）　黄浩　提供

苏家大院组图　耿钱　提供

宋家大院（2018 年）　甘红兵　摄

木洞河街剧场（2018 年）　甘红兵　摄

范绍增公馆（2020 年）　姚佳　摄

河街滨江走廊（2018 年）

甘红兵 摄

滨江走廊是沿长江而建的2000米长的河街后廊，是河街最吸引人的地方。江岸垂柳依依、槐树挺拔，恰似一条绿色的飘带。漫步长廊，向北可观河街吊脚楼、穿斗房、四合院、城门洞、牌坊碑；向南滔滔长江尽收眼底，万吨巨轮在脚下穿梭。木洞人喜欢成群结队在这里晨练、晚练，游客在河街餐馆品尝木洞豆花、油酥鸭、烤烤酒等特产后，可坐在廊沿体验在长江里浴足。这里成为文人墨客激发兴致的好场所，不到两年的时间，孕育、生发、成就的影视、诗文作品已有上百件之多。

两岛游

长江沿岸有上千个乡镇，但拥有江中两个孤岛（桃花岛和中坝岛）的唯有木洞镇，其中桃花岛为长江第三大岛。桃花岛和中坝岛两岛，成为木洞镇特有的旅游资源。自2010年以来，市、区、镇便着手合力打造桃花岛和中坝岛旅游景区。相继投入数十亿元，完成移民搬迁、征地、平基、水电气供给、路桥等基础设施建设，苏家浩、中坝两座大桥即将竣工，游艇俱乐部会所、湿地生态公园、星级酒店、国际金融大厦等正在紧张实施阶段。

中坝岛景区

岛上有明代建筑万寿宫、中国海军军官学校、中国中学、三峡船舶文化水上博物馆等重要景点。

万寿宫 建于明天顺年间（1457—1464），是明初“湖广填四川”湖广移民的内聚会馆。万寿宫的选址充分考虑建筑与自然环境的关系。整个建筑坐落于中坝岛的东端，面对滚滚东去的长江，远处是起伏连绵的山峰，南北两岸有长坪山与明月山对峙，山门台阶直抵江面，构成气魄宏大的格局。万寿宫原有上、中、下三殿，殿、宫、寺、楼均在一条轴线上。重檐歇山式屋顶，屋面四角为圆雕龙头翘角，庄严大气，古朴美观。“文化大革命”中损毁的桑梓神等后得以重塑。

万寿宫（2020 年） 姚佳 摄

中国中学校址（2018 年） 蒋效伦 摄

中国中学校址 中国中学是一所有着爱国传统和深厚历史积淀的名校，为爱国名士周慎修、杨安仁 1933 年创办于上海。抗日战争爆发后，于 1937 年搬迁到木洞中坝岛，张君仪任校长，王正廷为董事长。王正廷是国民政府外交总长，后参加巴黎和会。抗日战争胜利后，中国中学搬回上海。1950 年，巴县师范学校搬迁于此。20 世纪 60 年代为木洞中学学农基地，70 年代为木洞农业职业中学校舍。1990 年，木洞农业职业中学与木洞中学合并为木洞中学，该址成为木洞中学校园。建校以来，张学良、柳亚子等政界要人、学界名流共 101 人为其题词。

巡检司衙门遗址 巡检司衙门位于五布河与长江交汇处，木洞人称其为“衙门口”。巡检司正堂屋顶无梁，喻指司法不得讲良心，应铁面无私。衙门口到河边有百步石阶，现湮没在草丛中。巡检司衙门的月台和衙门大堂的基础格局今犹存。

中国海军军官学校 中国海军军官学校于抗日战争期间搬至中坝岛义渡口处，占地面积 2800 平方米，四周筑有围墙。时有学员 120 多人。校内还有海军修械所、海军军火库房。为了学员实习方便，在观音阁前 300 米的江中，停有“楚观”“楚国”两艘军舰。学校的职工和家属，当地人称他们为“下江人”，他们把下江（木洞人将湖北、江苏、浙江等长江下游地区称为下江）文化带进木洞。据中坝岛老人讲，番茄种植技术就是他们带来的。

三峡船舶文化水上博物馆 中坝岛景区的特色景点。其重点是将三峡水域的历史船舶集中于此进行展示和体验，使之成为罕见的历史船舶博物馆。2017 年，征集的民运船型有广船、舵笼子、敞口船、中元棒（又称冲盐棒）、南河船、安岳船、滚筒子、舢板船、艄船、四脚蛇船、五板船、行马船、柳叶船、綦江软板、万盛软板、赶水软板、笋溪河舢板、塘河舢板、窝棚船、划白船、老鸹船等，军用战船有哨船、长龙船、大舢板船、中舢板船、八团舢板船、艇船、战船、内河炮船、舢板炮船、长龙炮船、八团舢板炮船、巡江炮船、枪划船、飞划船、坐船、两橹桨船、橹船、桨船、巡船、急跳船、平底桨船、快哨船、快船、快桨船、艚船、四橹船、两橹船等。上述民运船型以及桡（桨）、橹、帆、桅、纤藤、篙竿、船桩、插杠、栋杠等用具的征集计划于 2020 年完成，征集不到的则采用复原制作的方法解决。该馆的船舶停放区位于中坝岛内侧的背镜湖面。

桃花岛景区 为了把桃花岛建成三峡库区的旅游岛屿，经国家批准，对桃花岛实施交通功能恢复，在桃花岛东南侧修建苏家浩大桥。该大桥于 2013 年 5 月开工，2016 年建成通车，全长 469 米，桥面宽 23 米。同时完善景区内的交通，通信设施，水、电、气供给等旅游基础设施。

风土民情

生活习俗、岁时节俗、传统风俗、族规家礼、人生礼仪、方言习语、美食特产等，构成了木洞地区特有的风情画卷。这幅风情画卷中，节日、礼仪文化尤为丰富多彩。特别是礼仪文化，对人有严格的称谓，做客讲究规矩，拜师突出合约精神；在人生的全过程中，生育、婚娶、大寿、丧葬都有严格的礼仪程序。

美食特产

木洞豆花　20 世纪 80 年代末，木洞一何姓利用祖传秘方开办了何记豆花馆。至 1997 年，木洞豆花成为重庆市豆花食品的标志性品牌，全市各区县也都有“木洞豆花”馆（店）。特别是在木洞，凡到木洞的人，首选菜肴便是木洞豆花；无论是酒店、普通饭馆或是家庭，木洞豆花为必不可少的菜肴。木洞豆花之所以成为全市豆花食品的标志性品牌，关键在于使用井水、石磨磨浆、精心制作卤水、卤水点豆腐时掌握豆浆恰当的温度四大制作工艺，按此制作的豆花才嫩、绵、香。

木洞烤烤酒　木洞烤烤酒是木洞地区乡民家庭自制的土酒。根据原料的不同，分为包谷酒、米酒、番薯酒、高粱酒等；根据曲药的不同，分为大药曲酒和小药曲酒，大药曲酒是由现代工厂生产，小药曲酒则由乡民自制；根据酒的浓度高低，分为高度酒和低度酒；根据酿制方法和饮用方法不同，分为烤烤酒、咂酒、甜酒三类。砸酒带糟，用坛封装，饮用时适量加温开水，用竹管制成的吸管吸饮。甜酒用糯米酿成，香甜可口，可

木洞豆花制作（2017 年）　　蒋效伦　摄

单独食用，也可伴煮汤丸、鸡蛋，还可以做炒菜的佐料。

木洞烤烤酒的主要工艺分为曲药制造、发酵、蒸烤三大环节。曲药原料有当地野生的蓼子草、山绿豆叶、田脚草、马蹄草、桃叶等草或叶以及新鲜的玉米浆，主要原料是自己田地里种植的粮食，没有任何添加剂，是纯天然的绿色饮品。

木洞麻糖 木洞麻糖是木洞人手工制作的麦芽（谷芽）糖。

木洞麻糖分为原糖、錾子糖、麻糖杆、麻糖块、阿丝糖等。原糖，为麻糖水，錾子糖、麻糖杆、麻糖块、阿丝糖等是以原糖为基础糖料的加工产品。木洞麻糖以水稻、玉米、番薯三种粮食为主要原料。制作原糖有四大程序：一是将粮食（稻米、玉米、番薯）磨成浆（番薯是煮熟捣细掺水成浆）；二是将浆加入磨细的麦芽或谷芽中，再加水搅拌均匀，然后煮熟；三是将煮熟的浆过滤；四是将滤出的浆倒入锅里进行熬制。刚熬制时火力要大且猛，然后逐渐减弱。熬制麻糖会出现特有的发扑、米筛花[1]现象。

錾子糖（2018 年） 温月 摄

木洞咸菜 木洞地区历来有“无咸菜不上席”的说法。如今木洞菜市场上最抢手的并不是新鲜蔬菜而是农家咸菜。木洞咸菜分为泡菜、和菜、盐菜三大类。泡菜有泡（酸）萝卜、泡（酸）海椒、泡（酸）青菜头、泡（酸）大蒜、泡（酸）藠头、泡（酸）姜等；和菜多由青菜头作原材料，有大和菜、小和菜、绵绵菜等；盐菜分青菜盐菜、萝卜盐菜，萝卜盐菜较少。普通家庭一般有 10 多种咸菜，有的家庭多达二三十种。过去，一些条件好的家庭专门有咸菜屋，大小字缽水（特制的专用泡菜缸）、扑菜坛（将坛口倒置水钵中的坛）摆放一整屋。

咸菜制作工序较烦琐。如泡菜的盐水，一定要用融化的雪水按比例加盐和老盐水。和菜中的大和菜，只能选用剥皮的青菜头，切片时讲究大而匀，盐腌前要晾晒去除水分，清洗后再次晾晒，待干湿适度后再用盐腌，盐均透后再清洗、晾晒，拿捏好火候后

① 发扑、米筛花：满锅的糖水泡骤起为发扑；满锅糖水如筛子孔般骤起为米筛花。凡出现发扑、米筛花时，说明麻糖水（原糖）将形成。当第三次出现这种现象时，原糖即成。

字钵水（左）、扑菜坛（右）（2018 年） 温月 摄

加入上鲜红的海椒面、茴香、三萘、八角粉，然后装坛，堵塞坛口一定要用麻叶（或芭蕉叶）、整束棕叶。盐菜，先要用开水煮一下青菜，晾晒到一定程度去皮，然后经晾晒、清洗、盐腌、再晾晒等程序。和菜和盐菜一样，在整个制作过程中，每天晚上都要装进倒扑坛倒置于扑菜钵中，以免空气进入。成品的干湿度必须掌握好，否则既无色泽，更会失去其香脆性。盐分掌握要恰到好处，少了会出现酸味，多了难以入口。“管水”是制作咸菜的第一要务。即字钵水的沟水、扑菜鉢的鉢水一天也不能缺，否则泡菜、和菜、盐菜就会出现异味，多天后即会烂掉。过去，大户人家专门雇请能看管咸菜的人，姑娘出嫁前都要学会咸菜的制作，咸菜的多寡、好吃与否，象征一家之操持。

木洞腊肉 木洞人历来爱吃的烟熏食品主要是腊肉。腊肉不仅是家庭的主要肉食，也是待客的上等肉食，还是珍贵的礼品。过去结婚时，男方的礼品中不可缺腊肉，谢媒时也须有腊肉。每年春节回娘家、给师傅拜年也离不开一块腊肉。现在，给城里的亲戚朋友的最好礼物也是腊肉。

熏烤腊肉（2018 年） 温月 摄

制作腊肉有四个关键步骤。一是切肉块时大小要适中，大块腌制时盐不易渗透，小块再次食用时不便切成片。一般去头的半边猪肉划 16 小块为宜。二是腌制时要按照 500 克肉加 25 克盐的比例，多了腊肉太咸，少了又不易储存。三是烧肉时不要怕油水流出，每一块肉要烧到用刀刮肉皮时呈金黄色，这样可保证腊肉

煮得粑（pa，即煮到熟透，易咀嚼）。四是熏肉（当地人称炕腊肉）时肉集中挂于火炉之上，先用干柴或湿柏树椏熏，火可以稍大一点，称“急炕”；之后用柑子叶、香樟叶、黄荆、干番薯藤等有香气的藤条慢熏，连续熏 7 天以上。储放不失火：最好的办法是将腊肉吊在灶顶上，天天用烟熏，这样才不会生霉或变味。

木洞榨菜 清光绪二十四年（1898），中坝岛、桃花岛、豚溪口村一带的青菜头丰收，在重庆开设冠生酱园的陆氏便回乡与乡人商议，仿照大和菜的腌制法，将青菜头全部制成腌菜。制好后，带两坛到重庆试卖，给围观看奇的人们品尝。人们尝后一致觉得鲜香可口，为其他酱菜所不及。在陆氏的策划下，次年，中坝岛、桃花岛、豚溪口村便开始大量生产青菜头腌菜。尔后，人们便把这种木洞特有的、用木箱榨除盐水的腌菜制品取名为“木洞榨菜”。

随着木洞榨菜品牌的提升，20 世纪 80 年代前，木洞农村大量种植青菜头。年产量 5000 吨左右，1983 年达 12700 吨；年产值约 300 万元，1983 年达 1524 万元。木洞榨菜销往全国各地，其中，每年销往日本的盐渍菜达 4000 吨。

木洞蜜饯 木洞蜜饯原名木洞蜜枣，始于明代后期，至今已有 400 多年的历史。1970 年，木洞蜜饯荣获“四川花会优质奖”、全国农产品展销会第一名。1991 年荣获重庆市优质产品奖、首届中国食品博览会铜牌奖。1994 年获国家工商部门优质奖。2017 年，木洞蜜饯产量 820 吨，远销北京、福建、香港、台湾、天津、广州、贵阳等地。

木洞蜜饯（2018 年） 甘红兵 摄

木洞蜜饯主要工艺流程有 14 道，依次是：原料选择、分级、清洗、切缝、漂洗、浸泡、预煮、糖煮、糖渍回锅、收锅、晒干或烘干、消毒、分级、包装。

木洞油酥鸭 木洞油酥鸭是重庆市的重要食品品牌之一。1935 年，木洞场上的油酥鸭用提篮流动销售，后在木洞石堡街摆摊销售，生意很好。1948 年，邱永福在木洞老街柳春园打出“邱记鸭子”招牌，20 世纪 60 年代易名为“木洞油酥鸭”。木洞油酥鸭须选用当地土麻鸭，将鸭子宰杀后褪尽羽毛，开膛取出内脏，洗净后，去翅尖、鸭脚，用盐腌。不同季节用料数量、腌的时间不同：冬天盐

木洞油酥鸭（2018 年） 甘红兵 摄

味宜浓，夏天宜淡，对鸭肉的厚薄部位采用不同的涂抹方法；腌的时间按鸭子的大小确定，一般腌 5 ~ 6 小时，然后卤制，将 20 多种名贵香料按一定比例加入，使各种香料显其长而互不相伤，按特定方法制成卤水。卤时，先将鸭子一个一个整齐地摆放在专用锅里，用中火煮沸，20 ~ 25 分钟后翻转鸭身，再卤 20 ~ 25 分钟，边卤边掌握咸淡、卤香，同时加香料、盐、水等。之后，将卤过的鸭子捞出来沥干水分，然后用油酥。酥油时，按照鸭背、鸭胸轮流翻转酥制，油的温度要适中，酥的时间由鸭子颜色、触摸鸭的手感等来确定。最后将酥好的鸭子沥干即可销售。

生活习俗

木洞地区的生活习俗集中体现在衣、食、住、行、乐上。

服饰 中华人民共和国成立前，人们多用自纺、自织、自染的土布。妇女上装多为左襟大褂，滚花边，袖宽肥，名“琵琶襟”；少数人穿旗袍。下装多为镶边筒裤。男子穿七对纽扣的对襟短衣或长衫马褂，头缠白帕，脚缠裹布，穿草履。中华人民共和国成立后，趋时适势，从中山装、列宁服到军装、军帽，再到西装、喇叭裤、直筒裤、牛仔裤、紧身裤、简爱帽、幸子衫、皮夹克，新潮频更，式样翻新，不一而足。中华人民共和国成立前没有缝纫机，服装由手工缝制。手工缝制服装的男师傅称为大裁缝，女师傅称为小裁缝。富足人家均请大裁缝缝制服装；普通人家有请大裁缝的，也有请小裁缝的。有的贫穷家庭请不起裁缝，便由家里的女性自裁自缝，所以过去许多农村家庭的妇女都会缝制衣服。大裁缝一般一个工可以缝制一件长衫或一件琵琶襟。但大多数有钱人家不讲求快，而讲求质量，重在针脚密和匀，纽扣要精致等。为此，木洞地区流传着一个笑话：有一位老爷，请来当地最好的大裁缝为其缝制绸子长衫。师傅用半个月时间把绸子长衫缝制好，但这位老爷不接受，说：“这么点时间就缝好了？肯定不行。”重新缝根本不可能，裁缝最后想出了一个妙招，对这位老爷说：“真要缝得你满意，可要花

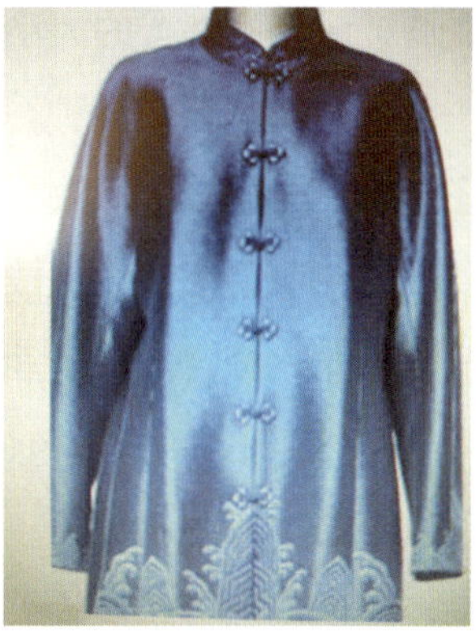
男士对襟短衣

男士长衫

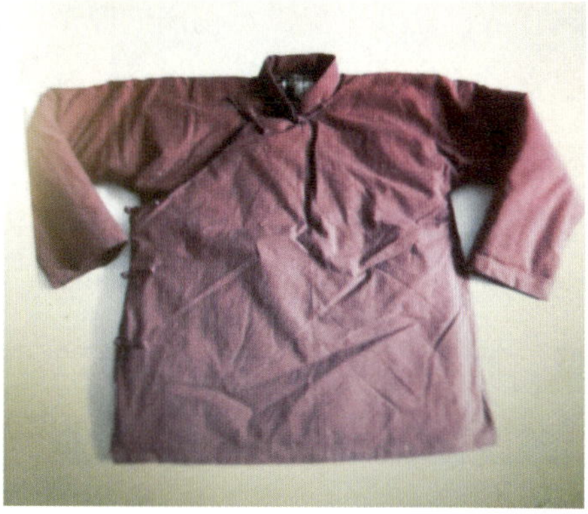
女士琵琶襟

七七四十九天啰，老爷不要嫌我做得慢哟！”于是他把那件绸子长衫搁在一旁就不管了，四十九天后将原物拿给那位老爷。老爷看了又看，点头夸赞：“这还差不多！”

饮食 木洞因浓雾多、湿度大，自古养成“尚滋味，好辛辣”的习惯，麻、辣、咸、烫、嫩、鲜诸味齐备的菜肴，多种多样，变化无穷。厨师烹调或制作食物时，将酸、甜、咸、麻、辣五味掌握得恰到好处，做到“五味调和百味出”，使之“一菜一格，百菜百味”，最常见的有家常味、鱼香味、豆瓣味、荔枝味、咸鲜味、酸辣味、葱油味、糖醋味、姜汁味、白汁味、红烧味等 30 余种。当前火锅颇受青睐，其品种多样，调料独特，吃法豪放。烧锅烫食方式由岚炭铜炉发展为酒精炉、煤气炉、液化气炉；菜品由以毛肚为主，发展为几十、几百种荤素菜品；调味作料也由郫县豆瓣、永川豆豉、甘孜牛油、汉源花椒等制作的传统汤汁发展为由 30 多种调料制作的多种味道的汤汁。

居住 过去，木洞的住房多为土墙、穿斗榫卯的排列院落。在林木丰茂的山区，人们建造木质房屋，房柱之间用梁木相连，支撑屋顶。修造新房，对民众来讲，是生活中的一件大事，尤为重视。从请阴阳先生择基，到破土动工，建好落成，都遵循一些约定俗成的规矩，尤其是立柱、上梁，更加讲究。届时，选择黄道吉日，立好柱后，掌墨师傅手执大斧踏过正梁，俗称“跑梁”；用红布包五谷“封梁”；请画师在梁的正下方画太极图，两边画花草或符令，也有的写“福、禄、寿”三字，俗称“画梁”；再用鸡冠血“涂梁”，并在画或字上黏鸡毛；然后开始“上梁”，由抬梁的匠人，手提一只鸡冠正滴着血的大公鸡，顺着木梯，步步高升，边走边唱诸如“左手推开金鸡叫，右手挽来凤凰升”之类的上梁歌；梁木放到堂屋两个并列的中柱的衔口后，主人家将利市（红包）送给掌墨师傅，并将事先准备好的米粑从梁上抛下，围观者争抢拾捡，即“抛梁粑”；之后，鸣放鞭炮，说吉利话恭贺上梁成功，是为“贺梁”；最后，要宴请前来庆贺的宾客，称为“办上梁酒”。

1988年以来，场镇和乡村大量修建砖混结构的楼房，过去建房的习俗发生了一些变化，但“办上梁酒”是必不可少的，较过去更隆重。唱上梁歌的人家虽然少了，但偶尔还能听到。

游艺

游戏 中华人民共和国成立前后一段时间，木洞镇游戏项目较多。儿童、学生玩的游戏有捉中指姆、打草权、丢帕、抓子儿、跳绳、登陆、跳拱、踢毽子、修飞机、修铁路、捉迷藏、翻牛水缸、斗鸡、反揹人、差迷等，成人游戏有划拳、扭扁担、扳手劲、劳作竞技（如栽秧赛、搭谷赛、挖土赛等）、爬树、爬坡、掷远（用泥块或石块抛掷）、快吃等。20世纪90年代以来，随着各种现代文化、体育设施建设的加强和完善，过去的民间游艺多被现代文化、体育活动替代，但在个别校园和农家乐里仍常见。

弈棋 木洞民众爱好弈棋，但不把弈棋视为体育活动，而是当作游艺活动。棋有象棋、跳棋、陆战棋、六子冲、三角棋、太平天国等。过去，因生活水平较低，游乐玩耍工具匮乏，六子冲、三角棋、太平天国等棋类活动是主要娱乐活动之一。人们在平地、石板上画框线作棋盘，用可以辨别奕战双方的石子、泥团、草节、木条等作为棋子。20世纪70年代，学生利用课余时间或周末，邀约同龄玩伴玩陆战棋。20世纪80年代，木洞新华书店开始销售象棋。部分辖区群众购买，逐渐形成业余爱好。后买家范围逐渐扩大，参与人数增多。1986年，木洞镇组织辖区象棋比赛活动，分别由重庆焊管厂、造纸厂、木洞镇中心医院、水运社、榨菜厂、副食品厂、学校等单位组织人员参赛。20世纪90年代，木洞镇以机关工会活动形式，开展象棋比赛，同时将跳棋列为比赛项目。2000年后，象棋、跳棋分别在木洞镇辖区单位工会活动中开展。六子冲、三角棋、太平天国等棋类活动逐渐消失。

坝坝舞 又称广场舞，最早出现于1950年。当时，为了庆祝解放，年轻人纷纷集中到乡镇政府、村公所的宽阔地带和学校操场打莲萧、腰鼓和扭秧歌。土地改革时，参加活动的人群从年轻人扩展到中老年人，活动地点延伸到家庭院坝，活动时间从白天发展到不分昼夜，甚至通宵达旦。1959—1996年暂停。1997年，木洞镇成立中老年健身队，50余名健身队队员开始跳健身舞。2000年，木洞社区成立霞光健身腰鼓队、威风锣鼓队、中老年腰鼓队。2006年，木洞镇辖社区建制调整，分别改为一、二、三社区坝坝舞健身队。坝坝舞健身爱好者的主要健身活动场所有木洞山歌广场、洞山神木广场、后河农民体育广场、移民活动中心小区、转盘小区、小河边小区和保安、栋青、墙院、杨家洞、土地垴移民新村等区域。活动时间集中在每天 19：00 ~ 21：00，有少数人在每天 7：00 ~ 9：00 跳舞。初期，参与人数不多。至 2017 年，仅木洞镇街区每天傍晚就有 3000 余人跳坝坝舞。舞者中老、中、青皆有，多为中老年女性。所跳舞蹈有各类健身操，以华尔兹、拉丁舞、恰恰舞等交谊舞为主。2010 年后，坝坝舞从场镇扩展至村、社院坝，成为一种时尚。

岁时节俗

在漫长的历史长河中，木洞地区形成了许多特色鲜明的岁时节令习俗，并随着时代的更迭变迁而呈现出新的面貌。在这些习俗中，民众最为看重、政府尽力推崇的是春节、清明节、端午节和中秋节。

“九黄” 农历九月初一至初九，共 9 天。“九黄”一到，人们就从第一天开始观察，直到第九天，每一天的天气情况预示着来年 1—9 月对应月份的气候情况。比如“九黄”的第四天是大晴天，来年的农历四月可能会有旱灾，田地有可能缺水，那么，人们就会提前或延后育秧期。木洞镇至今仍沿袭着“九黄”看来年天气的习俗。

春节、年节

春节是一年的起始，与岁末年节紧紧相连，过春节同时也要过年节，且先过年节后过春节。凡逢年节、春节到来，远在他乡的木洞游子无论多忙碌，都要赶回家乡与家人团聚。过春节、年节时，木洞有多种习俗，如吃团年饭、烧袱子、祭祖坟、吃春酒等。

吃团年饭、烧袱子 年节时，以家庭为单位将家族中各家庭团聚在一起吃团年饭、过热闹年。家庭多的家族从腊月廿四这天就开始各个家庭轮流聚集在一起吃团年饭。吃团年饭前，要为祖宗亡灵烧袱子。袱子是将纸钱用纸包成“封”，未包成“封”的纸钱称为散钱，“封”意为亡灵使用的“银锭”。

祭祖坟 正月初一早餐吃糯米汤丸，然后家族结集前往祖坟烧香祭拜。大的或有名望的家族祭祖坟时，要请民间吹打乐班吹吹打打随行。

吃春酒 又称吃拜年酒。正月初一至正月十五为各家各户举办春酒的时间，届时，亲戚朋友都会携礼前往。各家各户举办春酒的日期是固定的。

禁忌 正月初一不开窗，不扫地，盥洗之水积于桶盆而不倾覆于地，斗、秤、剪、尺皆不使用，至初三才开禁。“哑巴年”[①]时，烧香不放鞭炮。

清明节 每逢清明前一天或数天，人们要到亲人坟头上“挂青”。制作“青”时，将白纸或白布折叠后用剪刀剪成长条，不能全部剪断，使其成为一束。据传，阎王在清明这天召开大会，阴间的人必须拿着“青”才能入场。过去的“青”多为家里老人制作，现在则是到商店购买，其纸质、颜色、样式很多。清明节栽竹植树是木洞地区的古老习俗。传说这天栽的竹子易成活，笋生得多，竹龄长；植的树根系发达，枝繁叶茂。清明节要吃“清明粑”。“清明粑”是用“清明草”（也称“粑粑草”）与糯米混合制成的糍粑，清香可口。传说，清明节吃了“清明粑”，精神飒爽，一年到头不生病。

端午节 端午节当天，除了包粽子，吃粽子，喝雄黄酒，挂菖蒲、艾草习俗外，木洞还有划龙船、举办龙舟赛的习俗。开赛前要举行盛大的图腾祭祀，意为保佑活动顺利进行及一方平安，祈求年丰人旺。端午节划龙船既是体育活动，也是木洞民众不可或缺

端午节龙舟赛（2008年） 蒋效伦 摄

---

① “哑巴年”：开年无立春节气时称为“哑巴年”。

的游艺、祭祀习俗活动。

中华人民共和国成立前，木洞码头客商云集。每到端午节，沿江两岸的船运老板自发组织龙舟队到木洞河边比赛。中华人民共和国成立后，木洞地区各乡镇政府开始参与龙舟竞赛，组织民间、机关、厂矿企业参加，参与人数增多，竞赛规模扩大，龙舟制作也更加精美。尤其是1976年纪念毛泽东畅游长江十周年比赛，参赛队伍包括了江南、江北的16支代表队、800余名队员，观众近7万人，是木洞地区规模空前的龙舟竞赛。

早年龙舟选用船运老板的木船或渡江船，在船头仰放一张板凳，用树桠扎成龙头状即可。后因龙舟竞赛得到政府支持和重视，龙舟由原来的杉木料改为杨松甚至玻璃钢材料制作，船身长20～40米，宽1.2～1.4米，船头直接做成龙头状，或用木头、黄荆扎成，或用铁条烧制而成。龙舟制成后，船体抹1～2次桐油、葱叶，再涂抹鸡蛋清，以保证龙舟不吸水，减小摩擦。龙舟赛结束后，将龙头供奉于附近的庙里，待来年再用。

木洞龙舟以队为单位，每支队伍有17～40人不等，均有踩头1人，甩腰旗1人，敲锣和打鼓各1人，拿梢2人，前面划分水4人，后面划吊梢4人，中间则是主力，人数多，隆重时还有打座炮1人。参赛队伍沿木洞长航囤船—中坝晒网石—江北的下梁—长航囤船路线划行，以到终点时抢到活鸭、旗帜或扇子的多少来定输赢。参赛队伍较多时，采用淘汰赛方式进行。龙舟划行过程中，唱龙舟号子，由穿着长衫，戴着凉帽、墨镜的踩头人领唱，其余人和唱。踩头人有时会翻跟斗或吹哨来吸引观众。除踩头人外，其余人员服饰统一。甩腰旗的人手上拿着两面小旗，跟随踩头人的步调做出各种甩手姿势，起到指挥的作用。锣鼓声紧密配合踩头和甩腰旗的人，统一大家的划桨动作。在起划和到达终点时，鸣放鞭炮助威。

2007年6月，木洞龙舟被列入重庆市非物质文化遗产名录。

中秋节 中秋节有三大习俗活动。一是赏月。中秋节当天若是晴天，场街上的人到街上空旷处，农村同一个院子的人到院坝里，大人们一边讲嫦娥、吴刚的故事，一边欣赏月亮，想象着张古老砍梭罗树的故事，不时还要拉开嗓门唱几首木洞山歌以烘托氛围。孩子们一边听故事、学唱山歌，一边嬉戏打闹。二是吃糍粑。中秋节主要是吃月饼，但过去不是家家户户都有钱买月饼，于是用糯米打糍粑吃。三是已婚妇女回娘家送中秋“节礼”。

传统风俗

因受巴渝传统文化的长期影响，木洞地区形成了忌戊、赶场、坐茶馆、唱端公戏、择吉、祭祀、崇蛇敬天、祛磨苦运等传统风俗。其中，忌戊、祛磨苦运已渐近消失；赶场成为物资交流和人员交往的重要载体；坐茶馆成为中老年人休闲娱乐的一种时髦；唱端公戏、择吉、祭祀、崇蛇敬天虽然具有一定的封建迷信色彩，但习俗使然，很多木洞人仍然将其作为崇拜祖先、敬奉大自然的重要形式之一。

忌戊　过去使用天干地支的纪年法。根据天干中的“戊”和地支中的“子、寅、辰、午、申、戌”组成戊子、戊寅、戊辰、戊午、戊申、戊戌，作为含“戊”的年和日子，凡逢“戊”字这天，每保要出一个“喊团”（发口头通知）的人，边敲锣边喊“忌戊了”，各家听到喊声后不能用锄头、粪桶之类的劳动工具在地里劳动，如有人违反，会被处罚打3天的“土黄孝”（请3～5名道士作3～5天的道场）。20世纪80年代，仍有老人沿此习俗。到2017年，信仰其俗者甚少。

赶场（2018年）　蒋效伦　摄

赶场　木洞地区各场兴建后至今，除了“文化大革命”时取消过，或把场期改为周日外，均为每旬3天赶场。

木洞农村定期赶场，既方便了农民和商贩集中交易、办事，同时也不会贻误农时、影响农事。所以，凡逢场期，各场人山人海，百货店、猪市、牛市、鸡鸭禽蛋市、米市、菜市生意兴隆。当前，除春节、中秋节、国庆节外，赶场的人多为中老年人，完成农产品出售或商品购置后，老人早早回家，中年人们则聚集在茶馆喝茶、聊天或进行棋牌娱乐，商贩们则不到中午 12 时就收摊赶车离去。除木洞场镇为白日场外，其他场中午过后则廖无几人。

坐茶馆 外地杂耍、说书、唱曲的民间艺人到木洞码头营生，因无其他场所可取，便选择茶馆作为从艺平台。虽然当时木洞场镇上茶馆云集，但每逢赶场日茶馆都满座。非赶场日的晚上，场上和乡间百姓也会到场上茶馆边喝茶边听书赏曲。中华人民共和国成立前，政府未设专门的中介机构，“偏二”则成为自发的中介群体，有猪偏二、牛偏二、粮偏二、地偏二、油偏二等中介。这些“偏二”手中掌握着木洞地区甚至周边猪、牛、粮食、土地、桐油等信息资源，凡买卖猪、牛、粮食、土地、桐油等，不得不找他们到茶馆喝茶谈事。如此，茶馆就成了间接的交易场所。过去，少有不经过媒婆介绍而成婚者，因此，茶馆也是谈婚论嫁的理想场所。中华人民共和国成立前，木洞地区没有专门的民间纠纷调解机构，当出现难以解决的家庭、邻里纠纷时，就由当事人一方或双方约请保（甲）长、乡镇有关政府人员或家族、亲戚中有威望者到茶馆喝茶评理，以期协调解决。如果不请到茶馆喝茶，没有人愿意调解纠纷。所以过去的茶馆不单是娱乐休闲的场所，还有维护社会安定和谐的作用。

1958 年后，政府明令取消茶馆。中共十一届三中全会后逐渐得以恢复。至 2017 年 12 月，木洞镇区内有茶馆上百家，到茶馆喝盖碗茶再次成为木洞地区的新时尚。

唱端公戏 仪式戏剧是木洞地区至今不衰的古老戏剧，端公戏便是其中之一。端公戏主要有庆坛戏、延生戏、阳戏 3 种。木洞镇现有的 10 多个仪式戏剧坛班，大多能够演出庆坛戏和延生戏。能够演出阳戏的坛班过去有多个，现在能够进行全场演出的阳戏坛班已经没有了，但仍有少数年纪较大的艺人还掌握大量的阳戏知识。庆坛遵循以内坛祭祀仪式为主、外坛戏剧表演与内坛祭仪相互结合的原则，从而使庆坛活动成为祭祀仪式与戏剧表演紧密结合的有机整体。唱庆坛戏一般从第一天下午开始，到第二天上午结束。延生，系人们祈求神明佑福纳吉以实现祛灾除病、延年益寿愿望所举行的祭祀活动。木洞地区的延生祭仪，主要分为太平延生和急救延生两类。太平延生，系某人所许良愿已经实现，否极泰来，为酬恩谢神而举行的祭祀活动，包括因求子而得儿子以谢梓潼菩萨赐子之恩的梓潼延生，保佑孩童度过关煞顺利成人的过关延生，希望寿满某旬而果如其愿，在举办满旬寿酒前夜举行的接寿延生和寿年高迈朝拜北斗七元星君的朝斗延生四种形式。急救延生，是某人因病痛来得突然，来不及等其愿信实现，而祈求神明尽快退病救人所举行的祭祀活动。演出太平延生和急救延生仪式戏剧，需内坛法师和外坛师傅 7 ~ 8 人，演出时间多为一天一夜。

阳戏，又称舞阳神戏、打欢喜锣锣。木洞阳戏具有还愿酬神和喜庆贺神两种性质。当人们祈求神明保佑自家人病体康复、六畜兴旺、生意兴隆、仕途亨达等愿望实现之后，即举行酬恩还愿的祭祀活动；有的人事先并未许愿，而当自己发财得宝、官位晋升、学业有成，或者适逢诞辰喜宴、嫁女娶亲等喜庆降临，也举行酬贺神明的祭祀活动。演唱阳戏由内坛法师和外坛师傅共同进行。内坛法师系由拜投佛教门派坛班的特殊人员充任，其主要职责是主持祭祀仪式；外坛师傅则由那些经过戏剧唱、演训练的人充任，演出戏剧是他们的主要任务。阳戏较为庞大，一般由“棚上 24 戏，棚下 24 戏，阴阳 48 戏”组成。所谓“棚上 24 戏”，是内坛法师主持和运作的 24 坛祭祀仪式，仪式比较固定；“棚下 24 戏”，是外坛师傅演唱的 24 出戏剧，形式不固定，唱什么和唱多少依据主家演唱阳戏的主旨、要求和外坛坛班的阵容而定。阳戏演出一般也是一天一夜。

择吉 主要有择日和择风水两个方面。择吉是木洞地区尚存的主要风俗之一。择日，即择吉日良辰。丧葬、婚娶、动工、开业、祭祀、出门上学、务工经商、下种等事宜，事先都要请专人择取，或自己翻书查找。至今，人们仍对择取丧葬、婚娶、动工、开业的日子相当注重。木洞地区择风水之俗至今不衰，但具有迷信色彩。木洞人称墓地为阴宅、屋基为阳宅，好的阴宅、阳宅所在地称为风水宝地，专事风水宝地寻觅、选择等事的人称作“风水先生”或“阴阳先生”。风水先生选择风水宝地，首先要看山的走向，称山为“龙脉”，前、后、左、右之山为“朱雀”“玄武”“青龙”“白虎”；要“前有照，后有靠，左右超山两环抱”；前山的“岸”要多，第一个“岸”要近。要做到“只准青龙高万丈，不准白虎抬头望”。水的流向也很重要，因为古人认为“山管人丁水管财”，要求只能看见水从四面流进，不能看见水明显流出。根据因地制宜的原则，阴阳先生觉得当地只能够有“此地为最佳”，再根据罗盘的 64 个山向指向“定向”，最后“点穴”（定中心点）。

祭祀

祭祖 木洞地区祭祀祖宗的方式有立牌位、烧钱化纸、做请柬三大类。

过去，家家户户都要在堂屋布置香火。香火正中挂“天地君亲师位”，用以各种形式的祭祀，如摆年饭、望祖坟、做请柬等，具体方法是烧钱化纸和供以饷食。逢家里有老人 60 岁及以上的满旬、婚娶、手艺人艺成出师或者官位升迁、经营发财、学业有成等举办酒宴时，大多要在正宴的前一天下午和夜晚做请柬。做请柬，是请道士、法师做法事，将已故的先人们“请回来”。一方面表示事先要告诉他（她）们这桩喜事，让他（她）们同喜同贺；另一方面表示对他（她）们的尊重，让他（她）们最先享受丰盛的美味佳肴。另外还有一种请柬称为“做阴寿”，即已故老人年及百岁时，为了“庆贺”其百岁生日特地举行的祭奠活动。这种请柬比常规的请柬规模大、时间长，与丧葬仪式相似。

祭诸神 在科学不发达、人类对自然现象缺乏科学认知的时代，木洞人认为万物皆为神并虔诚祭祀：人死后为鬼神，天上地下有各类天神、地神，山河路桥有山神、水神、路神、桥神，自然界有山王神、猫神、树神、石神等。凡遇神明的诞辰或其他喜庆日子，都要祭祀。通常是邀集一些信众，在庙宇神祠举行祭奠，即做神会。从年头至岁尾，敬贺神明诞辰或其他喜庆日子的做神会主要有正月初六弥勒会，正月初九玉皇会，立春后第五个戊日、立秋后第五个戊日土地会，二月初二阎王会，二月初三山王会，二月十九、六月十九、九月十九观音会，三月初一娘娘会，三月初三蟠桃会，三月十八东岳会，四月初八佛祖会、龙华会，四月二十眼光会，四月二十八药王会，五月十一城隍会，六月十六火神会，六月二十四雷祖会，六月二十四川主会，七月初三龙王会，七月十五盂兰盆会，七月十五中元会，七月三十地藏会，八月初五灶王会，十月初一牛王会，十月十八地母会，冬月十七弥陀会，腊月初八腊八会。目前，观音会仍举办且盛况空前。

木洞地区还有祈求神明解众灾厄的贺神会，如久旱不雨举行的祈雨会、久涝不晴举行的太阳会、有风灾预兆或遭遇风灾后举行的风神会等。

木洞民众除对自然神崇奉祭祀外，还有各行各业顶敬的祖师神明。如缝纫业的轩辕会，铁炉业的老君会，泥工、木工、石工行的鲁班会，织布业的嫘妃会，印染业的梅葛会，厨师行的詹公会，酿酒业的杜康会，屠宰业的张飞会，造纸、卖纸业的蔡伦会，油蜡纸烛杂货业的玉龙会，衙门书吏、差役行的萧曹会，油桐商和漆工行的华光会，制鞋、修鞋业的孙膑会，商贾士绅以及诸多民众顶敬的财神会。

崇蛇敬天

崇蛇 木洞地区沿袭巴人的图腾信仰，崇尚蛇。

不准打蛇。过去，很多木洞人笃信伏羲、女娲、大禹是蛇，蛇是人的老祖宗，认为谁要是打了蛇，会遭报应。

见蛇脱壳。木洞人认为东汉崖墓是老祖宗脱壳的秘密场所，老祖宗每年都要在那里脱一次壳。若有人看到蛇脱壳，便认为是老祖宗正在受苦受难或重新转世，故要请道士、法师做法事“安慰”“超度”。

见蛇相会。“蛇相会”，是指水田里突然集聚了许多蛇并瞬间全部消失的现象（这种现象，古今中外都有发生。并不是全都发生在水田里，有时会包围房屋）。为什么会出现这种现象，至今没有科学的解释。木洞人对此的解释有两种。一说是认为看见“蛇相会”的人家里会大祸临头，蛇聚在一起商量搭救的方法。如果蛇聚集时间长或散去时不整齐，证明灾难即将来临。此时人们会请道士、法师做法事解难。另一说正好相反，认为谁家有人见到“蛇相会”，必定喜事来临。因为蛇“欢聚一堂”的目的是想提前喝这家人的喜酒。尽管如此，也会请道士、法师做法事感谢蛇神。

见蛇进屋。过去很多木洞人认为，乌梢蛇进了屋就是先人想“回家来看看”。先人“回来”后，首先是要为其烧钱化纸，摆上一桌菜肴，然后将其送出屋檐滴水线。

见梁上蛇。梁上蛇，即房梁上的蛇。有的木洞人认为梁上蛇是“屋梁神”或“梁神”姜子牙，所以谁也不会打梁上蛇。

梦见蛇。认为男人梦见蛇是凶兆，女人特别是孕妇梦见蛇是吉兆。若是凶兆，就会忧心忡忡，或请人化解。吉兆，会烧钱化纸，表示感恩祈福。

敬天 木洞人将天称为“天老爷”。不仅老人崇敬天老爷，年轻人甚至一些孩子也崇敬天老爷，他们相信“上天有眼”“天老爷得罪不得”。木洞人崇敬的天老爷并非是玉皇大帝、王母娘娘等某一个具体的天神，而是浩瀚的苍天，相信苍天有公平正义、救苦救难、惩恶扬善的无边法力。如儿歌唱道：“天老爷，快下雨，保佑娃娃吃白米。”若有人受到冤枉而又无奈时，便会对天赌咒发誓，有时会对不良行为者说道：“不讲良心，天老爷晓得惩罚你！”或在院坝里燃香烧纸后，边在大门拦上砍鸡头（称“砍鸡口”），边赌咒发誓或喊冤。

木洞人崇敬天老爷有三种主要方式。一是将天老爷视为家神之首，书写于堂屋香火（家神龛）“天地君亲师位”的第一字位，以在其他祭祀活动时得以分享。二是在做五天丧仪、出师仪时，会有一场“禀天”仪式戏剧，用“开天门”这一情节复杂的仪式戏剧突出天老爷的崇高地位。三是新谷打出来后，请天老爷、祖宗神同时吃新米饭。在堂屋摆上一桌以新米饭为主的饷食祭祖宗，在院坝摆“一桌”以祭天老爷，意即没有天老爷的保佑就不会有饭吃。以上三种祭天方式中，最后一种已经少见。

祛磨苦运 过去，多数木洞民众认为人的难运像转磨一样，有规律地来回轮转，所以称为磨苦运。于是有人想出用推磨的方式祛除难运和病灾，之后成为木洞地区特有的习俗。具体做法是在生辰寿诞之际，将泡胀的豆子磨成豆浆，滤出的豆渣用推磨人旧的衣服包起来，之后丢入河中让水冲走。这样做，可让磨把霉运推烂，再让河水将其冲走，可以时来运转，病人能转危为安。还有人把豆浆用碗装满，洒在十字路口，让千人踏万人踩，霉运和病痛被带走。

族规家礼

族规

兴建祠堂 木洞居民为元末明初和明末清初的外来客家人。出于对祖宗和故土的怀念，民众按姓氏宗族建祠堂，祠堂内供奉祖宗神位。祠堂或置田地房产，或由宗族内的殷实户捐资，作为祠堂开展活动的资金。清明会就是在祠堂内举行。中华人民共和国成立后，祠堂被取消，现已无存。

清明会 中华人民共和国成立前，多数家族在清明节这天举行清明会，隆重祭奠祖宗。届时，全族人均去祠堂参加仪式。1958—1976年，清明会被禁止。之后逐渐兴起，2000年后呈蓬勃发展之势。参加清明会的宗族家庭称为“族亲”或“宗亲”。清明会期间，宗亲皆有发言权、选举权、求助救助权等，地位平等。清明会由理事会主办，过去多为各个家庭轮流承办，现在则由理事会集中操办。传统清明会和现代清明会有不同点也有相同点。

主要不同点：传统清明会经费来源于族中没有继承者的家庭的财产、遗产（包括田土租金）和族人参会礼金（捐资）；现代清明会的经费基本上来源于族中富裕家庭（如业主家庭、工薪家庭、华侨、族中名人）的捐资，一般家庭不需出资。传统清明会在休会期间，如果族中某一家遇到难事，族长、副族长、执事必须出面调停、解决；现代清明会则基本上不具备这一功能。传统清明会具有相当严格的惩戒制度，惩戒的对象是不讲孝道或行为出格的妇女，轻则在族会上认错，向长辈磕头，重则责打后驱逐出族；现代清明会废除了惩戒制度。

主要相同点：寻根问祖，认亲攀亲，纪念祖先，不忘祖恩，教规学法，倡导时代文明，发扬行善积德和互爱互济精神。

家礼

重家礼是木洞地区族制家规的重要内容，也是木洞地区乡贤名人辈出的道德基础。

称谓礼 木洞人历来讲究辈分称呼，忌晚辈对长辈直呼其名。其称谓虽与全国各地大致相同，具体的称呼却具有木洞特色。

血亲称谓。分直系血亲称谓和旁系血亲称谓。

直系血亲称谓：以本人为准，往上 4 代依次称父（母）亲、祖父（母）、曾祖父（母）、高祖父（母），往下 4 代依次称儿子（女儿）、孙子（孙女）、曾孙、玄孙。有的家族称祖父（母）为爷爷、婆婆，称父（母）亲为爸爸、妈妈（娘）。

旁系血亲称谓：往上 4 代的第一代统称高祖父（母）或老祖祖，第二代无论男女均可称为大祖祖、二祖祖、幺祖祖或大太公（婆），第三代称伯公（伯婆、伯祖母）、叔公（叔婆、叔祖母）等，第四代称伯父（母）、叔父（母）、嬢（姑爷）。往下 4 代，第一代称侄儿（媳）、侄女（婿），或在前加一个“堂”字；第二代称侄孙（媳）、侄孙女（婿），或在前加一个“堂”字；第三代称侄曾孙（媳）、侄曾孙女（婿），或在前加一个“堂”字；第四代称玄曾孙（媳）、玄曾孙（婿），或在前加一个“堂”字。嬢（女婿）的子女称“表”，呼表兄（弟）、表姐（妹），表兄（弟）的配偶称表嫂，表姐（妹）的配偶与表兄（弟）同称。

姻亲称谓。往上 4 代与直系血亲、旁亲称谓大致相同，一般要在前面加“外”字。但与母亲同辈的称舅爷（娘）、姨妈或姨嬢（姨爹、姨伯、姨叔）。往下 4 代，舅爷、姨妈的子女称为舅表、姨表（姐、妹），其妻子称为舅（姨）表嫂，舅（姨）表姐妹的丈夫称为舅（姨）表夫，常称为“某哥”。其下可直呼其名，但女性的丈夫则称为“某哥”“某几（根据排行）哥”。

师门称谓。对教过自己学业的人称“老师”“先生”“尊师”，教过自己技艺的人称

“师傅”“师父”；对他们的妻子称“师母”。对自己的学生或徒弟称“学生”“贤契”“爱徒”等。对同在一起上学读书的人称“同学”“同窗”“学友”。对同在一起学艺的人称“师兄”“师弟”“师姐”“师妹”。

客礼　木洞地区的客礼有些烦琐，分为待客礼和为客礼。

待客礼　指对宾客接待的礼节，包括个体宾客和团队宾客。个体宾客如亲戚、朋友、师长、不速之客，团队宾客如参观、慰问等团体。

个体性宾客接待礼节分准备、迎接、敬烟上茶、陪客、座席、让铺、送客等程序。

准备：当知道有客人来访时，应提前做准备。首先要让家人清楚对来客的不同称谓。其次是做到家人服饰整洁，做好家庭里外的清洁卫生，搞好室内布置，提前备好水果、点心、饮料、烟酒、菜肴等。如果是正式宴请（如婚礼、寿诞等），还要预先送请柬或电话邀请，确定宴请时间、场所，排好座次，落实宴请形式、规模、档次。

迎接：根据不同辈分或不同层级的客人确定相应的家人迎接，迎接的人应提前到房门口或院门口等候，不宜在房中静候。见到客人，应热情招呼，过去流行用拱手礼迎接，现在则以握手礼表示欢迎。如果客人手提物品，应主动接过妥善放置，对长者或身体不便者可上前搀扶，进屋后应把最佳位置让给客人坐。如果客人是初次来访，家人和客人应相互介绍。主人要面带微笑。若遇到大热天，还需要为客人打洗脸水等。

敬烟上茶：客人落座后，主人要立马敬烟（不仅对男性客人，也包括对不知是否抽烟的女性客人）。敬烟不能忘了敬火，若主人也吸烟，应先客后主。接着是冲泡茶，或将提前泡好的茶奉上（没有茶，或知道来客不喝茶，则以开水代之）。要注意的是一定用清洁的茶具，敬茶应双手捧着放在客人的右手上方，要先敬长者。接着请客人吃糖果。

陪客：敬奉烟、茶、糖果后，应及时与之交谈，话题内容因实际而定，一般应谈一些客人熟悉的事情，若无法陪客人交谈，可安排身份相当者代陪，或提供报纸杂志，或打开电视供客人消遣，切不可出现把客人晾在一边的现象。还要根据客人的兴趣爱好，若客人喜欢下棋、玩牌、打乒乓球，在寒暄之后，可以陪客人下棋、玩牌、打乒乓球。农村主人若遇城里来的爱好爬山的客人，或主人亲自陪，或安排合适的家人陪客人去爬山。

座席：要请客人首先入席，然后是将辈分高及重要的客人安排在合适的席桌，一般为席桌的上方、左右方，切不可安排在下方。如果是圆桌，也可以根据屋子确定方位，将其安排在最佳位置。切忌小孩占据客人的座席位置。

让铺：把家里最好的房间和床铺让给最珍贵的客人。

送客：一是诚心挽留，二是招呼“慢慢走”，三是邀请客人“再来”，四是一定要将客人送上车。

团队宾客的接待礼节与个体宾客的方式方法大同小异，重点是要根据其人员多少、职务大小确定接待规格的高低，最基本要求是彻底做好清洁卫生和室内外布置，准备好充足的桌凳（椅），选择好座谈、游玩的地方。

为客礼　为客有自己主动前往和受邀请前往两种。若是前者，应事先与主人家约定，过去常用书信、口头通知的方式，现在则打电话、发信息，以防突然造访给别人带去麻烦，令他人尴尬。若是后者，无论答应还是拒绝，都应及时告知对方。要做到准时到达，或稍稍提早。到达主人门前，要先擦干净鞋上泥土。进门后要向主人问候、寒暄，还要向在场的家属和其他客人打招呼，待主人安排后再坐下。主人端茶时要起身道谢，双手迎接，敬烟时要站起来，身体前倾并致敬意，果皮、果核、烟灰、烟蒂不应乱丢。同时要当着主人的面夸其孩子，或主动逗一下孩子。就餐时，对主人安排的席位要谦让，夹菜时不要随意搅动盘里的菜，吃饭切忌狼吞虎咽。告别时，不能几次三番说要走却迟迟不走。走之前不要忘记对主人的热情招待表示感谢，尤其要向女主人道别。当主人送到分别地点时，应主动与主人握手，并说“请回”“留步”“再见”之类的客套话。参加主人举办的庆典、祭仪活动时，必须携礼以赴。

师承礼　师承礼是确定师徒关系的重要礼节。

投师　又称拜师。无论是五匠（手工业者的通称）还是民间艺人（如仪式戏剧法师、道士），投师都要尊崇一定程序。首先要有一位介绍人。该介绍人或是主动，或是受师徒双方其中一方委托；受师傅方委托占少数，如果是师傅方委托，证明师傅十分看重未来的徒弟，有非收其为徒不可之意。经介绍人介绍，双方及双方的关键人（如父母、妻子等）认可后，徒弟方选择良辰吉日举办投师酒。举办投师酒时，徒弟根据其情况请亲朋好友参加。其间由介绍人主持，师徒双方及相关人在场，对学艺时间、学艺费用以及其他事项进行约定。之后签订投师约。投师约签订后，徒弟要向师傅下礼（即作揖磕头），礼毕便正式成为徒弟。

2016 年 9 月 27 日，木洞镇举办木洞山歌传承人拜师授徒仪式。喻良华、徐道全等国家级、市级传承人招收徒弟 50 多名。仪式上，徒弟向师傅（传承人）行 3 个叩头礼；

木洞山歌传承人拜师仪式（2016 年）　　蒋效伦　摄

徒弟代表表达学艺决心，喻良华代表各师傅对徒弟予以嘱咐。

出师　徒弟出师时要举办出师酒。出师酒的规模虽然不如婚丧寿仪大，但其隆重程度不亚于婚丧寿仪。过去举办出师酒前一天还要举行“做请柬”祭祖仪式，意在请先人的亡魂“喝”出师喜酒。凡是“做请柬”的出师酒，村民、亲朋好友都会按常规送礼赴宴。“做请柬”今仍存。出师仪式大致有师傅就师位、行出师礼、传艺传法、讨封赠四大程序。

人生礼仪

在人生礼仪中，木洞民众最看重的是生育礼仪、婚娶礼仪、大寿礼仪和丧葬礼仪，由此形成了一整套习俗。

生育

木洞地区生育礼俗繁多。在这些礼俗中，除求子习俗已经少见外，报喜、逢生、打三朝、拜保爷、过关习俗至今犹存。

求子　未实行计划生育前，木洞人对“不孝有三，无后为大”的古训虽然有所淡漠，但仍有一些人有强烈的生子愿望，有的人祈请神明，求神赐子，祈求对象是送子娘娘。农历三月初三是送子娘娘的生日。是日，要举办娘娘会，演戏酬神。会首用木头雕成几个四五寸长的童子，午时焚香礼拜之后，从高处依次将童子抛入人群中，下面的人你争我夺，抢得头童最佳，其余次之，是谓“抢童子”。抢得童子的人，于晚间鼓乐前导，点灯张伞，由一男孩抱着木童，骑彩马，或将木童置于彩亭中，送至无子女的亲友或有钱人家，以示送子至家，定生聪慧之子。届时，主人盛宴酬客，大给赏钱，比真正得子还热闹，有的甚至花费上百金。

木洞除办娘娘会求神赐子外，还有打梓潼延生（也叫打梓潼醮）祈子的习俗。木洞地区民众称梓潼为梓潼菩萨。梓潼菩萨本是源出四川省梓潼县七曲山、主管人间文章禄籍的文昌帝君，因梓潼与童子音近，因而把他当作赐子的生育神崇拜。梓潼菩萨由乏嗣者雇人用木头雕刻而成，经巫师开光具有灵气后，供奉在乏嗣者的家龛上。待其生子之后，举行打梓潼延生祭祀仪式，以酬谢赐子之恩。此后，一些热心人去他家“偷”梓潼菩萨。偷到手后，敲锣打鼓送至另一乏嗣家中。巫师举行安位仪式后，再供奉在家龛上。

偷梓潼菩萨习俗常与送瓜习俗，相伴相随。八月十五中秋之夜，一些热心人去早已“侦察”好的农户瓜地里“偷摘”又胖又大的南瓜或冬瓜，然后随着早已“盗”得的梓潼菩萨送至乏嗣者家中。偷瓜送瓜，取其破瓜得子之义。南瓜，其音谐“男”，破瓜而必得男孩；冬瓜胖而大，以寓孩子长得壮实。

送瓜在木洞地区生育习俗中别具一格，有其相对固定的仪式程序。大致是：

接受送瓜的主家先在堂屋香火前放置供桌，等待送瓜队伍的到来。当听到人声、乐声（常有吹打乐队随行）时，主家父母即点燃香烛，斟满祭酒，烧纸钱，然后全家于供桌前对天（月亮菩萨）跪拜，迎接送子队伍进入场院。

抱瓜人手抱穿戴小孩衣帽的南瓜或冬瓜走在前，吹打乐队最后。抱瓜人将瓜放在神龛供果后面的中间位置后，退至一旁；吹打乐停，人们在靠墙处站立。这时，唱礼人走至神龛前左侧，唱诵：“天星送子，早来麒麟，行周堂礼，堂前进位。”之后主家儿子、儿媳走至神龛前。唱礼人喊：跪——叩首（唱礼人同时举起左手。主家儿子、儿媳跪下，并随唱礼人的提示跪拜和起立）。唱礼词是：

一叩天地斟酒　二叩人子呈祥

三叩福禄寿喜　四叩金玉满堂

五叩夫妻双双　六叩儿孙满堂

起立——云走花房

之后唱礼人喊鸣炮，场外即放鞭炮。喊“退位”，抱瓜人从神龛上抱起瓜进入卧室，儿子、儿媳跟进卧室后站立在床前。抱瓜人将瓜碰破，把瓜子抠出撒在床上，并用被子盖上，围观者中7人各拿一个桐子（有童子之意）扔向儿子、儿媳（意为“麒麟送子”），众人齐欢呼，场院内再次响起鞭炮声和乐声。

仪式完成后，主家一般都要以夜宵款待，但贫苦人家会事先打招呼不设夜宵。妇女生了儿子之后，举行打梓潼延生祭祀仪式。如此周而复始，祈神赐子习俗和打梓潼延生祭祀仪式即广泛流传。

逢生 孩子出生后，遇到的第一个人称为逢生。人们认为，孩子的命运与逢生的命运相关。即使是乞丐也不嫌弃，认为乞丐“行走八方，吃尽各方”，会把孩子的孬运带走。主家要为逢生煮两个荷包蛋，意为好事成双。多数家庭会让孩子做逢生或其家人的干儿子（女儿）。有的还请逢生人给新生儿取名。

报喜 孩子出生后，丈夫必须及时去妻子娘家报喜。所携礼物中，必不可缺的是鸡。若生的是儿子，则用母鸡；生的女儿，则用公鸡。娘家人通过公鸡、母鸡便知道生的是儿子还是女儿。如果丈夫不在家，可由其兄弟代替去报喜。现在报喜则多用电话告知。报喜的重点是告诉娘家人举办三朝酒的具体时间。报喜后，娘家人立即告知所有亲戚朋友，亲戚朋友便开始着手准备婴儿的鞋、袜、衣帽和产妇补身体的鸡鸭、鸡蛋、醪糟（用坛子封装）、糯米等，到三朝酒当天，一起用小箩筐挑送去。

洗三 即婴儿出生满三日，以艾叶及其他草药熬水为婴儿沐浴。洗三的水不能倒在室外，先放到木桶中，三天后才倒到室内的池（茅坑）中，不能泼。

三朝酒 又称“打三朝”。孩子出生三日后举办，一般不可超过十日，主要是娘家及其亲朋好友准备婴儿所需用品和产妇营养食品。目前，木洞地区三朝酒习俗与传统习俗大同小异，大多改为满月酒。如果是未婚先育者，则将三朝酒与结婚酒同时举办。

过关 民间称孩童时有四季关、四柱关、鬼门关、金锁关、浴盆关、天狗关、白虎关、雷公关、将军关、无情关、断肠关、落井关、断桥关、汤火关、啼哭关、百日关、千日关、一周关、二岁关、三六关、九岁关、刑父关、克母关等36种关煞。孩子出生后，父母和其他长辈请算命先生根据其生辰八字（称“算定庚八字”）推算何年、何月、何日、何时冲犯什么关煞。为了使孩子顺利度过关煞，要祭拜保爷、保娘，戴百家锁，挂百家牌，穿百家衣，请法师举行过关仪式。有的关煞要祭拜12个保爷，而且根据所犯煞不同，祭拜方式也有不同。孩子12岁时，还要举行出关仪式。现在，订八字、算关煞、祭拜保爷、举行过关出关仪式的习俗仍有沿袭。

婚娶 结婚是人生中的大事，在木洞民众人生礼仪中占有重要地位。过去，人们一般遵循六礼之仪。所谓“六礼”，即从议婚到完婚的六个礼仪：一是纳采，男方家请媒人去女方家提亲；二是问名，询问女方姓名和出生年、月、日、时，占卜男女双方的八字是否相合；三是纳吉，占卜吉利，即备礼告知女方，决定缔结婚姻；四是纳征，将聘礼送去女方家；五是请期，男方家择定成婚日期；六是亲迎，正式迎接新娘至新郎家，完婚。

随着时代的发展，婚娶礼仪也在发生变化。清乾隆《巴县志》载：“县行六礼，唯不问名，媒妁道之，即行纳采，中有纳币、请庚、报期、亲迎。”向楚主编的《巴县志》则记：“其后六礼之名渐变，问名、纳采则曰过庚，谢允、纳吉、纳征则曰插定，请期则曰报期，届期由媒妁及婿家亲戚往迎，曰接亲，成礼，婿至女家谢亲。士大夫间有亲迎者。入民国，其仪又变。”

木洞的传统婚娶习俗大体遵循提亲、打样、看家屋、做香、讨庚、看年月、访媒、迎行架、过礼、开脸上梳、哭嫁、拜香火、发亲、送亲、迎亲、回车马、周堂、进洞房、迎正客、开席、拜客、打铺、闹房、下厨拜灶、送客、回门、漤寒婆婆、逗新媳妇、谢媒 29 道程序。20 世纪 90 年代以来，随着城镇化进程加快，婚姻观念、男女地位、审美情趣等发生变化，加之西方文化对中国传统婚俗文化的影响，木洞的婚嫁习俗发生了一些形式上的变化，但仍具有传统婚俗 29 道程序的丰富内涵。

大寿 木洞人非常看重人生两大喜日，即结婚日和生日。生日是生命延续的符号，需要庆贺。庆贺的方法是做生期酒。生日以十年为一个节点，50 岁前称为满十，50 岁起称为满寻或大寿，故逢十的生期酒又称为满旬酒或大寿酒，其他则称散生酒。过去做散生酒时，亲戚朋友和近邻携礼前去祝贺，现在很多家庭取消了做散生酒。做大寿酒时，所有亲戚朋友、近邻、四方熟人皆会携礼祝贺。过去，做大寿酒时往往还要举行接寿延生或朝斗延生仪式。

做大寿酒时，要在堂上悬挂大横幅，红绸寿幛，张灯结彩，鼓乐喧天，鞭炮声不断。无论过去与现代，做大寿酒时都要举行祝寿仪式。祝寿时，寿星夫妇身着新衣裳，端坐于祝寿堂供桌前接受祝福。先由主办寿酒者（常为儿子儿媳，次为女儿女婿）行跪拜礼拜寿，之后是子孙等。干儿子（女儿）、徒弟一般单独祝寿，但也有直接加入子辈、孙辈祝寿行列。拜寿者根据其辈分会得到“老寿星”分发的金额不等的红包。拜寿是寿筵礼仪的基本礼节，过去是请族中能者为司仪。近些年来，举办寿筵大多请文艺演出队，司仪由演出队主持人担任。演出队全体人员也要拜寿。

拜寿结束则大摆酒席。酒席间，寿星的儿子儿媳、女儿女婿或全部或派代表挨桌一一敬酒，并说一些感激的话。

丧葬 人死后为了寄托哀思，木洞民众要举行庄严隆重的葬礼。几千年来形成的一些传统礼仪代代相传，即使社会风气改变，一些传统丧葬习俗仍保留至今。木洞丧俗大致依照“办后事”、移床、送终、烧落气钱、报丧、覆圣、点过桥灯、抹汗、殓尸、成服、吊丧、闹丧、演丧戏（做道场）、挖阴井、做纸扎、出殡、清棺、出魂、扫财、掩土、复山、烧火焰包、回煞、烧七 24 道程序依次进行。

其中丧戏是以丧葬祭祀活动为平台的仪式戏剧，民众称为“做道场”，是木洞仪式戏剧重要类别之一。丧戏因祭祀的对象不同分为两种，一种是为祭祀新逝亡人而举行的葬礼祭祀活动，俗称“祭血灵”；另一种是为祭祀逝世已久的亡人的追荐祭祀活动，俗称“做老道场”或“做请荐”。演职人员主要由法师承担，孝子和相关人员配合参与。丧戏演出一般五天，多的七天或十五天；少则三五名演职人员，多则二三十人。丧戏有《安位》《开坛》《领牲》《迎驾》《敬灶》《请水》《分兵拨将》《破狱》《颁诏》《扬幡》《开天门》等 30 场，每场演出 60 ~ 80 分钟。

丧戏都是在丧家正屋（堂屋）演出，讲究演出场所的布置。在场内（停棺的正屋）左右和上方墙壁以及大门上张挂 30 幅左右的神轴画像，一是起到演出场所布景的作用；二是增强人们对神明的崇奉心理；三是使戏班等人在祭祀及戏剧表演过程中，便于与神轴中的神像交流。室外还要悬挂许多旗幡和花草、人物剪纸。

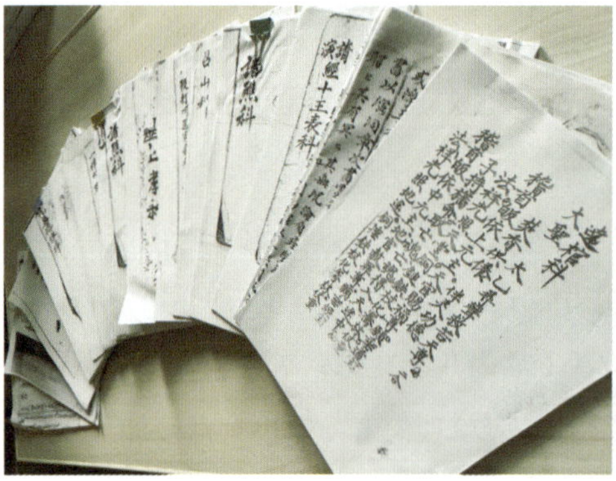

丧戏科仪本（2019 年） 陈国源 摄

“耍牌带”（2017 年） 杜娜 摄

丧戏文戏、武戏兼容。文戏以说唱表演为主。说唱均按科仪本上的内容和程序进行。唱有九板十三腔。九板，即“快板”“慢板”“垛板”“一字板”“梭板”“慢二流板”“快二流板”“数板”“抢板”；十三腔，即“阴腔”“阳腔”“师腔”“慢腔”“快腔”“高腔”“低腔”“咏腔”“静腔”“秽腔”“赞腔”“品腔”“总圣腔”。演唱时，以唢呐、鼓、锣、钵镲等乐器伴奏。

武戏的基本步伐是罡步，基本动作是打斗和跳、转、飞、旋、滚翻等，难度较大。如“耍牌带”等，惊心动魄，让人看得眼花缭乱。

方言习语

方言

木洞方言属四川话，声调、语调同重庆话，特别是与毗邻的丰盛、双河口、麻柳嘴、姜家、接龙等镇的方言近同。

语音特点 相较普通话，木洞方言的语音有以下特点：

声母不带卷舌，zhi、chi、shi 通念 z、c、s，声母 n、l 通念 l，如李、你念成“你”。韵母无后鼻音。音调除阴平外，上声似普通话的去声，阳平较普通话往下落。声母 h、f 通念 f，如夫妇、忽通念 fu。

语法结构 构词方面和普通话相比，显著的不同是名词能重叠，动词不能重叠。

木洞话的单音节名词和名词性语素大都能重叠，有时第二字带儿化音，如草草儿、花花儿、虫虫儿、洞洞儿、人人儿、嘴嘴儿。有些形容词和动词性语素重叠成名词，如尘尘（沉淀物）、抽抽儿（抽屉）、方方儿（方块）。

木洞方言动词不重叠，但加上“一”字后就成为一个新的动词。如把普通话的“看看”说成“看一看”，把普通话的“听听”说成“听一听”。

句法方面与普通话相比，木洞方言显著的不同是在补语的构成上。

程度补语加“了”，直接用在动词和形容词后面，这样的词很多，且富于表现力。如惨，安逸惨了，稀奇惨了，红惨了；很，累很了，看书看很了，胖很了；完，对完了，好完了，体面完了，精灵完了。

用“倒”“起”“倒起”作补语，相当于普通话的着、到、了。如：看倒看倒就亮了；你坐倒起说嘛；管不倒那么多；你等倒起，我一会儿就来。

某些动词后面加“得”，表示能、可以的意思。如：他还不到一岁就走得，这些东西吃得。

有特殊的语气词，如哈、嗦、嘛：“你各人说的哈”，“哈”有强调的意味；“莫搞忘了哈”，“哈”有较强的请求意味；“我们是一家人啦嘛”，“嘛”表示肯定的意思，有强调的意味；“这是给我的嗦”，“嗦”有询问的意思；“你在搞些啥子哟”，“哟”有责问或不满的意思。

词汇选例

家家（gaga）——外公、外婆
捞轻——很轻
烦糟糟——脏兮兮
低低噶噶——少得可怜
火瞟瞟——灼痛
除脱——除掉
假巴意思——假意
架墨——开始
扯把子——吹牛皮
日白——撒谎
哈哈儿——一会儿
嗨得——吃得
幺台——结束
板旋儿——挣扎
装莽——装傻
搞豪——乱摸东西
谙道——估摸着
巴适——合适
帮重——很重
趴唧唧——软和
神戳戳——不正经
跶噗爬——摔跤
铲铲——胡说
扯把子——说谎
腰言儿——怪气
巴心不得——正合心意
牙刷——不属实，不存在
逛的——光滑
飞叉叉的——调皮捣蛋
雾独独——冷不防
告哈儿——试一下
熬西拉密——傲慢
白之八之——平白无故
背油——费劲

腰台——结束

呵二妹——骗人

猫杀——厉害

落较——实在

撇脱——简单

戳锅漏——干事不稳重

扯拐——调皮

弯酸——故意为难

落督——下面

焉拽拽——精神不振

习语

习语通常包括成语、俗语、格言、歇后语、谚语、俚语、行话等。其音节优美，音律协调，或含蓄幽默，或严肃典雅，言简意赅，形象生动。

歇后语　木洞人称歇后语为“言子”，使用言子称为“展言子”。

大炮打蚊子——小题大做

口袋装茄子——叽里咕噜

火柴兜（未烧完的木柴）修磨子——走一方黑一方

月亮坝耍刀——明砍（直说）

叫花子赶夜路——假忙

背篼揹水——空杯（揹）

坛子里捉小乌龟——龟儿子跑不脱

棺山坡卖布——鬼扯

狗咬耗子——多管闲事

扁担吹火—— 一窍不通

阎王作报告——鬼话连篇

耗子爬秤钩——自称

狗咬耗子——多管闲事

耗子啃秤砣——莫奈何

三伏天穿大棉袄——有毛病

两个哑巴摆龙门阵——手舞足蹈

瞎子戴眼镜——多余

烂田里刨鱼鳅——越刨越深

和尚的脑壳——没发（法）

谚语　木洞谚语大致可以分为生产谚语、生活谚语、社会谚语等。生产谚语中的气

象谚语应用最广泛，如：

日出红云，当天雨淋。

日晕有雨，月晕有风。

月亮长毛有雨明朝，月亮打伞必起风云。

久雨见星光，明朝雨更旺。

东风雨来临，南风要天晴。

晚上东南风，明日太阳凶。

雷打天顶有雨不狠，雷打天边大雨连天。

一日雾，三日雨，三日雾，九日晴。

朝露晚霞，无水煮茶。

一夜春霜三日雨，三夜春霜九天晴。

正月落大雪，二月水不缺。

久雨听鸟声，不久转天晴。

长虹无大雨，短虹雨发癫。

黑云镶黄边，冰雹在眼前。

雷声长又大，冰雹就要下。

四周鸟叫天无雨，雨停鸟叫天要晴。

燕子飞得矮，大雨就要来。

睡猫面朝天，连日雨绵绵。

蜻蜓低飞有雨来临，蜻蜓高飞太阳无情。

蜘蛛结网好晴天，蜘蛛收网雨不过晌。

黄鳝抬头天有雨，蚂蟥沉底天放晴。

行话 行话是木洞地区习语的重要部分。

舟船行话：

开尾——船舵向外移动。

拽舵——船舵向内移动。

满舵——舵把移至极端。

缩舵——缓缓移回舵把。

卖迁——大滩、险滩处，拉滩帮将上水船拉上滩。

打宽——后驾长击鼓鸣示，令船工停止拉纤。

打风——又称乘风，驾长张开风帆，借助风力行船。

打活——船行下水，船工开始扳桡。

拿活——休息好后，全体船工继续扳桡。

输向——驾长临危措施不当，致使船只离开正确航向。

刮潮——用潮斗将船舱内的积水舀出去。

投水——船投入水经正漕。

归漕——船行入正漕航道。

湮了——沉了。

张了——翻了。

倾在灰里——倒在河里。

扯水——打水。

皮了——烂了。

划签、篙竿——筷子。

瓜里子——水瓢。

莲花、白日夜——碗。

鸭子、划子——瓢羹。

肉食——大摆。

蔬菜——小摆。

抹脸、滑脸——洗脸。

抹汗——洗澡。

抬轿行话：

二人抬的轿子称“对班”，三人抬的轿子称“丁拐”。

前面有桥需要经过时：两头搁，中间过；两头搁，走当中。

前面有水函或水沟需要经过时：横的一丈八，竖的一步踏（音 ka，跨的意思）；横起一条河，下去好洗脚。

走上坡路时：龙抬头，往上抽（走上坡路的意思）；越上越陡，上完就好走。

过跳磴时：磴磴路，步赶步。

从左面超过别人走前面时：左手站一排，从头一二数起来。

从右面超过别人走前面时：右手站一排，从头一二数起来。

从妇女左面超过别人走前面时：左边一枝花，远离不挨她。

遇见路面有水要走过去时：天上明晃晃，地下水凼凼。

前面有人挡了路走不过去时：前档首，后不走。

走弯路时：左边有个包，右边打一漂。

名人与名镇

木洞镇域虽小，却人杰地灵，人才辈出，有资产阶级民主革命先驱邹容、杨沧白，革命先烈何敬平，红军将领汤慕禹，全国妇联副主席黄启璪等。中华人民共和国成立后，从木洞镇走出了丁雪松、喻明生两位大使，其中丁雪松为中华人民共和国第一位女大使。与此同时，具有全国或国际影响的文化名人更多，如李华飞、胡天成、蒋治义、沈福成、沈铁梅等。

人物传略

杨庶堪（1881—1942） 男，字品璋、沧白，别号邠斋，通称杨沧白。

杨庶堪出生于木洞镇前进路猴子洞，自幼就读于私塾，聪颖勤学。十六七岁时，入重庆经学书院，师从吕翼文。19岁应府试，考取秀才第一名。时值维新运动失败，杨庶堪目睹清廷腐败，国事日非，民族危难，反清思想日浓。他认为欲国家富强，非吸收西学、革新政治不可，于是偕邹容到日本驻重庆领事馆，向日本人成田安辉、井户川辰三学习日语，又与译学馆英国牧师巴克相约互教中、英文，意在以掌握外文为手段，达到博采新知识的目的。

清光绪二十八年（1902），为了宣传民主思想，传递国内外信息，杨庶堪与朱必谦等创办了《广益丛报》，杨庶堪任主编。光绪二十九年（1903），杨庶堪与梅际郇、童宪章、陈崇功、朱之洪等人秘密组织资产阶级革命小团体公强会，杨庶堪与梅际郇为主要负责人。公强会为重庆同盟会的成立奠定了组织基础。光绪三十一年（1905）年底，杨庶堪加入同盟会。次年春，同盟会重庆支部成立，杨庶堪为负责人。清宣统元年（1909），成都的同盟会机关遭到破坏，于是重庆成为革命中心。杨庶堪、张培爵力担重任，与党人筹谋举事大计。因鉴于成都失败教训，杨庶堪主张积蓄力量，待时而动，特别是掌握武器及争取工商界、会党中的开明人士的支持。1911年10月10日，武昌起义成功，各省纷纷响应，形成全国性的革命高潮。同盟会重庆支部见起义时机已成熟，加紧与各州县革命党的联络，并公举杨庶堪、张培爵为起义领导人。在重庆革命党的策动下，川东、川南的涪陵、忠县、丰都、彭水、酉阳、秀山、黔江、江津、合江等地先后举事。11月21日，杨庶堪密约各界代表到重庆总商会商议重庆独立事宜。22日，发动重庆辛亥起义，同盟会重庆支部在朝天观召开大会，宣布重庆独立，成立军政府并通电全国。1913年，四川省第一届参议会选举，杨庶堪和梅际郇当选为议员。之后，杨庶堪先后担任四川民政总长、中华革命党政治部副部长、大元帅大本营秘书处秘书长、国民党中央监察委员、广东省长等职。1942 年 8 月 6 日，杨庶堪病逝于重庆南岸大石坝寓所，终年 62 岁。

杨庶堪去世后葬于巴县东温泉。为了表达纪念，1943 年，国民政府将重庆市中区的炮台街改名为沧白路，巴县木洞镇改名为沧白镇。杨庶堪革命一生，功勋卓著。他学养深厚，还是诗人、文学家、书法家和收藏家，著有《天隐阁诗集》《邠斋文集》等。

邹容（1885—1905） 原名桂文，又名威丹、蔚丹、绍陶，留学日本时改名为邹容。四川巴县人，祖籍木洞，少年居住、玩耍处为木洞老街周家大院。

清光绪二十三年（1897），邹容奉父命与大哥应巴县童子试，因试题生僻，当即同主考官顶撞起来，之后愤而罢考离去。光绪二十八年（1902）春，他冲破重重阻力，自费东渡日本，入读东京同文书院。在日本，邹容大量接触西方资产阶级民主思想与文化，革命倾向日趋显露，并结识了一些革命志士，积极参加留日学生的爱国活动，为公认的革命分子。邹容的悖逆行为引起了清廷的极大震怒，在清廷和日本方面的双重压力下，被迫离日回国。

光绪二十九年（1903）三月，传闻广西巡抚王之春将借法军平定爱国学生起事，东京留日学生立即致电爱国学社及中国教育会，盼相互响应，亟起抵制。二十八日（4 月 25 日），上海爱国人士在张园召开拒法大会。接着又传来俄国违约不履行第二期撤兵协议，妄图独占东三省的消息。上海人士于四月初一（4 月 27 日）集会于张园，通电“拒俄”。在拒俄运动中，邹容积极参与张园集会和拒俄运动队的操练。四月二十八日，中国教育会在张园召开四月月会，邹容作《论改革中国现时大势》的演说，爱国热望，意切情深。同时，他还提出组织“中国学生同盟会”的倡议，号召全国学生结成大团体。邹容迫切地期望新兴的、最有觉悟的知识分子乘时振作，肩负起反清民主革命的历史任务。正是在这种爱国思想驱使下，邹容写完了《革命军》一书，署名“革命军中马前卒邹容”，章太炎在序文中称许《革命军》是“义师先声”。随即由柳亚子等人筹集印刷费用，交大同书局排印，于五月初出版发行。《革命军》一书指出“永脱满洲之羁绊，尽复所失之权利，而介于地球强国之间”，提出建立“中华共和国”的主张，为两千多年的封建专制制度敲响了丧钟，为资产阶级民主革命吹响了号角，成为名副其实的反帝、反封建的战斗檄文。

正当《革命军》问世之际，章太炎、陈仲彝、钱宝仁等革命人士被捕，邹容自投捕房，与章太炎共患难。邹容在狱中备受折磨，于光绪三十一年二月二十九日（1905 年 4 月 3 日）在狱中逝世，年仅 20 岁。孙中山就任中华民国临时大总统后，高度评价邹容“惟蜀有材，其瑰磊落”，并追认其为“陆军大将军”。毛泽东称他是青年革命家，是他第一个提出了民主革命的简单纲领。

王德清（1901—1942） 字宾穆，木洞镇土地垴村人。黄埔军校第二期学员，陆军少将。

1926 年 9 月，北伐军由于在两湖战场连战皆捷，何应钦第一军和程潜第六军孤军深入，轻师争进南昌城下，败于守军孙传芳。1926 年 10 月上旬，蒋介石重新调整部署后，第一军第二师迅速占领樟树、南丰，强渡赣江。全师直抵南昌城下，北伐军虽发扬“不怕牺牲”的黄埔精神，但因第二师师长刘峙未听取王德清“兵临坚城，背水一战，万一战事逆转，恐有虞”的进言，又中孙传芳军之计而导致溃败。此时，王德清及时向刘峙建议，全师应该往上游过桥（时任总参谋长的白崇禧搭建）撤退，自己指挥该营机关枪连全连官兵留下掩护，第二师才避免了全师覆灭的命运。战后，蒋介石、白崇禧等认为王德清是智囊型参谋人才，刘峙也对王德清另眼相看，提拔王德清为团长。后又擢升第二师师部参谋。不到半年，北伐军从珠江流域打到长江流域，声振天下。首鼠两端的军阀们纷纷倒向国民政府。四川军阀刘湘于 1926 年 12 月 8 日宣布服膺国民政府，就任 21 军军长之职。为了便于掌控军阀，蒋介石从第二师抽调王德清等人随李子俊到四川，组建 21 军政治部宣传委员会，着手 21 军军队的改造工作。王德清积极协助刘湘开办军官学校，主讲现代军事战略战术，着重加强对军官的爱国主义教育。王铭章、朱再明、许绍宗、范绍增等川军将领都是其学生。后刘湘为防止中央军掌管军权，就给了王德清一个负责地方治安的保安司令的职衔。

为了建设抗战后方基地，1935 年，国民政府作出“重庆若沦亡，转进西昌为抗战最后根据地”的最坏打算，筹建西昌行辕，国民党中央于是派贺国光参谋团入川，又调派王德清隶属贺国光。1939 年，日军攻至三峡雪峰山一线。贺国光把王德清派往西康省张笃伦麾下，兼受蒙藏委员会委员长吴忠信领导，从事边务工作。王德清到任后，以国民政府的名义向西康省主席刘文辉提出“欲兴边事，固藩篱，促抗战，灭日倭；必和番汉，修公路，富民众，减租税”等建议，刘文辉多予以采纳，西康形势为之一变。王德清在西康省多年，除协调中央与地方关系等外，又兼任西康屯垦委员会委员和乐西公路路政。王德清主政修筑的乐西公路 1941 年通车后，与西祥公路、川中公路形成了以重庆为中心的抗战大后方公路网络，成为中国抗战布防的西南军事要道，在对接转运滇缅公路、“驼峰航线”、中印公路的国际援助物资以及在滇缅战区战事危急关头，充分彰显了其重要的军事功能。1942 年 5 月 5 日，日军 2 万多人进抵怒江西岸，先头部队 500 多人乘橡皮艇陆续渡江，侦察扫荡，并准备架桥以接日军大部队过江。而此时，滇西中国兵力薄弱，大后方昆明与重庆危在旦夕。中国军队利用乐西公路和西祥公路，仅用2天时间就把驻守西昌的宋希濂麾下 71 军 36 师李志鹏部抢运至怒江东岸，及时歼灭了渡江日军，巩固了东岸阵地，进而形成与日军大部队隔江对峙的局面，昆明、重庆始转危为安，由此进一步彰显了王德清主持的乐西公路的重大作用。

由于积劳成疾，王德清于 1942 年正月初六因病于西昌去世，时年 41 岁。西昌军政届予以隆重悼念，国民政府特追授其为陆军少将。追悼会的灵堂前摆放着刘文辉、任念宽、程冠珊等人亲笔写的挽联。后运柩归乡，当灵柩运抵木洞河边码头时，在河边等候的各界人士和亲友，站满了河边码头河岸，人们心情悲痛，迎接为国忘身、以身殉职的家乡亲人归来。根据王德清生前遗嘱：“死后安葬于老家高坡之上，国难当前，葬礼从简，墓不要包砌刊碑，要深埋，墓朝向南京紫金山，要看着光复失地，驱除日本出中国。”“文化大革命”期间，墓多次遭盗，但因埋得太深，盗墓贼每次都无功而返。

汤慕禹（1903—1932） 原名汤国良，号育才，出身于木洞区双河乡太平村仰天湾书礼之家。汤慕禹幼时聪慧过人，勤奋好学。在家乡读私塾，年方弱冠的他不仅擅长诗词歌赋，对书法也有相当造诣。他常在乡里撰书题碑，至今，家母故宅大院门上还残存着他当年书写的门联：“仰见天寨映彩云，俯听江畔飞渔歌”。

1925 年，汤慕禹考入黄埔军校第四期步科学习。1927 年毕业后任国民革命军初级军官，参加北伐战争。同年加入中国共产党。是年，汤慕禹随贺龙参加南昌起义。起义遭挫后，被派赴汉口准备回四川开展武装斗争。到武汉后方得知重庆发生了“三三一”惨案，四川形势十分险恶。中央军委急令其去安徽助战，炮火中，汤慕禹不幸身负弹伤，遂被潜送上海共和旅馆医治。伤愈不久组织即派他去苏联莫斯科高级步兵学校学习，改俄文名索科洛夫。1930 年学成回国，同年秋被党中央派到湘鄂西革命根据地，任红二军团指挥部参谋长，协助贺龙指挥南征作战。12 月，汤慕禹任红六军军长，先后同段德昌、许光达参与领导创建湘鄂西革命根据地。在后来的几次反围剿战斗中，他身先士卒，不顾安危，英勇奋战。1931 年 3 月，红二军团改编为红三军，贺龙任军长，汤慕禹任教导团团长。同年 4 月，他随红三军主力北上。5 月攻克房县，建立以房县为中心的鄂西北革命根据地。7 月被选为中共鄂西临时特委执行委员。9 月，红三军主力辗转洪湖时，留下教导团与地方武装合编，成立二十五师，汤慕禹任军长兼师长，与政委朱勉之指挥师部，坚持地区游击斗争。1932 年春，汤慕禹率二十五师主力返回洪湖革命根据地，任红军军事政治学校第二分校（洪湖军官学校）总队长，红三军九师师长。不久任九师二十五团团长和八师师长，率部参加湘鄂西革命根据地反围剿作战。同年 10 月，在湖北荆门大瓦山半边街反围剿战斗中壮烈牺牲，时年 29 岁。

1927 年后，汤慕禹和家乡联系中断，亲属们再无他的音信。中华人民共和国成立后，汤慕禹堂弟汤美道（原川东中共地下党员）曾多方寻觅并委托重庆市长任白戈查询，终无下落。直至近年，因中央军委组织编纂《中国军事百科全书》，经湖北省军区军史资料编研室一年多查证，终于在中央军事档案馆红军干部名录 160-1-02684 号、红军英名录 119 页中查到汤慕禹的相关记载。贺龙生前关于湘鄂西的战斗回忆录中也有相关记述，特别是国务院卫生部原副部长、解放军总后勤部副部长贺彪的谈话记录，更是凿凿有据，1992 年，汤慕禹烈士身份终于得到确认。他是无产阶级革命家贺龙、许光达、段其昌的亲密战友，是重庆巴南籍级别最高的中国工农红军将领。

何震华（1909—1995） 字儆伯，出身于木洞镇苏家浩的一个没落地主家庭。1924 年 2 月，何震华考入重庆市巴县中学，1928 年 12 月肄业。1930 年 8 月，在重庆大学文科预科受知于陈季皋，并为其代改学生文卷，借获微酬，以作生活之资。1935 年秋，重庆大学文学院、农学院两院合并于四川大学后，他去成都谋得家庭教师的工作，边读边教，维持学籍，继续在四川大学（简称川大）中文系学习。1937 年夏，他从川大毕业后，踏上了奔波求职之路。从大学毕业到中华人民共和国成立前的 20 多年里，他辗转于成都、重庆，或做家庭教师，或在四川夹江中学、重庆巴县松花江中学、四川省立涪陵中学、重庆复旦中学任教务主任，或在成都荫唐中学、重庆市立中学、四川省立高级中学、四川省立成都女子中学、成都私立成城中学、成都私立树德中学、四川省立成都中学、四川省立乐山中学、重庆辅仁中学、重庆载英中学、四川省立重庆中学、重庆复旦中学、重庆通惠中学和重庆中国公学任教。1952—1978 年，他在巴县师范学校、重庆江北师范学校任教。1957 年被错划为“右派分子”。1979 年得到平反。1982 年年底退休。1995 年 12 月 20 日逝世。

何震华终身从教，以其宏富的学识、循循善诱的教学艺术，培养了大批优秀人才。他遍治经史百家，在文字学、音韵学、古代汉语、古代文学乃至书法、绘画、博弈等方面造诣精深，又善属文、写诗，犹善填词，著述颇丰。时人评其词“豪放颉颃稼轩”“婉约追踪二晏、欧、秦”。著有诗词书稿三集，可惜在“文化大革命”中被造反派抄没。后凭记忆集成《瓠落斋诗词稿》，于20世纪80年代面世。20世纪90年代,《瓠落斋余稿》出版。2010年，江北师范学校1980级2班和1982级5班学生对其原稿订正后，将两书书稿合为一集，于2012年5月由重庆出版社出版《瓠落斋诗词稿》。

王濂清（1912—1988） 王德清弟，黄埔军校第十期学员，团级军衔。

1937年黄埔军校毕业后，经过培训，王濂清调四川省资中县工作。1941年调至军政部兵工署军械师后勤处。1946年奉调至南京，仍任职兵工署军械师后勤处。1949年2月，受兵工署军械师领导派遣，从南京护送部队家属返渝，计划回南京后再撤往台湾。在重庆一旅馆，其内弟李华飞（中共地下党员，左联作家，中华人民共和国成立后为巴师校长、木洞中学第一任校长）来看他和表妹宋长琳时，听王濂清说要撤往台湾，劝他“返乡为民，脱离内战，你有技术和文化，中华人民共和国成立后，定会受重用”。于是王濂清就回到了木洞老家，等待解放。之后，他一直在家务农。在此期间，王濂清虽然遭遇了很多不公正对待，但依然遵纪守法，踏实劳动。中共十一届三中全会后，王濂清被摘去“伪政人员”帽子。1980年，经重庆黄埔军校联络处安排，负责重庆市巴县黄埔军校联络处联络员工作，同时当选为重庆市巴县政协委员。

1988年2月12日，王濂清去世，享年76岁。在追悼会上，黄埔军校的老同学评价他“抗日保障，有功民族；坦然厄运，有德自身；两岸统一，有功国家”。

李华飞（1914—2004） 木洞镇人。李华飞于1927年开始写文章并在《江上》、《川康日报》的“巴山丛话”发表。1933年夏，考入中国大学经济系，在《华北日报》《小实报》《大风诗刊》上发表诗与评论文章。1935年春，李华飞考入日本早稻田大学经济专科。后受聘重庆《国民公报》驻东京特约记者兼《海外》（文艺旬刊）主编。同时，还创办由郭沫若命名的《文海文艺》，团结30多位中国留日文学青年。在上海《文学大众》发表抗日诗歌《寄歌者》，在《现世界》发表报告文学《名古屋之夜》，深刻揭露日本军国主义的罪行。1937年夏，李华飞回到重庆，参加中共地下党领导的救国会，主要负责重庆文化界救国联合会的工作。1937年8月，创办暑期文艺讲习班，成立重庆市文艺研究会，与中共地下党员漆鲁鱼、黄宇齐、丁雪松以及著名作家金满成、肖崇素等并肩战斗。除编晚报副刊外，还创办了《春云》（文艺月刊）和《诗报》（半月刊）。1938年，中华全国文艺界抗敌协会（简称文协）迁渝，李华飞为文协会员。1940年，李华飞到雅安，任《建康报》特约编撰、西康省立中学教师，发表描述边城民族风光的组诗《青衣江》等。1942年到成都工作，为陈白尘主编的《华西晚报》“华苑”写了多篇诗文，还与陈翔鹤、谢冰莹等创办《文境丛刊》。1945年抗战胜利，李华飞回到重庆。除了在《大公报》晚刊、《民主报》、《新民晚报》等发表文学作品外，还为破坏和谈、制造内战、使人民重陷水深火热之中而抗议呐喊，写了很多有关时事、经济等方面富有正义的文章。1949年，李华飞返回木洞，担任沧白镇中心国民学校校长。1950年年初，得到巴县县委书记赵孝庭、县长杨道南的支持，批准将巴县师范学校迁至木洞中坝，李华飞先后任副校长、校长。1951年，他又创办了木洞中学。1953年1月，调至西南人民广播电台文艺组任副组长。此前，他与族弟李明璋等根据民间关于孽龙的传说共同创作了大型川剧《望娘滩》。1954年冬，调任四川人民广播电台文艺组组长兼四川省曲艺队队长。在此期间，他在《草地》（文学月刊）发表组诗《川江夜航》，在《星星》诗刊发表《弹筝的老人》等作品。1957年，李华飞被错划为“右派分子”，下放金沙江畔的会理县进行劳动改造。1979年落实政策后，他婉言谢绝了四川人民广播电台恢复原职的决定，被任命为会理县文艺学会副会长兼秘书长，拨给专款创办《会理文艺》。一年以后，调至凉山彝族自治州主持《凉山文艺》，后被评定为编审职称。1986年1月退休回成都，任四川省文史研究馆馆员，《文史杂志》、“中国当代诗人传略”丛书、《中国抗日战争时期大后方文学书系》等编委。李华飞系中国作家协会会员、中国民间文艺家协会会员、四川省作家协会会员，先后担任四川省作家协会第一、二、三、四、五届大会代表，四川省第五、六、七届政协列席代表。2004年7月病逝于成都，享年90岁。

何敬平（1918—1949） 木洞人。因家境贫困，初中毕业后就辍学，到重庆市公共汽车公司当工人。抗战爆发后，参加抗日救亡运动，成为汽车公司“救国会”小组成员，不久加入中国共产党。1938年春，他赴延安途中受挫，与党失去联系。后考入国民党西安部队政治处，赴安徽抗日前线开展抗日宣传工作，因战功升任上尉指导员。1941年皖南事变后，何敬平返回重庆，经人介绍后在重庆安康钱庄、重庆电力公司工作。在1945年“胡世合事件”[①]中，何敬平与工友们一起，积极投身到斗争中，与刘德惠共同

---

① “胡世合事件”：1945年2月20日，重庆电力公司因中韩文化协会饮食部违章用电，派胡世合等工人前去处理，遭重庆警察局侦缉队员、特务田凯阻挠，并开枪致胡世合身亡，制造了震惊全国的“胡世合事件”。事件发生后，王若飞按周恩来指示，和中共南方局的同志一起，开展了一场“反独裁、争民主、争生存”的群众运动。

草拟《为惨杀重庆电力公司工友胡世合事件向各产业工友各界同胞控诉》。他又以公司职工的名义撰写挽联“特务横行何处去，民主自由几时来”，还将胡世合灵堂的其他挽联选抄一部分送《新华日报》发表。通过这场斗争的考验，何敬平再次加入中国共产党，继续从事工人运动，为中共党员和进步人士秘密传送《挺进报》，为职工俱乐部选购进步书刊等。1947 年 5 月，重庆大专院校学生进行“反内战、反饥饿、反迫害”游行示威，何敬平与刘德惠在公司中募捐支持，买果品慰劳游行队伍，并在电力公司三楼窗口挂出“向同学们致敬！”的巨幅标语。1948 年 4 月 5 日，因叛徒出卖，何敬平被捕入狱，先关押在石板坡第二监狱，后移送渣滓洞，备受酷刑，仍坚贞不屈。

1949 年 1 月 29 日（农历正月初一），被囚禁在渣滓洞的革命志士趁“放风”之机，举办了一次别开生面的“春节联欢会”。20 多位革命诗人和诗歌爱好者悄悄溜进楼上的一号牢房，席地而坐，举行铁窗诗社成立大会。会上，曾任中共川东地委委员的杨虞裳首先朗诵了鲁迅的七言律诗《无题・惯于长夜过春时》，接着，何雪松朗读了自己创作的《灵魂颂》，之后大家争相发言。突然，何敬平站起来朗读了他自己写的《愿把牢底坐穿》。何敬平的这首诗由周宗楷谱成曲，悄悄在渣滓洞难友们中传唱开来。

1949年11月27日，在国民党反动派的大屠杀中，何敬平殉难于渣滓洞，时年31岁。

丁雪松（1918—2011） 木洞镇人。1924 年，在木洞镇福音堂读小学。1938 年年初，丁雪松到延安，先后在抗日军政大学和中国女子大学学习，并任抗日军政大学女生队队长和中国女子大学学生会副主席、俱乐部主任。1940 年年底，参加陕甘宁边区选举工作，任绥德、米脂县选举工作团副团长。1941 年 10 月，参加陕甘宁边区参议会筹备工作；年底，任边区政府副主席李鼎铭的秘书。1971 年，任中国人民对外友好协会秘书长，后兼任副会长。1979 年 2 月，出任中国驻荷兰王国特命全权大使，成为中华人民共和国第一位女大使。1982 年 5 月，出任中国驻丹麦王国特命全权大使，1984 年 8 月卸任回国。1992 年离休后，担任中国人民对外友好协会理事、中国拉丁美洲和加勒比友好协会副会长、中华名人协会副会长等职务。丁雪松是中国共产党第八、第十二次全国代表大会代表，第四、第五届全国人民代表大会代表，第六、第七届全国政协委员。

1984 年，丁雪松向木洞镇捐赠 500 元助学经费，并将“振兴中华育英才”的题词寄往木洞镇。在她的鼓励和支持下，木洞镇掀起了集资办学、捐资助学的热潮。1993 年，丁雪松受国务院委托，考察论证三峡工程项目，在木洞住了一晚，专门察看了新建的镇小学、中学。2000 年 5 月，木洞中学建校五十周年，她寄来贺信和“春风化雨，桃李成溪”的题词。2001年2月12日下午，丁雪松到木洞中学考察，并留下了“为家乡培栋梁，为天下育英才”的题词。

名人与木洞

王士祯促使木洞蜜饯成贡品 木洞蜜饯，初名木洞蜜枣，始于明代后期，至今已有400多年的历史。清康熙十一年（1672）六月，时任户部福建司郎中的王士祯，奉命典四川乡试。典试结束后，九月十五自成都出发，经峨眉、嘉定，由叙州顺大江而下，十月初八抵重庆，初十继续东下。当夜船宿木洞，得木洞蜜枣，食之叹服。回京时，他带回一些木洞蜜枣献给康熙帝。康熙帝食后倍加赞赏，赐封为“冕枣”。冕者，皇冠也。木洞蜜枣由此誉满京城。此后，一直作为滋补珍品进贡皇宫。

蒋介石、宋美龄青睐木洞蜜枣 1942年，国民政府在重庆举办全国农产品展销会（简称“农展会”）。蒋介石和夫人宋美龄出席开幕式。木洞人曾俊良代表木洞三家蜜饯商号参加农展会。主席台上的人品尝完各参展团送上的食品后，木洞蜜枣受到蒋介石和宋美龄的青睐，宋美龄还将曾俊良叫到台前询问木洞蜜枣，还有意单独购买。机灵的曾俊良立即托人赶回木洞筹集了10千克蜜枣送到重庆，并托人送给了宋美龄。农展会闭幕发奖仪式上，木洞三家蜜饯商号各获一张奖状，每张奖状上都有“会长蒋中正”的署名，分别获得奖金1000元法币和优质毛巾一打。

李子硕倾情木洞山歌 1959年，时任巴县文化馆副馆长的李子硕到巴县文化馆工作后，深入木洞了解木洞山歌、民间故事等民间文化，同时发现了白炳成等优秀民间歌手，并将白炳成创作的山歌《干劲大得很》加工整理成山歌联唱节目。《干劲大得很》先后获省、市一等奖并出版发行。1983年，李子硕兼任巴县民间文艺集成办公室副主任、常务编委，实际负责巴县民间文化集成工作。其间，将木洞山歌作为巴县歌谣集成的重点，组织人员收集了4000多首木洞山歌，深挖木洞山歌的历史沿革、歌种、特色，了解大量歌手的情况。同时精选了60多首木洞山歌和4名木洞歌手，入编《中国民间歌谣集成·巴县卷》。1986—1990年，李子硕多次邀请省、市专家到木洞考察木洞山歌，还将白炳成、江开才等推荐给音乐家贺绿汀以及联合国教科文组织，从而进一步彰显了木洞山歌的魅力。1990年，重庆市文化局决定在全市范围内建立民间文化艺术之乡，李子硕立即争取木洞“山歌之乡”项目。他亲自着手筹备策划，全程主持山歌表演和专家座谈会。

胡天成钟爱木洞非遗　胡天成作为木洞镇苏家浩村人，热爱家乡，钟爱家乡的文化研究和传承。他喜欢戏剧创作。1971年，木洞区公所成立川剧队，胡天成担任编剧，主持创作的《扎根树下》《再较量》等多部作品获省、市大奖。他倾情非遗保护，协助木洞镇主持申遗工作，亲自编写木洞山歌、木洞龙舟、木洞豆花等非物质文化遗产的申报书、申报电视专题片脚本，代表地方申报的木洞山歌、木洞龙舟、木洞豆花、木洞蜜饯、木洞油酥鸭等全部进入国家、市、区级非遗名录。建议木洞镇党委、政府让地方非遗文化走进学校，举办木洞山歌艺术节加以传承。他擅长理论研究，以木洞非物质文化遗产为对象，主持撰写了《木洞山歌》《人文木洞研究》《让木洞山歌唱响中国音坛》《木洞古镇文脉》《双河丧仪》等10多部著作。

艺文杂记

唐宋以来，众多文人雅士留下了大量歌颂木洞的脍炙人口的诗篇。中华人民共和国成立后，多彩的木洞文化蜚声中外，涌现出李华飞、胡天成、陈忠林、沈铁梅等文化名人，他们在各自的岗位上笔耕不辍，其文其著无以数计。

诗歌

晓行巴峡

〔唐〕王维

际晓投巴峡，余春忆帝京。晴江一女浣，朝日众鸡鸣。水国舟中市，山桥树杪行。
登高万井出，眺迥二流明。人作殊方语，莺为故国声。赖多山水趣，稍解别离情。

渝州候严六侍御不到先下峡

〔唐〕杜甫

闻道乘骢发，沙边待至今。不知云雨散，虚费短长吟。
山带乌蛮阔，江边白帝深。船经一柱观，留眼共登临。

明月沱

〔明〕王廷相

客行无次序，向夕舟复维。岂不厌水宿，摇裔渺前期。沱明星月上，江冷蛟龙移。
野鼓何填填，宵火亦离离。牛渚暮猿吟，湘潭伤楚辞。我行方浩然，我怀亦远而。
流浪自古昔，慨叹及今兹。惊鹊靡定所，荒鸡讵知时。行藏随去住，明发良不迟。

木洞驿

〔明〕王廷相

蹙浪喷江门，幽洞冒琼树。寒林碧参差，秋嶂莽回互。
白龙不定眠，中江起烟雾。素舫历长波，凌兢戒前路。

客行不能留，已过青莎渡。所期心遥遥，离居岁云暮。
帝子隔沅湘，浮云落何处。揽古心飞扬，寒空屡延顾。

舟出巴峡

〔清〕王士祯

曲折真成字，沧波十月天。云开见江树，峡断望人烟。
新月数声笛，巴歌何处船。今宵羁客泪，流落竹枝前。

泊木洞驿

〔清〕王士祯

灯火宿江皋，孤峰戴驿高。云开看斗柄，峡静响风涛。
树密猿争挂，人多虎不骄。丛祠无路到，何处荐溪毛。

腊月十七日下巴峡

〔清〕张问陶

巴山东抱水潆洄，消遣残冬酒一杯。
谁信风涛行不得，开头先指鹧鸪堆。

由百丈梁下金鸡三碚

〔清〕张问陶

大石满一江，舟与水争捷。开窗岸倒飞，十里一呼吸。
了了千峰去不回，空花堕眼诗情急。神哉江中百丈梁，黝如积铁攒锋芒。
撑山拓水江为直，千龙衔尾何其长。柁转山回风浪蹙，金鸡三碚昂然秃。
不飞不跃可笑人，波底微闻声粥粥。长年三老真神速，肯许鼋鼍食人肉。
操舟破险如攻毒，使我扁舟稳于屋。

明月峡

〔清〕王尔鉴

谁凿江壁石，孔窍圆通天。嵚崟嵌碧落，朗朗明月悬。嘘吸走风雨，吞吐穿云烟。

云烟风雨息，清光生波澜。何须燃犀烛，怪物不敢潜。春风宕我舟，满载明月还。

舟次木洞

〔清〕姜会照

小市人烟簇，茅茨绿水湾。四围多古木，一望满春山。
估舶争来去，禽声自往还。江风无限好，诗酒夕阳间。

过明月峡

〔清〕余德中

花影照江流，春风香满舟。轻帆悬急峡，明月认高秋。
生魄原无缺，含辉自古浮。蒹葭深夜好，渔笛起汀州。

百丈梁

〔清〕李以宁

积石横江渚，人传百丈梁。潢池曾此地，露布几经霜。
绝壁空残垒，悲风过战场。巴渝东逝水，今古自汤汤。

木洞十二景诗

狮子洞

〔清〕徐重遥

狮子洞，洞何空，频送樟楠造禹宫。
至今尚有遗迹在，留与游人赞天工。

白龙沱

〔清〕徐重遥

波淼淼，水森淼，往日沉船知多少，何日平安了？
蛟休笑，龙休笑，百练镇锁蛟龙杳，留芳人称道。

咏中江渡

〔清〕徐重遥

朝罢寺庙阻归路，遥指中江古渡。月光水色如雾，摆渡有渔父。
伊呀小舟往来顾，渡运行人无数。借问为何来去？唯有风代诉。

蟹眼寺

〔清〕徐重遥

伤残蟹目泪成痕，无莹报黄昏。
恼恨童稚相欺，忍辱恋埃尘。
愁永夜，历霜雪，为谁存？
长坪相伴，栋青相望，幽景销魂。

白鹤梁

无名氏

长石梁上白鹤梁，展翅舞姿最难忘。
鹰击长空竞翱翔，悠闲俯寻捕鱼忙。

观斗山

无名氏

昂头仰笑意潇然，山岳钟灵秀气添。
千林散绿难为画，星落彩绘在人间。

箭滩

无名氏

去似箭击浪如山，轰鸣胜雷震云天。
世上佳丽皮肉像，遗恨功名存两篇。

芭蕉岩

无名氏

作客无归思悠悠，大江横曲一月楼。
古井频添秋水恨，侧身天地更悲秋。

普慈洞

无名氏

慈航普度千妙生，一花一叶总关情。
眼前何得无俗障，坐定纳凉一禅心。

仰山寺

无名氏

曾将诗句结风流，仰山寺外绿幽幽。
秋生果实全善果，春兰出芽佛号收。
细剪山云缝衲破，采啜金英耆老求。
梵钟数杵增人怨，证性心同逝水流。

大石宝

无名氏

不羡金鸭寄孤踪，千秋风度甚从容。
洗尽耳根鸟争啼，渔歌唱晚答寺钟。

上官寺

无名氏

春寒囚坐久，眷眷作山游。乱石侵苔寂，青山发嫩柔。
停云结雨阵，野水迎风流。那复计来路，梅花自解愁。

悼石达开

无名氏

滔滔江水因何恨，浪卷千年气不平。历史写就一面镜，龙蛇等同不分明。
将星陨落风云散，血喋沙场白骨冷。家仇国恨实难忍，蜀地奔波泣鬼神！

狱中答西狩

邹容

我兄章枚叔，忧国心如焚。并世无知己，吾生苦不文。
一朝沦地狱，何日扫妖氛！昨夜梦和尔，同兴革命军。

杨沧白诗选

箭桥，东岳庙

是杨家洞的风太大
喊不应河对岸
划白船的伙伴

是羊肠径改了道
寻不着篱笆门
竹村吹笛少年

箭桥啊箭桥
架起了宽宽的公路一条
我启蒙的学校
松柏林里闹群鹤
有戏台的东岳庙
夏天，偷偷去河边洗澡……

老桥不见了
古庙不见了

我的须眉全白了

冬苋菜

菜之美者有吾乡之冬苋焉。京沪间蜀人尝移植之，而色味绝逊，以土宜与物性之殊故也。酒间与客论故乡风物，辄复记以诗。

梦话巴山雨，行歌燕市春。酒阑闻遣客，饭饱冷看人。
菘菲夸初未，蘼芜感故新。吾乡有冬苋，清味胜吾莼。

乡病

郁纯梦三刀，心飞故国遥。泝舟一水广，归骑万峰高。
腊脯思清灏，春蔬忆冷淘。平生爱方物，乡病敢辞劳。

戊午八月得归渝州感赋十首（其一）

别有销魂杨柳湾，十年埋玉骨应寒。
同居苦忆长千里，春死哀鹃倘夜还。

悼木洞女（其一）

梦里浮出儿幻真，搴帏蓦见李夫人。
前尘影事分明在，往迹于今未是陈。

癸丑违难纪事二百韵（节录）

黔军初来渝，于党殊无违。既逢王刘入，其势乃昌披。
袁胡日严檄，株蔓期靡遗。家产尽抄没，骨肉不得归。
吾家被驱散，家书悉为牺。讹言里巷生，旁徨窜东西。
匿聚木洞场，姑雷恩絷维。园圃拓果实，庖廖烹伏雌。
稚子不解忧，且复为娱嬉。风声难久居，重迁向邻畿。
苦哉夜中行，问讯当路歧。欲投农人家，扣门乃墓碑。
阿毅将铭儿，弱心涕涟洏。买舟下大江，秋水欲平堤。
严装各萧然，衣被不得齐。薄寒初中人，倚背相温偎。

牛口高险滩，狂流突籧篨。舫师一篙疏，几欲从蛟螭。
至今谈色变，唯谢天福厘。衰老万里行，精力良已疲。
独喜生见汝，家毁终必恢。蒙难而坚贞，报国当有时。

把牢底坐穿

何敬平

为了免除下一代的苦难，
我们愿——
愿把牢底坐穿！
我们是天生的叛逆者，
我们要把这颠倒的乾坤扭转！
我们要把这不合理的一切打翻！
今天，我们坐牢了，
坐牢又有什么希罕？
为了免除下一代的苦难，
我们愿——
愿把这牢底坐穿！

楹联

木洞码头楹联

胡天成

河边仿古楼千年遗韵添新彩
港前平湖水万吨巨轮换旧舟

木林树栽桃寨松村植柏杨
水洞涌泉涪波汉浪漫浦江

笛伴巴歌声播远
洞出神木镇得名

笛伴巴歌声播神州遐迩
洞出神木名扬川渝古今

水国舟市唐有商贸繁盛
田畴牛耕巴兴稻作文明

船歌阵阵追波逐浪千帆竞
禾籁声声种稻收谷万民欢

显眼寺庭柱楹联

到此无俗骨无欲无恶无量寿
入门有正气有佛有仙有大成

汤慕禹故居题刻门联

仰见天寨映彩云
俯听江畔飞渔歌

散文

木洞镇赋

胡天成

明月巴峡，狮子岩畔，洞出神木而古镇始兴。唐有水国舟市，明为川东名港，清代民国，乃成五里长街、一里码头。镇人比肩接踵，水道百舸争流。溯长江，西临成都；走嘉陵，北上陕南；越三峡，东抵上海。云贵川湘鄂商贸云集，美英日财团开埠营运。特产桐油，售美销欧，渝城海关，设站查验吞吐物流。尤有九头神狮护卫，十二景观添彩，历史旧址留迹，特色食品健身，骚客诗赋抒怀，名人节绩流芳，乃景观人文辉映叠叠，物华天宝文脉绵绵之圣地也。

古镇古民扬古风，新时新政运新筹。依托码头经济，农工商贸齐发展；弘扬竹枝巴歌，文教体卫共繁荣。家庭联产承包，土地流动转换，新居聚点矗立，江岸林带成荫，特色农业种植区、新旧业态转型区、生态旅游观光区渐次实施，粮蔬花果圃苑、畜禽鱼桑栏场、创意体验甜园陆续兴建：新农村建设步步推进；依山新楼鳞次栉比，滨江古街逶迤连绵，轻工业园区拔地崛起，江心岛开发如火如荼，渝沪高速、南涪省道、沿江公路东西横贯，桃花岛桥、中坝岛桥、明月峡桥南北通达：新城镇风貌日异月新；更有那木洞山歌项目、特色文化之乡、体育先进场镇、绿色低碳基地四大国家级品牌熠熠生辉。

伟哉，木洞；壮哉，水城！古韵遗风长盛，新姿英气勃发，时代巨擘正托举出这颗冉冉升起的高峡平湖明珠！

2016 年初夏于木洞兰园知还轩

花文[1]

劝妇文（例） 散花散得口水干，听花听得不耐烦，前唐后汉我后散，我把劝教妇女说一番。有等妇女爱耍横，一天到晚乱弹琴。又骂丈夫做事蠢，又骂公婆心不平。哪个劝她就发火，反骂群众性情恶。从此以后就惹祸，天天都在吵场火。公婆气的肚皮破，丈夫把她莫奈何。这等妇女听我劝，十大教育听我说。一教殷勤莫懒惰，二教孝敬公与婆；三教忍让莫惹祸，四教团结夫妻和；五教爱戴弟和妹，六教礼貌趁早学；七教艰苦和朴素，八教团结邻里和；九教煮饭莫浪费，十教爱惜粮和物。十大教育这的止，超度亡人出地狱。

孝字文（例） 呼此花者不说我且说，我来散首孝字文。骊山耕田是大舜，老赖戏彩娱双亲。汉王为亲尝汤药，目连救母小获门。丁南刻木补报母，曹安杀子为家贫。寿昌辞官去寻母，唐氏乳祖称孝名。伯爷才能顺母老，毛仪香终为孝存。杨香打虎十四岁，吴孟舍身去喂蚊。董永卖身把亲葬，张孝打虎救母亲。王祥为母卧冰寒，蔡顺采桑奉双亲。闵子卢衣不怨母，子路负米为双亲。孟宗哭竹冬生笋，郭巨埋儿天锡金。七岁安安把米送，孔圣写下孝字文。而今也有大孝子，翁坪久隆姓陈人。百高夫妇行孝敬，背扶父亲几十春。长春衣鞋将洗净，请媒迎个后母亲。这些事实多得很，哪个又来说根生。花文不尽请君再说。

说菜名（例） 呼此花者，乐音响沉，我来散点小菜名。豆腐天子登龙位，后拿小菜一满门。黄瓜军中为地帅，传令要点小菜兵。又命海椒做元帅，折皮海带为先行。莴

---

① 花文：木洞人将方言、习语、行话综合运用后形成的一种丧葬场合专用的七言体韵文，常以说“花”为开头、结尾，把人世间的百事百态编成有韵脚的段子，借用丧葬这一形形色色的人物聚集的场合，并非指名道姓地对人的美事美德予以褒扬、丑恶行径进行鞭挞。语言幽默风趣，既能减弱丧事的悲伤氛围，又把丧葬场合转化成了道德教育场所。

笋军中传圣旨，懒虾一步跳出门；银鱼美味排险武，青螺也要去出兵。天回酸夸好美味，香兰卒领众三军。

鲁鱼背起罗锅走，笋子久份随后跟。东京反了白莲藕，西京南瓜当将军。拿个冬瓜做炮打，堆豇豆做火纯。白菜青菜被打散，扁豆月豆杀出门。芋头河边打一仗，杀得魔芋滚不赢。大蒜一见程英勇，手提钢锤重千斤。花文散不尽，花又来催，再有好花，呈上接下。

子字歌 呼此花者，且说此花来历，今天来破狱，散子字歌一首。大家都来看样子，中间安张大桌子，上面供坐路牌子，又摆刀头、酒杯和筷子，又有香烛和钱子；打鼓要支点子，打锣要看牌子，一下又要打亮子，一下又要打盖板子，一下又要吹喇子，一下又要吹大排子；孝子端个灵牌子，头上披根白帕子，腰杆上栓根麻辫子；望破狱的坐凳子，桌子上面摆些茶盘子，又放一个酒瓶子，又端几盘葵花子；掌管法师戴帽子，手头上拿个书本子；厨房饭夫端甑子，厨官师傅掌墩子；吃酒醉了像疯子，不管你说多少子，人到百年都要死。花文未尽，花者来催、巧妙花文，请师又说。

传说

木洞镇名由来 长江与其支流五布河交汇处有一形状如盆的宽阔地带，人们很早就在此兴市建场，名“盆盆场”。盆盆场地势低洼，常遭受洪水灾害。明代，百姓决定在场上修建禹王庙，借大禹神力以镇洪水。盆盆场一带没有树木，修建禹王庙的木材要到很远的丰盛山砍伐，人们为没有那么多人力而着急。一天晚上，掌墨师刚闭上眼，就感觉被一个白胡子老人带到狮子岩前，老人让他用墨斗签在石壁上画了一个簸箕大的圆圈，接着就听到一阵石裂声响，圆圈变成了石洞，石洞中突然伸出一截又大、又圆、又直的木料。白胡子老人让掌墨师将这截木料从石洞里拖出来。奇怪的是，掌墨师刚拖完一截就又伸出一截，拖出的木料堆了一大堆后，老人对掌墨师说“木料差不多了”后就不见了。掌墨师醒来后举得奇怪，心想一定是禹王显灵。是夜，明月当空，掌墨师拿着香烛纸钱和墨斗墨签，沿着梦中老人所引之路来到狮子岩前，虔诚祈求后，按梦中老人所教，用墨签在梦中所现的准确位置画了个圈，之后便出现了一个洞，木料也随之出现。

掌墨师的大徒弟一觉醒来不见师傅，开始以为他是出恭去了，可等了很久不见回来，便叫醒师弟和工友们去寻找，后来不约而同地找到了狮子岩前。此时，第一根木料正好从洞中伸出，掌墨师便叫大家把木料拖出来，正如梦中一样，拖出了一根又一根，到东方发白时，木料堆了一大堆，最后一根木料无论如何也拖不出来，掌墨师心里明白，建庙的木料已经足够了（未拖出的那根木料一直堵在洞口直至 1958 年“大炼钢铁”时）。此时，忽然天空乌云密布，雷鸣电闪，大雨倾盆，五布河河水暴涨，雨后天晴，掌墨师灵机一动，叫徒弟、工友们把木料推到河里，木料便随河水流到了建庙基地。没用多少时间，木料就全部运到了场地上，这些木料恰好可用来建成禹王庙。

从此，人们把出木材的洞称为木洞，盆盆场也改称木洞场，以后便依场而名木洞里、木洞乡、木洞区、木洞镇。

李运前枪打蒋介石得官当 抗日战争时期，木洞羊鹿口的李运前在重庆当警察。有一天，李运前在教场口站岗，岗哨密布，这时一队清一色的小包车跟在一队摩托车后面，从教场口开过去，不一会又开回来，开回时的速度比去时快得多，扰乱了交通秩序。李运前想到前天晚上领导的交代，说今天一定要维持好交通秩序，千万不能出任何问题。想起这，他急忙一挥警棍，朝开过来的小包车喊：“停车，停车！”可是，小包车不理睬他。他便朝天放了一枪后将枪口对着那辆小包车，使劲喊：“停车！停车！”小包车停了下来，跟在后面的那些小包车也停了。这时候，从车子里出来了一个瘦高的人。李运前仔细一看，跟蒋介石的挂像一模一样。李运前没有看错，那人确确实实是蒋介石。本来，这一天蒋介石是要到某地开会，但戴笠得到紧急情报，说是有人要暗杀蒋介石，他怕出事，就赶忙派人把车子拦了回来。李运前鸣枪时，蒋介石吓了一大跳，后来见李运前不像行刺的样子，才从车子里走了出来。

蒋介石慢慢走到李运前面前，轻轻在他的肩头上拍了两下，说：“年轻人，好好干，好好干。”说完，钻进车子手一挥，车像箭一样地开走了。

戴笠知道这件事后，赶忙派人专案调查，并没有查出李运前行刺蒋介石的证据。这就把戴笠难倒了：处理的话，人家是按规定行事；不处理的话，蒋介石确实受了一场虚惊，要是怪罪下来，又怕担当不起。他将调查的结果向蒋介石报告，问蒋介石该怎么处理李运前。蒋介石说："人家是按规定执行公务嘛，怎么能够处理他呢，还应该给他提两级才对。"就这样，李运前一枪换来了当一个小官的机会。

薅秧山歌的来历　七仙女下凡与董永婚配，生了一儿一女后，玉皇大帝就派天兵天将把七仙女押回天庭，董永就带着两个孩子去找七仙女。走到长坪山时，两个孩子实在走不动了，就在长坪山上住了下来。董永将儿女养大，儿女能帮他上坡下田干农活。董永一心挂念七仙女，总是闷着干活。

有一年薅秧，董永在前面，两个孩子跟在后面一脚一脚地踩。薅秧正是芒种、夏至前后，天气开始热了，站在田头顶着太阳薅秧，两个孩子困得睁不开眼了，一恍惚，脚就把秧踩倒了。端午节，河头在划龙船，两个孩子跑去看热闹。哥哥看出门道，对妹妹说："你看那些划龙船的人，为啥子这么齐心，劲又这么大？"妹妹只顾看热闹，不懂其中的道理。哥哥说："你看，那些龙船上都要敲锣打鼓，一边敲一边喊号子，划船的跟着锣鼓声、号子声一边唱一边划，又有精神又来劲。我们薅秧，下了田不声不响的各踩各的，为啥不啄瞌睡嘛！"妹妹懂了，赞成哥哥薅秧喊号子的建议。兄妹两人商量好，回家后就向人借了一套锣鼓。等薅秧那天，哥哥拿着鼓，妹妹拿着锣，跟董永下田劳作。董永在前面薅，兄妹两人跟在后面，一个打鼓，一个敲锣，一边唱划龙船的"划嘿左咧"等调。董永也不由自主地跟着锣声、鼓声一下一下地踩，不知不觉一个上午就过去了。下午，兄妹两人觉得一直"划嘿左咧"地喊不过瘾，就唱放牛时唱的调："太阳出来罗儿，喜洋洋呵儿郎，放起牛儿郎郎扯郎扯，上山岗哦儿郎罗。"很快一个下午过去了，秧薅得比以往都多。第二天一下田，董永就对两个孩子说："昨天你们唱了一天，今天薅秧，老汉唱个谜给你们猜。"说着，他就唱了起来："什么吃草不吃根？什么吃草打捆吞？什么肚内长牙齿？什么肚内长眼睛？"哥哥没有猜对，妹妹脑壳灵光，眼睛一转就唱起来："镰刀吃草不吃根，背篼吃草打捆吞，磨子肚内长牙齿，灯笼肚内长眼睛。"董永一听笑了，哥哥也豁然开朗。原来董永早会唱歌，经常和七仙女在槐荫树下唱，在干活时唱，总是活不离手、歌不离口。现在，跟着孩子一起唱歌，他觉得精神爽快起来，还教会两个孩子很多薅秧歌、号子歌、盘歌。周围薅秧的人也跟着他们唱。后来，大家觉得一家一户唱单调不过瘾，就合在一起薅秧，这家的秧薅完了又薅那家的秧。薅秧的人多，唱歌的阵势大，干起活来有劲。很快，大家的秧就薅完了。就这样，木洞就有了换活薅秧唱薅秧山歌的习俗。

木洞蜜饯的来历　元朝时，请阴阳先生看宅基风气盛行。有一个姓常的阴阳先生在木洞为人找到一穴阴宅好地，想自己占有，就没有给请他看地的人说。隔了一段时间，阴阳先生请人到江边建房子，挖屋基时挖到一口四方的水井，清亮的井水溢了出来。阴阳先生一看，认定是龙泉水。他知道喝了龙泉水聪明长寿，心里非常高兴。房子建好后，阴阳先生就把家搬了过来，还给井取了个“四方井”的美名。不久，发现四方井里会发出“忽忽忽”的声音。每年八月声音特别大，人们分析，井里一定有龙，八月十五天门开，龙要上天，只是大家都害怕龙，八月十五晚上怕到井边去。

阴阳先生有个七八岁的儿子叫常玉春，胆子特别大。那年八月十五晚上，圆月高悬，怕龙的人们早早就睡了。常玉春悄悄走到井边，突然间，井里果真冒出一条龙来，头顶夜明珠，在小山顶一蹦进了南天门。常玉春想：“我能像龙一样腾云驾雾该多好！”从此，他就开始练习轻功、武功。

四方井里的龙上了南天门，井里的声音就没有了，人们的胆子也大了起来。那时候，木洞的枣树到处都是。夏天，枣熟了，晚上人们到四方井边歇凉，都爱把枣装些在荷包里，边吃边摆龙门阵。后来，不知谁觉得荷包里的枣吃起有汗味，就用四方井的水来洗。谁知洗后的枣又甜又沙。这事一传开，用四方井里的水洗枣吃的人越来越多。不久，常家在井边摆起了枣摊。过路的人经常在四方井旁的黄葛树下歇息，顺便买些枣吃，觉得这枣比其他地方的好吃。

很多年过去后，常玉春因为人聪明，武功又好，投到朱元璋手下当将军，立了很多功劳。他死后，埋在离四方井不远的小山下，朝廷出钱给他修了一座大坟。人们因此说，常玉春聪明、武功高强，能够当大官，关键是从小吃四方井水洗过的枣。这种说法一流传，吃枣的人更多了。有人开始做枣生意。收购的枣多了，为了保存得久一些，就把枣拿来煮。为了吃起来更甜，就用石灰水、糖水浸泡。人们对枣不断进行加工，木洞蜜枣便远近闻名。

书目文献

木洞镇域重要文献一览表

表 2

书名	作者	内容	编修（编著）时间	出版社及出版时间
蒋氏通谱	蒋氏族人	记载了蒋氏长延坪宗支明末清初“湖广填四川”时奉旨入川，到四川省重庆州巴县仁里十甲长延坪插占落业的详细过程	初修于晚清，续修于 21 世纪初	重庆出版集团 2014 年
中华喻氏人物志	喻氏族人	记述了“湖广填四川”后，喻氏移民的发展史脉及部分喻氏人物的史迹	初修于晚清，续修于 21 世纪初	华夏史志协会
木洞山歌	郑丽娟、刘顺伟	记述了木洞山歌在巴文化传统音乐中的历史地位，木洞山歌产生、发展所依存的地理、人文生态环境，木洞山歌在长期流传中形成的基本特色及其在新时代的新发展概况。全书收入木洞山歌歌词 450 首、曲谱 78 首	2005 年	贵州人民出版社 2005 年
木洞禾籁	李子硕、胡天成、蒋效伦	不但介绍了木洞禾籁的种类和各种类的来龙去脉、基本特色、关系以及在巴渝山歌中的地位、学术价值等内容，同时还分门别类地选取了矮腔禾籁、高腔禾籁、平腔禾籁、花禾籁、禾籁尾子的 231 首经典山歌进行记谱载录	2013—2012 年	2012 年内部出版
人文木洞研究	胡天成、丁荣新、蒋效伦	通过对木洞名镇的名史、名地、名物、名产、名景、名企、名食、各族、名人、名战、名事、名校、名俗、名教、名诗、名歌、名文、名说、名戏、名乐、各舞、名技、名研、名社共 24 项内容的记述，集中展现木洞名镇的地脉、物脉、人脉和气脉“四脉”的生成与影响以及它们之间的联系	2008 年	未来出版社 2008 年
让木洞山歌唱响中国音坛	蒋长朋	收集了 20 多位专家、学者关于木洞山歌非遗保护工作的 27 篇论文	2015 年	重庆出版社 2016 年

续表 2

书名	作者	内容	编修（编著）时间	出版社及出版时间
木洞古镇文脉	胡天成、蒋长朋、蒋效伦	在记述木洞文化的历史与现实的同时，记述了与木洞地区有关的巴民族活动历史及其遗存，从巴民族图腾崇拜的熔铸与绵延中概括出巴民族精神及其对木洞民众的影响，提炼出体现木洞民众精气神的木洞精神	2014—2015 年	重庆出版社 2014 年
四川省重庆巴县双河口乡钟维成家五天佛教倩荐祭祀仪式	胡天成	长篇调查报告。通过对木洞地区双河口乡钟维成家五天佛教请荐祭祀仪式全过程记述和 116 幅照片的刊印，展现出木洞地区“请柬”这项民俗祭祀活动的全貌以及历史、文化价值	1996 年	台湾施合郑民俗文化基金会 1996 年
杨沧白传	马宣伟	以写实的笔调，生动刻画出杨沧白个人的高尚品德、聪明才智和坚定的革命意志以及对辛亥革命的功绩	2013 年	重庆出版社 2014 年

木洞籍作者的部分书籍一览表

表 3

序号	书名	作者	出版社 / 单位	出版时间
1	李渝戏曲艺术论	胡天成	西南师范大学出版社	1993 年
2	四川目连戏资料论文集	胡天成、王跃	重庆新闻出版局内部印发	1990 年
3	四川省重庆市巴县接龙区汉族的接龙阳戏（接龙端公戏之一）	胡天成	台湾施合郑民俗文化基金会	1994 年
4	四川省重庆市巴县接龙区汉族的接龙庆坛（接龙端公戏之二）	胡天成	台湾施合郑民俗文化基金会	1995 年
5	四川省重庆市巴县接龙区汉族的接龙延生（接龙端公戏之三）	胡天成	台湾施合郑民俗文化基金会	1995 年
6	接龙丧戏（重庆巴县接龙乡刘家山合作社杨贵馨五天佛教丧葬仪式之调查）	胡天成	台湾施合郑民俗文化基金会	1996 年
7	四川省重庆巴县双河口乡钟维成家五天佛教请荐祭祀仪式	胡天成	台湾施合郑民俗文化基金会	1998 年
8	四川省重庆市巴县接龙区诀墨密谱	胡天成、段明、何德君	台湾南天书局	1995 年
9	四川省重庆市巴县接龙区端公戏资料（上下册）	胡天成	台湾新文丰出版公司	1993 年
10	民间祭礼与仪式戏剧	胡天成、段明	贵州民族出版社	1997 年
11	重庆阳戏研究（上中下册）	胡天成	重庆出版社	2008 年
12	戏苑探幽	胡天成	贵州人民出版社	1992 年
13	民俗曲艺	胡天成	重庆出版社	2003 年
14	陈桂贤舞台艺术	胡天成	重庆出版社	2004 年

续表 3

序号	书名	作者	出版社 / 单位	出版时间
15	邹西池舞台艺术	胡天成	西南师范大学出版社	2007 年
16	艺海寻贝	胡天成	西南师范大学出版社	2010 年
17	壮丽的长江三峡文化长廊	胡天成、段明	西南师范大学出版社	2011 年
18	三峡水文化研究	胡天成、段明	西南师范大学出版社	2011 年
19	木洞山歌	胡天成	贵州人民出版社	2012 年
20	接龙吹打乐	胡天成、陈朝友	贵州人民出版社	2005 年
21	川江号子（上下册）	胡天成	贵州人民出版社	2009 年
22	乡乐新韵	胡天成、陈朝友	贵州人民出版社	2005 年
23	重庆市非物质文化遗产名录图典	胡天成、丁荣新、蒋效伦	贵州人民出版社	2010 年
24	人文木洞研究	胡天成、丁荣新、蒋效伦	未来出版社	2014 年
25	木洞古镇文脉	胡天成、蒋长朋、蒋效伦	重庆出版社	2014 年
26	重庆市文化艺术研究简史	胡天成	西南师范大学出版社	2015 年
27	接龙阳戏	胡天成	重庆出版社	2018 年
28	巴渝仪式戏剧通览	胡天成	西南师范大学出版社	2019 年
29	我的戏路人生	胡天成	重庆出版社	2019 年
30	党和国家领导人论文艺	胡天成、段明	重庆新闻出版局	1995 年
31	让木洞山歌唱响中国音坛	蒋长朋	重庆出版社	2016 年
32	木洞禾籁	李子硕、蒋效伦、徐道全	内部出版	2010 年
33	木洞山歌教材（上下册）	巴南区教材编写组		2009 年
34	木洞山歌教材（上下册）	巴南区教材编写组		2013 年
35	感悟	蒋长朋	香港天马图书有限公司	2007 年
36	亦真亦假	蒋长朋	香港天马图书有限公司	2007 年
37	杨沧白	马文轩	重庆出版社	2014 年
38	刑法学（上下册）	陈忠林	法律出版社	2006 年
39	纳西东巴文研究丛稿	喻遂生	巴蜀书社	2008 年
40	文字学教程	喻遂生	北京大学出版社	2014 年
41	俄亚、白地东巴文化调查研究	喻遂生	中国社会科学出版社	2016 年
42	探究性学习研究	丁荣新	西藏人民出版社	2006 年
43	我们在木洞中学文化里健康成长	丁荣新、陈长万、吴红蕾、戴整伦	未来出版社	2013 年
44	杨沧白传	马宣传	重庆出版社	2014 年

大事纪略

明末清初木洞移民“插占为业”

明末清初，四川兵祸连连、灾害频频。至清康熙帝登基时，蜀地数十里无人烟者众，重庆仅有人家数百。清政府为了填补四川人口，恢复生产，制定《入籍四川例》，并施行了一套鼓励移民垦殖的政策。该政策规定：“凡流寓愿垦荒居住者，将地亩永给为业”“有开垦田土、纳粮当差者，应准其子弟在川一体考试，著为例”“有地者既给予牛、种、银两，以为耕种之资，无地之民更为堪怜，请与有地之民一例给银安插”“州县官凡安插300户者，现任官提升一级，候补官授以实职”。有了这些移民政策和措施，湖北、湖南、江西、福建、广东、陕西等地民众纷纷到四川，形成了四川历史上最大的一次移民运动。木洞地处江边，土地肥沃，众多移民相继落户。到木洞安家落户的移民采取“插占为业”的方式。所谓“插占为业”，即用木块或竹块写上自己的名字，将其插在自己看上的那块地上，这样，插有自己名字的木块或竹块的地就属于自己了。至木洞的移民，多数是湖北省黄州府麻城县孝感乡。移民在木洞“插占为业”后，辛勤耕耘，逐渐形成了喻、蒋、胡等人才辈出、地位显赫、影响广泛的大姓。

清同治元年（1862）石达开分兵过境木洞

清咸丰六年（1856），太平天国天王洪秀全密令北王韦昌辉在天京城（今南京）袭杀东王杨秀清及其同党2万余人。石达开率军返京声讨，洪秀全无奈，杀韦昌辉谢罪，由此对石达开颇存戒心。后虽命石达开为通军主将（太平军统帅），提理朝政，但又安插安王洪仁发、福王洪仁达对其进行钳制。咸丰七年（1857），石达开愤然率领旧部10万余众，离京西征。在福建、江西、广西、湖南、湖北等地苦战约5年，于同治元年（1862）进入重庆地域。是年正月，石达开自施南会合来凤势力袭陷石柱，遂掠丰都，然后攻打涪陵，失利后分兵四路西进。其中一路由巴县丰盛场（原木洞区丰盛乡，今丰盛镇）等地直达江津，以牵制官兵；另一路石军自涪陵三河经巴县大茶园下羊鹿口（原木洞区羊鹿乡，今双河口镇）。三月十四日，石达开军队经羊鹿口过丰盛场，一场激战后，在丰盛场接龙山下留下了"万人冢"，元气大伤。

丰盛场激战后，石达开军队再下木洞，并在慈岩留下"太平天国"四个大字。

1941年中共西南工委在木洞成立

木洞是西南地区中共地下党活动的重要场所，巴县中共地下党在木洞的活动更是活跃。巴县最早的中共党员有丰盛的蔡惠民、陈余、叶义琳、陈玉碧、徐友莲和豚溪口市立中学的两名学生。1940 年 8 月、9 月，根据中共南方局决定，在木洞镇建立中共西南工作委员会。孔原为书记，钱瑛、廖志高、于江震、蔡书彬等先后担任委员，负责领导中共川东特委、中共川康特委、贵州省临时工委、云南省工委、湘鄂西区党委的工作。同年冬，孔原被国民党特务发现，中共南方局获悉后立即通知孔原返回八路军驻渝办事处。皖南事变后，中共南方局派钱瑛任中共西南工委书记，到成都组织机关。1941 年冬，因环境恶劣，钱瑛撤回重庆。1942 年春，中共西南工委撤销。

抗日战争时期日军轰炸木洞

抗日战争爆发后不久，中国海军军官学校、海军修械所、海军军火库房迁建于木洞镇中坝岛。因此日军轰炸重庆时，木洞镇就成了轰炸点之一。为确保其安全，国民政府派遣“楚观”“楚同”两艘军舰驻防木洞长江江面。日军数次轰炸海军修械所、海军军官学校和海军军火库房，但都被“楚观”“楚同”两艘军舰的密集炮火攻击，只能在高空乱投炸弹，炸弹大都投到长江或附近其他地方。木洞镇庙垭村、苏家浩村和长江北岸羊角背等处因此遭到日军轰炸。

1949 年木洞解放

1949 年 11 月 7 日，中国人民解放军第二野战军第三兵团第 12 军军长王近山率领部队打前锋，曾绍山率领的第11军和曹里槐率领的第47军配合，一举攻下秀山，拦腰斩断了宋希濂的“川湘防线”。11月23日，在击溃罗广文的“南川防线”后，第三兵团遵照刘伯承、邓小平“分兵钳击，相机解放重庆”的电令，兵分多路，火速向重庆进军。其中，第11军第32师经南川大观音桥和巴县清和、双胜、栋青（现木洞镇栋青村）、迎龙，攻占了重庆南岸的大兴场、汪山、黄山、黄葛桠等地，直逼海棠溪。第47军则从南川经木洞，渡过长江，进至江北、长寿，抢占长江、嘉陵江以北地区。第11军途经栋青时，与罗广文部队相遇，在木洞长坪激战一天，歼灭罗广文一个团。11月27日下午4时左右，解放军进入木洞镇，受到木洞工商界和人民群众的热烈欢迎。

解放军进入木洞之前，佛亨公司的轮船和其他木船在渡完罗广文部队的败兵后，罗广文胁迫其停靠在长江北岸。解放军的先头部队火速赶到中坝岛观音阁，架起迫击炮，直轰对岸败兵，掩护其中一艘木船渡河。对岸败兵遭到炮击，眼看着解放军的木船渡过江心，纷纷朝五宝方向逃跑。解放军渡过长江后，一边追赶败兵，一边动员对岸船只驶回南岸。解放军大部队火速渡过长江，木洞获得解放。

1950年剿匪战事

1950年1月，巴县境内多地发生土匪暴乱，木洞为重灾地之一。木洞地区（包括涪陵、南川部分）的土匪组织叫“九路军”，匪徒达16000多人，有步枪、卡宾枪、手榴弹、冲锋枪、机关枪、迫击炮和其他类型的火炮。

根据中共西南局、西南军区指示精神，巴县于3月15日成立5个连和11个区中队，共计1000余人的剿匪力量。木洞区中队由区长邢厚安任指挥、队长，警卫营营长吴安良和木洞区委书记杜绍洲任副指挥，警卫营副营长李启安任副队长，共200多人。

在部队警卫营尚未到达之前，木洞区剿匪中队与土匪打了多场遭遇战。规模较大的剿匪战斗有多次。第一次是打通长江航线。1950年3月中旬的一天早饭后，区中队7位队员去第五保（即现在的桃花岛）开展工作。行至岛的中部，突闻枪声密集，同时伴有轮机、汽笛声以及来自江北岸边的呼救声。这时，岛上的剿匪积极分子向队员报告，双河乡匪首杨荣坤部约 200 名土匪企图抢劫从江北县洛碛到重庆的“飞骏号”轮船。该轮船不愿停靠南岸，土匪便将其击沉于万源桥附近浅滩。队员们准备撤回找大部队。至长石梁高处眺望，见木洞镇水域停靠有民生、强华等公司的客货轮和数十艘木船，木洞江面停满了船，长江因此断航。这时，解放军大部队赶到，以两名地方干部为向导，沿江急行军。土匪急分两路向双河逃走，木洞段长江航线复航。

第二次是保卫木洞战斗。1950 年春节前后，土匪分三路向木洞进攻，之后会合，企图集中火力攻下区人民政府，占领街五段，再攻打重庆城。木洞镇的存亡关系着重庆市的安危，情况十分危机，邢厚安与区中队商量后决定采用地雷战，用打日军的办法对付土匪。在区委驻地周围筑起数个沙堆，埋真假相掺的地雷，还备有手榴弹。在木洞镇周围、中心学校的东南路口放置“八二”追击炮弹 3 枚，石堡街、八洞桥、米市口等七八处要道埋有地雷并放置炮弹。然后，召集木洞镇乡、保、甲人员开会，说明凡是有地雷和炮弹的地方均不得乱动。又采取正规部队穿梭进出的做法，使 3000 多名匪徒和外界无法知道区中队的实力。同时采取攻心、各个击破等战略战术，先后围歼了几名首恶，瓦解了 2000 多名胁从者。在正式战斗中有三次阵地保卫战。第一次以保安碉楼为据点，由杨凤坤负责指挥。他带领 4 人坚守长坪至木洞的主要通道，重点阻击康海清匪部对木洞的进攻。第二次以木洞商会碉楼为据点，由李启安负责指挥。他带领 4 人阻击五布周汉臣匪部的进攻。第三次以三峭湾小碉楼为据点，由秦启凤负责指挥。他带领 4 人主要阻击天池杨荣坤、双河口邱正帮匪部的进攻。小碉楼主要防守庙垭口、大河边、白龙沱主要道路攻打木洞的土匪。

第三次是捣毁丰盛匪巢。川东军区警卫营由营长吴安良率两个连的解放军至木洞，在区中队、武装工作队（简称武工队）的配合下，决定消灭木洞区最大的一股号称有 3000 兵马的康海清匪部。为防泄密，出发时只整队，不做动员报告，也不通知出击地点。出发后，先上长坪，然后转向五布方向，迂回直下楼房桥，再转回丰盛方向。这时，大家才知道要攻打丰盛土匪。行至八角庙，抓获土匪前哨。天将拂晓，解放军急行军直抵丰盛场山脚，稍停整队，拉开横队猛冲山顶。先是解决“过街楼”隘口，随即攻打凤凰垭口。占领两个关键路口后，即向匪巢进攻。战斗异常激烈，大约一个小时结束。

在数月的剿匪过程中，共缴获枪支2000多支、炸药2500千克、炮弹100多枚，1万多名裹胁为匪的农民改过自新。匪首杨荣坤、邱正帮、周汉臣、陈伯英、康海清等或在战斗中被击毙，或被抓后枪毙。解放军和武工队有7人牺牲，其中解放军3人。牺牲的解放军战士中有一位18岁的女同志，在羊鹿口进行宣传与侦察工作，被土匪抓去遭吊打、剥皮，壮烈牺牲。

1950年木洞开展减租退押工作

1950年年初，按上级统一部署，木洞区开展减租退押工作。根据当时群众基础差、封建势力顽固的特点，中共木洞区委决定首先通过开办减租退押学习班，培养一批青年干部，然后组建工作队。学习内容包括减租退押目的、意义、阶级教育三大部分。参加学习班的学员有300余人。学习班结束后，按当时栋青、双河口、麻柳嘴、丰盛、广阳、五布和木洞“六乡一镇”，组成7个工作队和松子村特别工作组。

初期，全区以木洞镇和松子村特别工作组为重点。木洞镇首先在木洞商会召开工商界人士座谈会，宣传党对工商业者“发展生产，繁荣经济，劳资两利，公私兼顾，搞好生产经营，为城乡人民生产、生活服务”的政策。松子村特别工作组进村后，召开各种会议，宣传党的政策，建立农协会、妇女会、民兵组织，全村的减租退押工作进展顺利。随后，全区减租退押工作以学习木洞镇和松子村的经验展开。历经5个月后，木洞地区的减租退押工作完成，共减租黄谷达35931.3石，退押黄金315.98两，白银13581.78两，旧币1209000元，衣、被、杂物30916件。减租退押期间，先后建立乡政权7个、村政权103个，同时建立工会3个、农民协会7个，并建立乡镇、村民兵组织，为接下来开展的土地改革工作打下了良好的基础。

1951—1953年木洞抗美援朝宣传运动

1951年2月22日，巴县抗美援朝分会成立，各乡相继成立抗美援朝工作指导组，采取多种形式，广泛宣传抗美援朝运动。4月，木洞选派人员到县委参加宣传员学习培训。培训结束后，回乡组织村、社建立各种形式的宣传队100余个，队员利用节日分别在木洞地区召开群众大会，组织群众游行，揭露美帝国主义的罪行，反对武装日本，仅1951年的劳动节和国庆节，参加示威游行的群众约1万人次。5月，木洞地区发动群众广泛开展和平签名投票运动，反对美帝武装日本签名投票，自愿参加签名投票的群众达1万余人；组织群众自愿捐粮，木洞地区85%以上的群众积极捐粮。6月，中国人民抗美援朝总会发出普遍开展爱国公约号召，各地积极响应，广大青年在爱国主义和国际主义精神的鼓舞下，踊跃报名参军，很多地方出现了父母送子女、妻子送丈夫参军的动人场面。1951—1953年，木洞地区有100余名青年报名参军。与此同时，组织开展拥军优属活动，帮助烈军属、荣誉军人和复员退伍军人解决生产和生活中的各种困难，在分配土地、农具和生活资料上给予特别照顾，对生产生活有困难的军属，采取组织代耕代种、介绍就业和补助安家费等办法给予解决。组织干部群众举办军民联欢会，召开烈军属和复员退伍军人座谈会；开展赠送光荣花、光荣匾和慰问品活动；发动群众给志愿军写慰问信和赠送慰问品。1953年，随着抗美援朝战争的胜利，木洞抗美援朝宣传运动结束。

20 世纪 60—70 年代知青下乡及安置

1968 年 12 月 22 日,《人民日报》发表毛泽东主席关于“知识青年到农村去，接受贫下中农再教育”的指示。1969 年 1 月，木洞地区积极响应毛主席号召，掀起知识青年上山下乡运动热潮。与此同时，木洞人民公社各大队为做好下乡知青的接收安置工作，修建知青农场 60 个、知青点 58 个。至 1974 年年底，木洞地区各中学和零散知青先后到农村落户的达 120 人，共接收重庆城区知青 300 余人。1975 年以后，根据市委指示和借鉴株洲的经验，木洞地区城镇应届毕业生在当地进行集体安置，在木洞人民公社苏家浩、保安大队等地建立知青农场，农场建筑面积达 2200 平方米，划给各农场经营的土地共计 320 余亩。同时，60 名贫下中农代表和 20 名各单位的带队干部分别进驻各知青农场。1978 年后，根据中央指示，上山下乡的知青陆续返回城镇安排工作。

1975 年豚溪口翻船事故

1975 年 5 月，一艘缆载木船从木洞码头起航至豚溪口。船上人货混装，有乘客 40 余人，货物以饲料、米糠为主，其余是乘客携带的生活日用品。

木船行至鸡爬石处，由于驾长何秀明操作失误，导致木船撞到礁石上沉没。事故发生后，周边渔民赶赴现场施救，30 余人获救，5 人淹死后被打捞上岸，7 人下落不明。

死亡和下落不明的人均为双河口镇人。

1993 年撤销木洞区建制

1993 年 12 月，巴县实行撤区并乡建镇，在撤木洞区的同时，撤木洞乡、长坪乡并入木洞镇，撤栋青乡、仰山乡合建为青山镇。2001 年 7 月，青山镇并入木洞镇。青山镇并入木洞镇后，木洞镇域面积从 1993 年的 2 平方千米扩大至 104.30 平方千米，居民从 1993 年的 2224 户、6667 人增至 18337 户、43476 人。

20 世纪 90 年代末木洞三峡移民搬迁安置

三峡水库建成蓄水后，木洞镇沿江地带将被淹没，涉及 12 个行政村、41 个合作社和 2 个社区。淹没耕地面积达 312 公顷，房屋 11717 平方米。移民搬迁安置工作从 20 世纪 90 年代末开始，共安置人员 8023 人。其中投亲靠友、自谋职业、自主外迁 1313 人，后靠安置 3509 人，迁往本区农村、集镇 892 人，迁往区、市外 421 人，城镇居民企业职工安置 1888 人。

2004—2006 年木洞实施长江水土保持生态造林项目

为了促进中日民间友谊，改善长江流域生态环境，日本奥伊斯嘉国际组织和中国绿化基金会共同申请日中绿化交流基金资助，在木洞镇实施长江水土保持生态造林项目。项目为期 3 年（2004—2006 年），规模 150 公顷，在木洞镇保安村、墙院村相接的大沟湾和杨家洞村的果园场两处坡湾间共计植树 30 多万株。该项目由重庆市绿化办指导，重庆市巴南区林业局负责实施，所植树种为刺槐、天竺桂、枫香树、香樟树、垂叶榕等。2004—2006 年的每年 3 月，国家林业局、市林业局、巴南区政府、区林业局领导均到植树现场，镇党政领导及村干部、群众、木洞中学部分师生积极参与。日本参与者有奥伊斯嘉国际组织代表黑田祐之进（日本驻香港领事馆总代表）、古贺先生（日本驻上海领事馆代表）、前塁先生（日本驻重庆领事馆代表）以及日本志愿者和学生代表 45 人左右。2006 年 3 月 14 日植树活动期间，举行揭碑仪式，碑石上刻有“中日合作重庆生态园”及项目简介。当晚，在镇礼堂举行日本志愿者和学生代表、木洞中学部分师生共同参与的联欢晚会。

2005 年木洞发生特大暴雨

2005 年 5 月 15 日凌晨 1 时 30 分起，木洞镇下起暴雨。暴雨持续了 3 个小时，雨量达 195.7 毫米。山洪暴发，造成农田、房屋、道路、水利工程、防洪设施损毁，全镇 28 个村、107 个合作社、5473 户、15326 人受灾。粮食作物受灾面积 18576 亩，其中绝收面积 1624 亩，无收需重种、改种面积 510 亩，短期内难以复耕面积 250 亩，减收粮食 20 万千克；蔬菜作物受灾面积 1530 亩，其中 130 亩被山洪泥石流冲毁和遭泥沙淤积；经济林木桑树、梨树、枇杷、龙眼等受灾达 16000 多株；住房垮塌 110 间，涉及 68 户、217 人，造成危房 215 间，有 47 户、160 人投亲靠友，畜圈倒塌 122 间，危险圈舍 19 间；冲毁大小沟堰、渠道 212 处，1.84 千米，影响灌溉面积 3270 亩，冲垮水塘 25 口、石河堰 13 处、提灌站 1 座；冲垮鱼池 174 口 225 亩，冲走成鱼 9 万余千克；村、社道路塌方阻车 34 处，塌方量达 2.6 万立方米；冲毁涵洞 17 座，冲毁人行道路 41 处 1.7 千米。上观村两社地质性滑坡危及 17 户、72 人的生命财产安全。该次特大暴雨灾害造成直接经济损失 350 余万元。

2005 年木洞山歌被列入第一批国家级非物质文化遗产名录

2005 年 6 月 9 日，经国务院《关于公布第一批国家级非物质文化遗产名录的通知》，批准文化部确定的第一批国家级非物质文化遗产名录，共计 518 项，木洞山歌被列入第一批国家级非物质文化遗产名录。

2006 年木洞实行大村制

为了加速全镇新农村建设，2006 年 8 月，木洞镇在全镇实行大村制，将 2001 年 7 月设立的 48 个行政村调整为墙院村、海眼村、庙垭村、桃花岛村、杨家洞村、保安村、中坝村、土地堖村、松子村、水口寺村、土桥村、钱家湾村、栋青村、景星村 14 个行政村。

2006 年木洞发生特大旱灾

2006 年 7 月初至 9 月底，木洞镇遭遇百年一遇的连续高温天气。7 月以来，降雨量仅为 70.7 毫米。由于雨水极少，干旱造成溪河断流、塘库干涸，田间农作物、果树林木受损，村、社人畜饮水困难，群众的生产生活受到严重影响。全镇受灾人口 3.79 万人，饮水困难人员 2.42 万人，牲畜 1.47 万头，农经作物受旱面积 4.663 万亩，绝收面积 2.84 万亩，发生森林火灾 1 次，森林损毁面积 0.08 万亩，水利设施蓄水量 331 万立方米，实际蓄水仅占应蓄水的 7%，直接经济损失 2670.5 万元，农业损失 2773 万元。

为了战胜旱灾，镇、村成立抗旱救灾机构，落实责任制，广泛动员发动群众投入抗旱救灾战斗。按照“先生活、后生产、保重点、讲效益”的原则进行水资源的管理调度，通过送水、增添抗旱机械设备等方式，全镇干部群众团结一心，最终战胜了百年不遇的特大旱灾。

2006 年“8·10”森林火灾

2006 年 8 月 10 日晚 10 时左右，与木洞镇景星村 1 社接壤的东泉林场干堰塘林区发生森林大火，起火原因不明。由于连日高温，林区异常干燥，火势借风力迅速蔓延。之后，当地村民立即投入到扑灭山火的行动中。镇党政领导接到火警信息后，立即组织机关干部和单位职工先行赶赴现场扑火，同时通知各村紧急组织人员赶到火灾现场。由于晚上无法看清道路，加上山高坡陡，地势复杂，对救火工作造成了较大的阻碍。虽然已从燃烧处割出隔离带，但火势太猛，未能有效控制火势。11 日凌晨 3 时左右，增援人员陆续赶到。30 余名武警战士到达现场，随后 300 余名解放军战士迅速赶到，投入到灭火战斗。全镇村、社、单位组织的 1000 余人赶到火灾现场参与灭火，区级各部门以及其他镇、街道、各企事业单位也组织力量陆续前来支援。下午 3 时左右，分散蔓延的各燃烧点的火势得到控制，但在下午 4 时左右，毗邻迎龙镇火灾现场的火苗蹿过 8 米宽的隔离带，导致苏家垭口和冷水垭东泉林场再次发生火灾。至 12 日中午 12 时，终于将大火全部扑灭。木洞镇“8·10”森林火灾的全部扑灭，是全市市、区、镇三级联动扑灭山火的典范。

2009 年木洞山歌进中央电视台

2009 年 3 月 2 日，木洞山歌《直辖变新貌》联唱节目进入中央电视台《小崔会客》直播间，与重庆市常务副市长黄奇帆同台接受采访并演出。

2011 年木洞镇荣获“第一批国家级绿色低碳镇”称号

2011 年年初，木洞镇按照要求上报绿色低碳重点小城镇申报书。申报书上报后，财政部、住房城乡建设部等组织专家严格审评。2011 年 9 月 26 日，全国共有 7 个镇获得“第一批国家级绿色低碳镇”称号，木洞镇是西南地区唯一的国家级绿色低碳镇。

2012 年重庆麻柳沿江开发区木洞组团落户木洞

重庆麻柳沿江开发区木洞组团（即木洞工业园区）是重庆麻柳沿江开发区的重要组成部分。2011 年年初，巴南区委、区政府提出在东北部沿长江一线的木洞、麻柳嘴、丰盛、二圣、双河口 5 镇约 60 平方千米范围内设立开发区，加快经济社会发展。2011 年 3 月，市政府主要领导调研巴南区，肯定了成立开发区、加快东北部经济发展的设想，并指示巴南"充分利用麻柳嘴、木洞片区紧邻两江新区和长寿化工园区、重庆经开区和朝天门新市场的独特优势加快开发建设，打造重庆工业新增长点"。2011 年 1 月，重庆麻柳沿江开发区筹备组成立。2011 年 3 月，重庆麻柳沿江开发区管委会成立。2011 年 4 月，重庆麻柳沿江开发投资有限公司成立。2012 年 11 月，开发区 5 平方千米控制性详细规划获得市政府批复。2013 年 5 月，开发区完成土地利用总体规划调整，实现"两规"全覆盖，项目建设全面启动。按照全市"五大功能分区"要求，结合巴南发展实际，区委、区政府对开发区的发展定位是：建成主城第三增长极核心区域、巴南先进制造业基地和产城融合发展示范区。开发区产业按照"一带二团五区"进行布局。"一带"，指以生物医药、轻工服装和精细化工产业为重点，打造长江木洞—麻柳滨江千亿产业带。"两团"，麻柳组团一期建设 2 平方千米，重点发展化学原料药、精细化工产业；木洞组团一期建设 3.4 平方千米，重点发展生物医药（含生物制药、化学制剂、现代中药、医疗器械）产业。"五区"即建设重庆轻工产业基地、重庆生物医药产业园、精细化工产业基地、现代物流区、木洞滨江城市区。

2012 年首届木洞山歌艺术节

2012 年 11 月 18 日，木洞镇举办首届木洞山歌艺术节。艺术节分开幕式、木洞山歌擂台赛、木洞山歌理论研讨会三大主题活动。市、区政府，宣传部，文化委、非遗保护中心，有关文艺协会、团体，巴南区各部门、镇街领导和专家出席开幕式。木洞山歌擂台赛以木洞地区各镇为参赛单位。参加木洞山歌理论研讨会的专家、学者 40 余人，共有 40 余篇论文在会上进行摘要宣读，其中 27 篇优秀论文被编辑成《让木洞山歌唱响中国音坛》一书出版。

首届木洞山歌艺术节（2012 年）　　蒋效伦　摄

2017 年木洞山歌代表团赴日本演出

为增进中日两国人民互相理解，促进民间友好交流，中国驻新潟总领事馆联合新潟县政府、新潟市政府以及新潟华侨华人总会等单位主办的第三届“新潟春节祭”，于

2017年2月11日开幕。春节祭组委会委员长惠京仔、中国驻日本国特命全权大使程永华、新潟县知事米山隆一、新潟市长篠田昭、中国驻新潟总领事孙大刚、众议院议员石崎徹等出席开幕式并致辞，日方逾百位嘉宾出席。木洞山歌国家级传承人喻良华和歌手秦萩玥受邀参加本次文化交流活动，他们演唱的高腔禾籁、高腔山歌受到日本民众喜爱。

木洞古驿休闲中心（2018 年） 蒋效伦 摄

附录

重庆市巴南区木洞镇人民政府关于加强村镇建设管理的意见

一、提高认识，用科学发展观指导村镇建设管理工作

土地资源是经济建设和社会事业发展的重要载体，党中央、国务院高度重视土地管理工作，通过一系列重大举措加强土地调控。我们要以科学发展观为指导，在严格保护耕地，依法行政的前提下，加快转变经济发展方式，走节约集约、自主创新和可持续发展的新路子，积极支持符合国家产业政策、环保要求建设项目和村镇居民住房建设用地。针对村镇建设管理体制问题，结合我镇实际，切实管好建筑市场和村镇居民建房，保护广大群众利益，维护社会稳定。要加强产业规划、城镇规划、村镇规划与土地利用规划的衔接工作，改变村镇规划严重滞后的工作局面，为加强村镇建设管理提供科学依据。

二、认真执行村镇建房相关法律、法规、政策规定

（一）用地标准

按照《重庆市土地管理规定》（市政府53号令）第三十二条的规定“市区范围内村民宅基地标准为每人20至25平方米”“3人以下户按3人计算，4人户按4人计算，5人以上户按5人计算，扩建住宅新占的土地面积应连同原有宅基地面积一并计算”。

（二）村民自建住宅的规模要求

建筑面积依据常住户口，人均不得超过55平方米（3人以下户按3人计算）。扩建住宅的，原有住宅面积应一并计算。

农民建房一户一宅，新选址建房后原宅基地上建筑须按规定注销产权，拆除旧房并将原宅基地归还集体。

（三）道路两旁村民自建住宅工程应满足的要求

城镇规划区内的，应按规划退让现有道路规定红线和规划道路红线。

城镇规划区外的，应退出公路管理红线，严格按照《重庆市公路路政管理条例》第二十三条的规定，即：在公路两侧修建永久性建筑工程，与公路间距为：国道不少于20米，省道不少于15米，县道不少于10米，乡村道不少于5米。

（四）不予审批用地范围

1. 城镇居民申请在农村集体土地建房。

2. 非本合作经济组织成员建房用地申请。

3. 原宅用地面积已超用地标准。

4. 在基本农田范围内申请建房用地的。

（五）凡属下列情况之一的新建或扩建工程，不得批准选址

1. 占用基本农田的。

2. 拟建用地已进入国家征用程序的。

3. 退让现有道路规划红线和规划道路红线、公路管理范围线后不具备建设条件的。

4. 占用河道或位于常年洪水位以下的。

5. 占用高压供电架空线走廊以及其他工程管线的保护范围的。

6. 位于地质灾害易发区的。

7. 法律、法规禁止修建的其他情形。

三、严格建房手续报件、预审、审批程序

（一）报件程序

1. 新建或改扩建需占用土地的，申请人持户口簿、身份证、土地证、房管证、分户协议、房屋设计图（平、立、剖面图备2份），涉及邻居关系的应附相邻协议；涉及公路、河道管理部门的，应附相关部门审查意见。在村填报建房申请表。占用耕地的，经本社社员三分之二以上的户签名同意，占用别人土地的，须附换地协议（合作社签字同意调换，村委会监章）。手续完善之后，由村、镇、国土、规划部门放线方可施工。

2. 原宅基地扩建、改建的，申请人须持户口簿、身份证、集体土地使用证、产权证、房屋设计图（平、立面备2份），涉及邻居关系的应附相邻协议；涉及分家的，应附分家协议；涉及公路、河道管理部门的，应附相关部门审查意见。在村填报建房申请表。手续完善后，由村、镇、国土、规划部门放线方可施工。

3. 房屋竣工后，申请人应向村、国土、规划管理部门申请竣工验收。验收合格后，由规划部门核发规划验收合格证、国土管理部门签署验收意见。最后，申请人凭建设工

程规划许可证、规划验收合格证、建设用地许可证等资料向土地、房管部门申请办理土地使用权和房屋所有权登记手续。

（二）预审

1. 职能部门预审：国土部门接到建房申请表后，约请规划办、城管办一道到现场勘察，并签署审核意见。

2. 镇政府预审：镇政府每月定期召开一次建房申请预审会，预审会由分管领导主持，国土、规划、城管部门参加，重点管理区域内建房申请还应报镇长、镇党委书记审查。

（三）审批

经国土、规划部门审核，镇政府审查后，报区国土、规划部门审批。

四、明确重点管理区域，加强违法违规查处工作

我镇南涪路、木菩路、长木路沿线两侧 500 米以内，其他镇内县道、乡道 200 米内、村社道路 100 米以内；城镇规划区；饮用水源保护区；原长坪乡、仰山乡、栋青乡治所所在地周边 1000 米以内的所有建房，必须报分管领导或镇长预审后，方能按程序报批。

强化依法管理村镇建设，加快建立和完善村镇建设审批跟踪检查和反馈机制，加强对村、镇建设项目批复监管，防止违规违法建设现象发生。特别要加强对重点区域的执法和监督检查，严肃查处各种村镇建设违法违规行为。从 2008 年 3 月起，用 1 个月时间，分自查、核查、处理三阶段，对 2007 年 1 月以来村镇违规违法建房进行专项查处。

五、加强领导，明确职责，强化管理

村镇建设管理实行行政首长责任制，各职能部门和兼职人员具体抓，层层签订责任书，把村镇建设管理工作纳入相关部门和村（居）委会基本目标任务进行考核。

国土部门负责对村镇建设用地申请进行审核，收集违法用地信息，按时统计、报送用地情况，查处违法违规用地行为。

规划部门负责村民住宅，村镇私房报建的受理、现状核查、项目的审核和放验线工作，对建设项目进行日常巡查和全过程的监督管理，查处违法建设行为，及时向村社通报办件情况。

城管部门负责建设工程质量管理，代镇政府监管工程用地、规划办理情况和缴纳配套费情况。要建立健全村镇建设工程开工、竣工备案制度和建设工程巡查报告制度。监管建筑工程农民工工资兑现情况。

村（居）委会主任为村镇建设管理第一责任人。村（居）委会设一名村镇建设兼职管理员，原则上由各村（居）文书担任，无文书的由村（居）主任兼任。兼职管理员负责审查建房户（单位）报件的真实性，公示办件情况，巡查并报告村镇建设项目信息

二〇〇八年三月十三日

重庆市巴南区木洞镇人民政府
关于对传统风貌保护区征地拆迁农房
及时排除安全隐患的函

麻柳园区管委会：

为有序推进木洞传统风貌保护区建设，保障人民群众生命财产安全，维护社会安全稳定，现将该项目建设区域存在的安全隐患函告如下：

该项目位于木洞镇保安村2社向阳平至水沟街一带，自2017年2月开始清理、丈量、兑付工作启动以来，农房兑付了17幢，其中莫方友、廖定文的农房已安全拆除，其余的巧幢农房未拆除。该项目涉及区域属于城乡接合部，连体房、夹心房较多，农房又基本不再新建、改建，房屋结构不坚固。拆房协议签订后，人员搬走后房屋空置无人整修，存在随时垮塌的危险。若不及时拆除或有效排危，将引发严重的安全事故。目前已签订的17幢被拆迁户房屋我镇已全部移交给拆迁公司，该公司已经将这些被拆农房断电并标注“拆”的标志，木洞征地办已告知被拆迁户自行到木洞水厂断水，并做好拆房的前期准备工作。

建议麻柳园区管委会商拆迁公司尽快拆除或排除已签订拆除协议农房的安全隐患。

特此函告。

重庆市巴南区木洞镇人民政府

2017年10月13日

中共重庆市巴南区木洞镇委员会
关于木洞镇旅游环境
集中综合整治行动实施方案

为认真贯彻区政府办公室关于印发《重庆市巴南区旅游环境集中综合整治行动实施方案的通知》(巴南府办发〔2017〕108 号)文件精神，以及全区动员会议精神，切实解决我镇旅游环境、“脏、乱、堵”的问题，结合实际，特制定本实施方案。

一、总体目标

彻底整治旅游市场中存在的突出问题，遏制各种违法违规行为反弹，努力营造风清气正、规范有序的旅游市场环境，切实保障旅游从业者和游客的合法权益，全面提升我镇旅游服务质量和游客满意度。

二、组织领导

为确保整治工作有序推进，成立镇旅游环境集中综合整治行动工作领导小组。领导小组下设办公室。

三、整治时间

2017 年全年。

四、整治范围

整治范围以旅游有关的宾馆、餐饮、景区景点、购物场所、交通运输、环境卫生及安全设施等为主。

五、整治重点

一是场镇环境卫生的综合整治。加大场镇居民区环境卫生整治，彻底清除街巷、院落、楼道、楼顶、雨棚、地下通道及小区绿化地等地的杂物、垃圾，清除卫生死角。加强农贸市场和商贸交易区域卫生管理，及时清除垃圾，严格落实清洁卫生“门前四包”

责任制。彻底清理街道绿化带、空闲无主地带的积存垃圾，清捡花池、绿地内废纸、塑料袋等垃圾杂物，合理布局垃圾箱及市政公厕。加大环境保护治法力度，清理查处超标排放“三废”的企业，严格控制油烟、噪音污染。

二是公路沿线环境卫生、标牌标识、户外广告的综合整治。加大公路路面清洁保洁力度，做到路面整洁、无渣土一无纸无扬尘；及时清扫公路沿线垃圾，做到可视范围内无暴露“白色污染”等。全面清理拆除公路沿线违规、超期及设置不规范的户外广告、交通标识牌、过期标语及乱贴、乱写乱画现象。消除“视觉污染”。彻底清理沿线河道、水库、沟渠两岸的垃圾污物、淤积的垃圾污物。

三是公路周边村居环境卫生的整治。按照村容村貌整治、庭院绿化美化的要求，加大公路沿线民房环境卫生综合整治。提高农民卫生意识，对日常生活垃圾、牲畜禽粪便等进行及时清理和定点堆放。强化农村垃圾收集处理，采用“户集一村收一镇运一区域处理”的模式，综合布设农村垃圾收运设施。建立健全村庄保洁制度，开展垃圾“分类分拣、源头追溯、定点投放”试点提高圾无害化处理水平。

四是休闲观光园内部环境卫生的整治。建立严格的园区卫生保洁制度，确保园区路面、水面、墙面整治干净，垃圾及时清扫，实现集中无害化处理。垃圾箱布局合理，分设置，外观整治。建立健全厕所卫生保洁制度，改造简陋脏臭厕所，做到整洁干净、布局合理、功能完善。

五是公路路面的整修和维护。按照“洁化、绿化、美化”的要求，对公路损坏的路而、道路边坡、安全设施及时进行整修更换，清理路段两侧建筑垃圾，提高道路通行能力，确保道路通畅。

六是辖区宾馆旅店的整治。镇社会治安综合治理办公室协同派出所，对镇范围内的所有宾馆进行检查，对消防设施不合格的书面通知限期整改。各宾馆必须要实行登记入住，一人一证。

七是餐饮行业的整治。镇食品药品监督管理所办对全镇范围内的餐饮行业进行检查。对卫生条件、消防设施不达标的责令进行整改，整改不到位或拒绝整改的，给予书面停业整顿处理。

八是风景区的整治。社会治安综合治理办公室对辖区内的桃花岛、中坝岛、河街景区进行整治。对每个景区的责任单位进行旅游安全知识宣传，杜绝发生游客不文明、落水等现象发生。

九是交通秩序的整治。通过加大巡查、科学引导、合理规划等方式缓解旅游交通堵塞；加大道路的交通管制力度，对“黑车”要加大力度整治，重要交叉路口配备警力或交通安全员，及时疏导车辆，确保交通安全有序。

六、职责分工

镇经济发展办公室：负责旅游环境集中综合整治行动的统筹协调。负责旅游市场物价监督检查工作，上报擅自抬高物价的经营行为。负责农家乐服务水平的监管，开展农家乐从业人员培训提高服务水平和服务质量。

城镇建设管理办公室：统筹整合改善农村人居环境，负责道路周边农村人居环境、公路沿线危房改造等综合整治。负责农业项目园区环境治理，让田园变公园。负责“三废”企业的清理整顿工作；负责油烟噪音（工业企业噪声、使用空调器、冷却塔等固定设备设施产生的噪声）等污染的查处工作。镇交通办公室负责职责范围内公路路面清洁卫生、路况整治及护栏等安差的整修和更换；协调区养护段做好国省道公路路而清洁卫况整治及护栏等安全设施的整修和更换。配合设立境内高速及通景公路沿线交通标识牌

三峡移民办公室：负责五布河、长江河岸清漂工作。

市政中队：负责公路沿线标识标牌、户外广告牌及过期的清理和拆除；负责场镇的秩序及保洁工作；负责统筹、督促场镇环境卫生整治工作；负责市政公厕的规划布局及负责农村垃圾收集处理系统建设，统筹开展全镇农村垃圾收分类处置工作；负责公路沿线牛皮癣清理等工作。

镇食品药品监督管理所：负责辖区内所有餐饮的卫生条件检查。

党政办公室（宣传信息办）：负责开展旅游安全知识宣传教育，提高居民安全意识。

农业服务中心：负责道路周边塘、库、堰区域环境整治，处理渔业船舶发出的噪音。

社会治安综合治理办公室：负责场镇、重要道路接点的交通疏导工作；负责协助派出所对辖区内宾馆进行检查；负制交通管制及停车指导；负责公路警示标志标牌的设立、管理、维修等相关工作。

各村：负责辖区人居环境的整治，包括柴草农具堆放、牛皮癣的清除、暴露垃圾的清理、破旧房屋的整治等；协调垃圾坑的用地、建设，标识标牌的设立占地等工作；负责协助相关职能部门做好群众工作；落实镇领导小组及办公室安排的其他工作。

各社区：负责做好背街小巷的垃圾清除工作；负责做好市政建设管理所及社会治安

综合治理办公室安排的工作，落实镇领导小组及办公室安排的其他工作。

镇属各部门要根据每一条线路的情况，拟定具体的整治措施，细化到每一个村每一个社每一个农户点，以及每一处的整治责任由谁负责、监督管理责任是谁等都要一一明确。

2017 年 6 月 29 日印发

主要参考文献

向楚主编、巴县地方志办公室选注:《巴县志选注》，重庆出版社，1989 年。

巴县志编纂委员会编:《巴县志》，重庆出版社，1994 年。

重庆市巴南区地方志编纂委员会编:《巴县志（1986—1994）》，重庆出版社，2002 年。

胡天成、丁荣新、蒋效伦编著:《人文木洞研究》，未来出版社，2008 年。

重庆市巴南区文化广电新闻局、木洞镇人民政府编:《木洞禾籁》，内部印刷，2010 年。

胡天成、蒋长朋、蒋效伦编著:《木洞古镇文脉》，重庆出版社，2014 年。

马宣伟著:《杨沧白》，重庆出版社，2014 年。

蒋长朋编著:《让木洞山歌唱响中国音坛》，重庆出版社，2016 年。

编纂始末

编纂《中国名镇志丛书·木洞镇志》(简称《木洞镇志》)是木洞人责任所在，是践行习近平总书记2013年12月在中央城镇化工作会议上指出的:“城镇建设，要体现尊重自然、顺应自然、天人合一的理念，依托现有山水脉络等独特风光，让城市融入大自然，让居民望得见山、看得见水、记得住乡愁”的具体行动，更是为木洞镇长远可持续发展积淀文脉、传承优秀文化的使命担当。2017年年初，成立《木洞镇志》编修工作领导小组，开展编纂工作。

《木洞镇志》在编纂过程中，得到中国地方志指导小组办公室、重庆市地方志办公室、巴南区地方志办公室领导和专家的精心指导。面临任务重、无编纂经验的难题，巴南区于2012年启动《木洞镇志》(综合志)的编修工作，从而积累了很多一手资料，为名镇志的编纂提供了一定基础，使《木洞镇志》的编纂工作顺利开展。

《木洞镇志》客观记录了木洞镇独特的人文自然景观、经济社会形态，其编纂出版为世人了解木洞、认识木洞、研究木洞提供了基础、可靠的地情资料，给当今和后世留下一部上乘的乡土文献。在此借志稿出版之际，向关心、支持、帮助《木洞镇志》编纂的领导、专家，向提供资料有关单位及同仁表示衷心感谢!

参与中国名镇志丛书编纂工作，对我们而言是第一次。由于要求高、工作量大，史料收集困难，加之水平有限，失误在所难免，真诚希望广大读者指正。

编　者

2019年3月